Die Autorin

Elke Heidenreich, geboren 1943, lebt in Köln. Seit 1970 freie Autorin und Moderatorin bei Funk und Fernsehen; Fernseh- und Hörspiele, ein Film, ein Theaterstück, viele Serien. Bekannt geworden als Metzgersgattin Else Stratmann, die es elf Jahre lang als Hörfunkfigur gab, seit Juli '87 nicht mehr.

Bei Rowohlt sind lieferbar: «Darf's ein bißchen mehr sein?» (rororo Nr. 5462), «Geschnitten oder am Stück?» (rororo Nr. 5660), «Mit oder ohne Knochen?» (Nr. 5829), «Kein schöner Land» (Nr. 5962), «Dreifacher Rittberger» (rororo Nr. 12389) und «Datt kann donnich gesund sein. Else Stratmann über Sport, Olympia und Dingens...» (Nr. 12527).

Das Buch

Seit 1983 schreibt Elke Heidenreich regelmäßig eine Kolumne für «Brigitte» mit dem Titel ALSO. Dieser Band enthält alle veröffentlichten ALSO's bis Mitte 1988.

Elke Heidenreich

Also...

Kolumnen aus «Brigitte»

Rowohlt

Redaktion der Buchausgabe Klaus Waller
Umschlaggestaltung Peter Wippermann
Foto von Elke Heidenreich
Herman Schulte

46.–51. Tausend November 1990

Originalausgabe
Veröffentlicht im Rowohlt Taschenbuch Verlag GmbH,
Reinbek bei Hamburg, Juni 1988
Copyright für die deutsche Buchausgabe: © 1988
by Rowohlt Taschenbuch Verlag GmbH, Reinbek bei Hamburg
Die Erstveröffentlichung der Kolumnen erfolgte
in der Zeitschrift «Brigitte»
Satz Bembo (Linotron 202)
Gesamtherstellung Clausen & Bosse, Leck
Printed in Germany
880-ISBN 3 499 12291 x

Elke Heidenreich

über

einen Partymuffel	10
Gassigehen	12
Kneipen-Empfehlungen	14
Streß und Termine	16
Kalenderweisheiten	18
«die Jugend»	20
Haarprobleme	22
Schutzengel	24
ganz feine Parfümerien	26
Szenen im Auto	28
Geschenke für den Herrn	30
das Leben in einem Kurort	32
«die» feinen Leute	34
neue Wörter	36
den neuen Mann	38
die Lust an Katastrophen	40
Karneval	42
die Konfirmation	44
Prominentenjäger	46
Diamanten	48
in und out	50
gemischte Post	52
die aussterbenden Deutschen	54
das Positive	56
Modesprache	58

Sport, gerade jetzt	60
Flirts auf der Autobahn	62
das Gespräch mit der Jugend	64
den Butterberg und anderen Überfluß	66
Frauen in der Bundeswehr	68
den Feinschmeckerkult	70
alternative Anzeigen	72
frohe Weihnachten	74
gute Vorsätze fürs neue Jahr	76
das Zuviel von allem	78
Roboter und Computer	80
das Skifahren und was dazugehört	82
Fußgängerzonen	84
Fitness-Programme	86
die Rekordsucht	88
Gastlichkeit	90
die neuen Reichen	92
das Lächeln	94
Horoskope	96
die Frau…	98
Staat und Volk	100
das Berühmtsein	102
das Älterwerden	104
das Rubbeln	106
den Frieden	108
Urlaubsbekanntschaften	110
Penner	112
eigenen und fremden Krach	114
den Sommer '85	116
fertige Sätze	118

Kolumnen	120
Strapse und Erotik	122
Spendenaufrufe	124
Armbanduhren	126
das Reisen in Zügen	128
Abenteuerurlaub	130
blonde und dunkle Typen	132
eine nervtötende Frage	134
Aggressionen	136
Gettos für Frauen	138
den Atomunfall	140
Sport im Fernsehen	142
modische Probleme	144
gutes Benehmen	146
Jugendbroschüre	148
Fantasy-Filme	150
Literatur und Fensterputz	152
den Sinn des Lebens	154
das Telefonat einer Mutter	156
Sport und Fitness	158
das Machbare	160
Müsli und Maschinen	162
die Qual des Bebilderns	164
ein Versicherungsproblem	166
weggeworfene Erinnerungen	168
das ganz Coole	170
Autofahren	172
zuviel Kommerz und zuwenig Pietät	174
Briefe	176
den Sinn im Unsinn	178

Wohnungen	180
ein Katalysator-Erlebnis	182
Anrufbeantworter	184
Radfahrer	186
Probleme in der Kneipe	188
Sieger und Verlierer	190
die Psychosprache	192
unerwünschte Werbebroschüren	194
Leihmütter	196
Sparen	198
Aids haben immer nur die anderen	200
anstrengenden Besuch	202
Gerüchte	204
Man muß eben diplomatisch sein. Muß man?	206
Mein erster war ein richtiger Herr	208
Wer soll bloß all die neuen Bücher lesen?	210
Eigentlich sind wir Frauen doch immer schlecht drauf!	212
Wie süß sind kleine Kinder?	214
Wenn Freundschaft einfach einschläft	216
Alles schon reserviert!	218
Noch mal Glück gehabt!	220
Frauen, überall Frauen!	222
Machen Kleider Leute?	224
Alles nur Kleinigkeiten!	226
Wie lebt ein Milliardär?	228
Von der Schönheit des Reisens	230
Wo, bitte, geht's zum Paradies?	232
Seid öfter mal erfinderisch!	234
Nichts bleibt mehr geheim!	236

Die wunderbaren Trends aus aller Welt	238
Keine Sorge, liebe Mutter!	240
Die praktischen Ratgeber	242
Fahrstuhlgedanken	244
Jubelfeiern	246
Rüstige Rüstung für friedliche Schützen	248
Auch wir sehen Video!	250

Über einen Partymuffel

Also... Häckers haben uns eingeladen», sagt sie. Er kann über längere Zeit den Anschein erwecken, so Ungeheuerliches gar nicht zu hören. Sie versucht es wieder: «Häckers haben...» «Ja doch», sagt er, «ich bin ja nicht taub.» Im Fernsehen erzählt Elmar Gunsch mit frisch geölter Stimme Bedenkliches über Wolkenbänke. Man trinkt ein Schlückchen Wein, blättert in der Zeitung. Sie wirft ganz leise, fast zufällig ein «Und?» in den Raum. «Was, und», sagt er, «Häckers haben uns eingeladen. Punkt.» Sie gibt nicht auf. «Gehen wir hin?» Das war direkt. Er blickt hoch wie ein von Schrotkugeln getroffenes Waldtier. «Was fragst du für Sachen», sagt er. «Da waren wir doch schon mal.» – «Bei Meermanns waren wir auch schon öfter», sagt sie und spürt: das war einfältig. Er klappt die Zeitung zusammen, holt Luft. «Habe die Güte und erinnere dich an das Geschnatter von Sabine Häcker, sei so freundlich und rufe dir Lothar Häckers gestreifte Jogginganzüge in Erinnerung, das warme Bier, das es bei denen gibt, die pappigen Bütterchen, die lähmenden Gespräche mit durchweg zu gut genährten Lemuren, und dann halte dagegen dieses gemütliche Heim mit seinem Angebot an Zeitschriften aller Art, an Büchern, Platten und sonstiger Kurzweil, und dann entscheide, wo du deinen Abend verbringen möchtest.»

Einfach großartig, wie er das immer kann. Er schlägt die Zeitung wieder auf und lugt hinter der Sportseite hervor, ob seine Ansprache gesessen hat. Sie weiß, daß jetzt alles Weitere sinnlos ist, sie steht auf und setzt sich an die Schreibmaschine, sie muß noch etwas erledigen.

Häckers waren immer nett und hilfsbereit. Als das Auto kaputt war, haben sie selbstlos geholfen. Sabine schneidet ihr immer Artikel aus, von denen sie glaubt, daß sie sie für ihre Arbeit brauchen kann, und Lothar – man stelle sich das vor –, Lothar backt ihnen jedes Weihnachten ein Blech Plätzchen – natürlich gehen wir dahin, schon aus Nettigkeit.

Der bewußte Samstagabend kommt. Sie duscht vorsichtshalber um sechs, zieht was Beeindruckendes an, springt großzügig mit Duft aus der Flasche um. Er schnuppert: «Du riechst so gut.» Er schaut hoch: «Du siehst auch gut aus.» Dann kombiniert er: «Du gehst weg.» Jetzt kommt es darauf an, was man sagt: Sagt man «Ja, ich geh zu Häckers» oder sagt man «Wir gehen weg, mein Lieber, und zwar zu...» oder sagt man obenhin «Ach, ich dachte, wir schauen mal auf einen Sprung vorbei»? Sie entscheidet sich für den direkten Angriff: «Zieh dir irgendwas anderes an und komm, eine Stunde wirst du es ja wohl aushalten.» Es ist komisch, wie viele junge Männer auf den autoritären Ton am besten reagieren – imponiert er ihnen? Kennen sie ihn noch so gut? Brauchen sie ihn gar? Er steht auf, vertauscht Strickjacke mit Nadelstreifen vom Flohmarkt, ein Mitbringsel findet sich in der Schublade mit Kram zum Weiterschenken, und als sie bei Häckers die Treppe raufgehen, sieht sie: Er hat seine geliebten, monströsen Filzpantoffeln an den Füßen. Eine Infamie? Ein Akt der Rache? Ein Test? Der Kampf ist kurz, findet nur mit den Augen statt. Dann fällt die Entscheidung: Oben ruft Sabine: «Da seid ihr ja.»

Der Abend wird ein rauschender Erfolg für ihn. Mit Filzpantoffeln auf einem Fest – so was Originelles hat nun wirklich noch niemand erlebt, es steht zu befürchten, daß man nächstes Jahr wieder eingeladen wird.

6.4.83

Übers Gassigehen

Also... ich muß zur Bank und zum Metzger, und der Mantel muß in die Reinigung, und der Hund war auch noch nicht draußen. Los, Mascha, komm, wir gehen in die Stadt. Wo ist denn die Leine? Verdammt noch mal, nix findet man in dem verfluchten Haushalt! Der Hund sieht mich verzagt an, die Leine findet sich schließlich im Wäschekorb.

Wir gehen los. Ich haue die Tür zu und weiß im selben Augenblick, daß ich den Schlüssel vergessen habe, das bessert die Laune nicht, aber jetzt zieht mich der Hund schon wie verrückt vorwärts. Was ziehst du denn so? Fuß! Fuß!!! Ja, spinnst du, wieso üben wir denn dauernd Fuß, wenn dann doch nie Fuß ist, also, wenn du jetzt nicht bei Fuß gehst, tafel ich dir eine.

«Was machen Sie denn mit dem armen Hund? Nun zerren Sie doch nicht so an dem herum, also so was, die jungen Leute heute, gar keine Geduld, dududu, ja wo isser denn, so ein schöner...»

Wir zerren uns gegenseitig weiter. Hast du diese blöde Tante gehört, Mascha, sage ich, wärst du etwa lieber bei der? Also, dann benimm dich auch vernünftig, sonst... Im Park mache ich die Leine ab. So, aber bleib schön hier, lauf ja nicht weg, hörst du, Maschaaaaaaa!

«Nun nehmen Sie mal gefälligst Ihren Köter an die Leine, rennt mich dieses Biest fast um.» – Ohren zukneifen, weitergehen. Los, sage ich zum Hund, du Satan, du gehst jetzt bei Fuß, oder ich kenn mich nicht mehr, und an die Leine kommst du auch wieder. «Ach», sagt der gütige alte Herr, «so ein schönes Tier, lassen Sie ihn doch frei laufen, der braucht doch Bewegung, wir hatten damals in Potsdam auch so einen.» Ein Freak auf einem Fahrrad fährt vorbei, hört Musik aus dem Kopfhörer, neben ihm trabt eifrig ein kleines Zamperl, ich werde grün vor Neid. Da, Mascha, sage ich, sieh dir an, wie brav andere Hunde sind, du dummes Kalb.

Beim Metzger kaufe ich Wurst und Hackfleisch, damit sie mir dann Knochen geben für den Hund.

Der Hund ist draußen angebunden. Als ich rauskomme, steht da dieser alerte Wachtmeister, der befördert werden will. «Na», meint er, «Steuermarke eben verloren, wie?» – «Sie sagen es», sage ich, «was, Mascha, hast du schon wieder deine Steuermarke verloren?» – «Frolleinchen», meint er, «nicht noch mal diese Nummer, nächstes Mal hat er sie um, verstanden?»

In der Reinigung muß ich alle Knöpfe vom Mantel abtrennen, verdammt, ich hab's geahnt. Die Bank ist in der Fußgängerzone, und weil der Hund im Park schon seine tausend Bächlein gemacht hat, trau ich mich da rein mit ihm. Er schnüffelt an einer Bank, auf der ein paar höchstens 16jährige sitzen und rauchen. «Oma», «sagt der eine, «nimm deinen dusseligen Köter weg.» Ich denk, ich hör nicht recht. Ich seh mir das Jüngelchen an und sage: «Opa, ich bin gute zwanzig Jahre älter als du, aber hoffentlich werd ich nie so alt, wie du jetzt schon bist, dann häng ich mich auf.» – «Gute Idee», sagt er, «häng dich doch gleich auf.» Mir ist danach. Mascha, komm, wir hängen uns zu Hause auf.

Das wird schwierig: Erst müssen wir ja mal ins Haus, ohne Schlüssel. Als wir endlich drin sind, koch ich Tee, und danach mag ich mich auch nicht mehr aufhängen. Aber wenn ich an manchen Tagen so schlecht gelaunt bin, dann ist es immer wegen so was, wissen Sie – wegen nichts eigentlich, und trotzdem.

20.4.83

Über Kneipen-Empfehlungen

Also... manchmal kommt das ja vor: ein paar Tage Hoteldasein in einer fremden Stadt, der Arbeit wegen. Tagsüber hat man zu tun, abends würde man ganz gern die Kneipen dieser Gegend kennenlernen, aber wenn du auf gut Glück losgehst, kann es passieren, daß du in so einem Laden landest, wo es an weißgedeckten Tischen nur süße warme Weine gibt, kredenzt von pinguinartig gekleideten Herren, die der Meinung sind, eine Frau alleine sollte eigentlich gar nicht... oder in einem Café, wo auf der Terrasse noch ein bißchen Abendsonne ist, und du willst einen Espresso trinken, und die Bedienung besteht darauf: «Im Garten nur Kännchen.» Also, du erinnerst dich, wen du hier eventuell noch von früher kennst, und da rufst du eben einmal an.

Wilhelm war doch mal ganz nett. Wir haben zusammen studiert.

Wilhelm erinnert sich an mich.

«Klar», sagt er, «du bist doch die Dunkelhaarige mit den wahnsinnig langen Beinen.» «Nein», sage ich, das bin ich nicht, ich bin eher die Blonde mit den wahnsinnig kurzen Haaren.» «Ach so», meint Wilhelm, «na, dann laß uns doch später treffen, so gegen zehn.» Ich hab das Gefühl, die Dunkelhaarige mit den wahnsinnig langen Beinen hätte er schon jetzt... «Du kannst», sagt Wilhelm, «bis dahin schon mal ins Rondo gehen.» «Ja, das will ich gern machen, was für eine Art Kneipe ist denn das?» «Kommt drauf an», sagt Wilhelm, «was du willst. Wenn du einen aufreißen willst, ist das Rondo richtig.» Wenn ich WAS will? «Ach», sagt Wilhelm, «der Typ bist du ja nicht. Weiß du was, dann geh ins Wallenstein, da sind alle Frauen in deinem Alter, so um die dreißig. Ich geh da ganz gern hin, wenn ich mal was Unproblematisches suche – nicht mehr ganz frisch, aber wirklich nur für einen Abend, ohne lästige Briefe und Anrufe danach, verstehst du.» Ja, aber ich will weder aufreißen noch aufgerissen werden, ich... «Weißt du was», sagt Wilhelm, «geh ins Café Untergang, da sind die ganzen Jet-set-Frauen, da lassen sie dich in Ruhe. Die Männer, die da hingehen, fahren auf deinen Typ nicht ab.» Ich schnappe nach Luft, Wilhelm ist nicht zu bremsen. «Wenn du auf tierische Musik stehst, dann geh ins Heckmeck. Da gibt es übrigens auch die schärfsten Ober der ganzen Stadt.» Ich will keinen scharfen Ober, aber ich lasse ihn weitererzählen, wohin er denn so gewöhnlich geht. «Hängt immer davon ab, was man sucht», sagt Wilhelm, «gemischte Kneipen gibt es in der Szene kaum noch, alles bleibt unter sich. Brauche ich zum Beispiel eine Frau für einen Urlaubstrip, geh ich ins Anais, da sind alle irrsinnig gestylt, nur Armani und Gucci und Lagerfeld und so, zum Halten zu teuer, aber für Ferien phantastisch.» «Ach, nur so zum Garnieren?» frage ich blöde. «Tja», sagt Wilhelm, «eine Zweierkiste will ich zur Zeit nicht, aber mal was Knackiges zwischendurch – die knackigsten Mädchen sind übrigens im Toronto, aber erst nach elf. Und wenn ich keine Lust zum Aufreißen hab, dann setz ich mich im Souterrain an die Theke, da sitzen lauter Emanzen, die direkt auf einen losgehen, sehr bequem.»

Mein erschöpftes Schweigen deutet Wilhelm falsch. «Du kannst», sagt er schließlich, «natürlich auch gleich zu mir kommen, dann halten wir uns mit den Kneipen gar nicht erst lange auf.»

Ich war dann im Kino. Nachtvorstellung: «Conan, der Barbar.»

4.5.83

Über Streß und Termine

Also ... das mit der Berufstätigkeit, das habe ich ja unbedingt gewollt. Und jetzt habe ich den Salat. Ich hetze durch die Gegend, sitze bald mehr im Zug als auf meinem Sofa, liege öfter in zu kurzen Hotelbetten herum als in meinem schönen großen Bett. Bei der Rückkehr von einer dieser Reisen zu Sendern und Redaktionen finde ich folgenden Zettel auf meinem Schreibtisch:

«Herr G. hat angerufen, möchte endlich einen Termin mit dir machen. Frau L. würde gern mit dir über eine neue Sendeform reden, haha. Die Kulturredaktion braucht spätestens morgen deinen Artikel. Für den Funk sollst du eine Glosse schreiben über das Frauenbild der Kohl-Regierung. Deine Mutter fragt an, wann du endlich mal kommst.»

Und ganz unten hin hat er geschrieben: «Ich hätte auch gern mal wieder einen Termin bei dir, vielleicht so zwei Stunden – hast du diesen Monat noch Zeit?»

Das hat gesessen. Ich überdenke meine Wirbelei, finde sie so sinnvoll nicht mehr. Ich rufe Herrn G. an und verschiebe den Termin, die Glosse über das Frauenbild der Kohl-Regierung sage ich ab – kenn ich doch schon, erst wollen sie so was, und dann senden sie es ja doch nicht. Für Frau L. erfinde ich eine Grippe, und die Kulturredaktion und die Mutter werden vertröstet.

Ihm aber lege ich einen Zettel hin: «Termin paßt gut heute nachmittag, 16 Uhr.»

Es wird sehr gemütlich. Er kauft Kuchen, ich koche Tee, die Katzen liegen auf dem Sofa, der Hund auf unseren Füßen, und wir reden darüber, ob ich eigentlich immer noch fürs Selbstbewußtsein arbeite oder vielleicht fürs Geld oder einfach so oder aus missionarischem Drang...?

Es ist von allem etwas, aber ich rede mir ein: Wenn man wirklich genug Geld hätte, könnte man alles hinschmeißen. «Weißt du was», sage ich, «jetzt füllen wir zusammen einen Lottoschein aus, und wenn wir dann zwei, drei Millionen gewinnen, dann ändern wir unser Leben.»

Sofort erfolgt das erbitterte Ringen um die richtigen Zahlen: sein Geburtstag, mein Geburtstag, Kennenlerntag, Katzengeburtstag, Hunde-Finde-Datum, Glückszahl – alles Quatsch, sagt er. Nach der Wahrscheinlichkeit könnten auch 1, 2, 3, 4, 5, 6 kommen. «Das glaubst du doch selbst nicht», sage ich. «Wo soll denn da eine Wahrscheinlichkeit sein, wenn man blöde Kreuzchen in blöde Kästchen...»

«Komm», sagt er, «wir lassen es, alles Unsinn, klappt sowieso nie. Lieber arbeiten wir weiter, du könntest ja doch nicht bloß so rumsitzen mit deinen Millionen, ich kenn dich, du würdest ein Tierheim oder so was einrichten, und dann hätten wir erst recht nie einen freien Termin.» Heimlich habe ich aber doch mal einen Tip abgegeben. Aber es war nichts, die Lottozahlen haben nicht mitgespielt. Statt meiner 8 haben die einfach eine 9 gezogen mit ihren albernen Kugeln; wo ich 18 vorschlage, kommen sie mir mit 16, ich bin für 43, und die entscheiden sich für 40, völlig ohne Sinn. Also: keine Millionen, kein Leben ändern.

Obwohl – eigentlich sollte ja das eine mit dem andern wirklich nicht soviel zu tun haben. Ich habe mir vorgenommen, daß mir so ein Zettel mit Terminvorschlag von jemandem, mit dem ich in derselben Wohnung lebe, nicht noch mal passiert. Das, scheint mir, war eines dieser Kreuzchen, die das sogenannte «Schicksal» malt. Die ändern mehr als sechs Richtige...

18. 5. 83

Über Kalenderweisheiten

Also... heute will ich etwas verraten: Mein Abreißkalender in der Küche ist es, der mich so umfassend bildet und mit Frohsinn beglückt. Jeden Tag ein Blättchen, jeden Tag einen Kochvorschlag, jeden Tag etwas Wissens- oder Denkenswertes zu lesen. Zugegeben, manchmal stürzt mich mein Kalender auch in dumpfe Verzagtheit und geistige Finsternis, und zwar an den Tagen, die mit einem Witz bedruckt sind. Die Witze fangen wahlweise an mit: «Schatzi», sagte Frau Saubermann... oder: Graf Bobby kommt nach Hause, da... Hier lebt es noch, das Zeitalter des Nudelholzes, der Herrenwitze und der betrunkenen Schotten, die mit einer Kerze vorm Spiegel 2. Advent feiern, haha, zu komisch. Aber es gibt eben auch diese Rubrik «Wissenswertes und Kurioses», es gibt zoologische Suchrätsel, Gedichte zur Jahreszeit, die «Wir-erinnern-uns»-Hinweise auf Todes- und Geburtstage, und das alles freut mich immer wieder. Wie innig, wie sinnig, wie richtig, wie wichtig! Wußten Sie z. B. schon, daß der Kuckuck seine Eier in fremde Nester... gell, ja, das wußten Sie schon. Mein Kalender beruhigt mich am 1. Mai aber auch: Die Pflegeeltern, schreibt er, lieben das fremde Kind im Nest wie ihr eigenes. Es macht ihnen nichts aus, den kleinen Kuckuck großzuziehen, denn wenn es ihnen keinen Spaß machte, nicht wahr, dann müßten sie ja nicht. Schließlich zwingt sie niemand da draußen im Wald. Und dann bittet mich mein Kalender noch, jetzt aber nicht schlecht zu denken über die echten Kuckuckseltern, die ihr Kind einfach weggeben. Es sei ja am Anfang noch gar kein Kind, nur ein Ei, und Vögel dächten sich auch weiter nichts dabei. Am 16. Oktober hat sich die Natur etwas dabei gedacht, daß sie uns mit zwei Ohren ausgestattet hat: So können wir rechts hören und

links auch! Kurioses. Mein Kalender bedauert, daß das edle Haselhuhn im Schwinden begriffen ist, aber es sei nun einmal ein Kulturflüchter, im Gegensatz zu Peter Handke, der einen Tag später Geburtstag hat. Wenn ich am 18. Juni das Gedicht eines Herrn Groth lese, könnte auch ich zum Kulturflüchter werden. Es lautet:
«Wie traulich war das Fleckchen,
wo meine Wiege ging!
Kein Bäumchen, kein Heckchen,
das nicht voll Träume hing.»

Ach, Herr Groth...

Der 20. September teilt mit: «Ein Mann ohne Vaterland! Entsetzlicher Gedanke.» Und dann: «Herz, gedünstet, mit Makkaroni und Rohkostplatte.»

In der Reihe «Der praktische Tip» lerne ich, wie man einen Fingerhut wieder vom Finger kriegt, wenn er klemmt, wie man vergilbtes graues Haar wieder grau macht und wie man bei schmutziger Hausarbeit die Finger schont. (Soll ich es verraten? Gummihandschuhe anziehen!)

Aber am schönsten sind doch die Lebenshilfesprüche. Mein Freund und ich wetteifern darin, sie als erster zu lesen und dem andern lässig hinzuwerfen. Sagt er etwa: «Warum ist bloß seit Tagen dieses verfluchte Sauwetter?», kann ich flugs antworten: «Grübeln über Gottes Gründe, kritisieren unsern Schöpfer, ach, das ist, als ob der Topf klüger sein wollt' als der Töpfer!»

Er sieht mich stumm an und sagt dann: «Nudelsuppe, Sülzkotelett mit gedämpften Kartoffeln, Obstsalat.»

Wie arm wären unsere Gespräche ohne den kleinen Abreißkalender für zwei Mark fünfzig...

1.6.83

Über «die Jugend»

Also... neulich hat sich wieder jemand aufgeregt im Bus – «die Jugend», die sei nun wirklich furchtbar, faul, zottelig, frech, verwöhnt, verhascht und überhaupt. «Die Jugend» waren zwei kecke Knaben, die Gummibärchen auf die Fensterscheiben klebten. Wirklich skandalös.

Toll, wie fix manche Leute «die Jugend» umreißen können, wie schnell da ein fertiges Bild gemalt ist (wahlweise auch geeignet für «die Neger», «die Kommunisten», «die Frauen» oder gar «die Gesellschaft»).

Die Jugend. Die Jugend lungert auf der Straße rum und ist arbeitslos und hat keine Zukunftschancen. Die Jugend büffelt in der Schule um Noten nach dem Komma und schleimt, wie Konstantin Wecker singt, schon wieder um die Wette den Lehrer an, damit eben doch in Sachen Zeugnis und Zukunft was läuft, denn was nützt es, in der Jugend munter zu sein, wenn später die Rente nicht stimmt. Die Jugend steht auf den Fluren der Arbeitsämter rum und gilt als renitent, wenn sie partout nicht Bäcker werden will, sondern Automechaniker. Dann eben kein Job, aus. Die Jugend färbt sich die Haare grün oder lila und findet Neonlicht gemütlich. Die Jugend trägt Kaschmirpullover und graust sich vor dem Flatterzeug aus Indien, igitt, wer das schon alles in der Hand hatte.

Die Jugend fixt und liegt besoffen in Parks und Bahnhöfen und geht auf den Strich für den nächsten Schuß. Sie liebt Onkel Donald, die Muppets, die Gruppe Motörhead und findet, Hitler war gar nicht so schlimm, oder sie überschüttet sich mit Benzin, zündet sich an und stirbt aus Protest gegen die Kälte der Erwachsenen. Die Jugend protestiert gegen Atomwaffen und Kernkraftwerke und schmeißt Fenster ein und schreibt auf die Wände: «Wer begriffen hat und nicht handelt, hat nicht begriffen.» Die Jugend flicht sich Perlen ins Haar und kauft sich rosa Stiefelchen für 250 Mark und trägt T-Shirts mit dem Aufdruck «Alternativ – nein danke» oder «Schluß mit dem Konsumterror». Die Jugend schreibt traurige Gedichte und erforscht die Gene von Mäusen, stellt Weltrekorde im Sport auf und sitzt mit 16 Jahren im Gefängnis wegen Mord.

Die Jugend ist bei den Pfadfindern und organisiert Freizeiten mit Behinderten, oder sie putzt alten Leuten die Wohnung. Die Jugend singt pazifistische Lieder und marschiert durch die Straßen mit Transparenten, auf denen steht: «Warum sind es immer Robert Kennedy und John Lennon, warum sind es nie Richard Nixon oder Paul McCartney?» Die Jugend trägt Petticoats und arbeitet sonntags für drei Mark die Stunde in der Krankenpflege. Die Jugend arbeitet bei Amnesty und liest Carlos Castaneda und ißt kein Fleisch, um den Tieren damit zu helfen.

Die Jugend fährt in den Ferien nach Israel in ein Kibbuz und antwortet auf die Frage «Nimmst du Drogen?» mit «Ja, Coca Cola». Die Jugend vergewaltigt kleine Mädchen und bildet in New York Truppen, die alte Leute vor Überfällen schützen.

Die Jugend.

Die Jugend gibt es überhaupt nicht. Die Jugend, das ist eben alles das zusammen, und dazu gehören auch Gummibärchen auf Busscheiben. Wenn ich noch mal jemanden was sagen höre über «die Jugend», ich weiß nicht, ob ich mir dann nicht auch eine Tüte Gummibärchen für den nächsten Bus kaufe. Und wo wäre das dann einzuordnen; wenn ich sie andächtig ablecke und auf die Scheiben klebe? »Die Frauen«?

15. 6. 83

Über Haarprobleme

Also... vor jedem Fernsehauftritt fragt mich die Maskenbildnerin als erstes: «Was machen wir denn mit den Haaren?» Das ist der Moment, wo ich stark sein muß: «Nichts», sage ich und atme tief durch. Jetzt gibt es verschiedene Möglichkeiten: Entweder, sie lacht und sagt: «Also, Sie machen immer Späße, gehen die Ihnen eigentlich nie aus?», oder sie ist bitterböse und sagt: «Liebe Dame, veräppeln lasse ich mich nicht», oder sie ist gekränkt: «Bitte, wie Sie wollen, aber ich bin dann nicht dafür verantwortlich.» Oder aber sie greift resolut zu vorgeheizten Lockenwicklern und Spray: «Das könnte Ihnen so passen, nix da, also, was machen wir jetzt mit den Haaren?»

Die Frage begleitet mich durchs Leben. Als ich ein kleines Mädchen war, seufzte meine Mutter schon, ach Gott, was machen wir bloß mit den Haaren? und zwang mein bißchen dünnes Blondhaar über Metallgehäuse zu imponierenden Tollen. Später sagte Tante Lilli: Bei solchen Haaren hilft nur schneiden, schneiden, noch mal schneiden, dann werden sie kräftig, und ich lief jahrelang herum wie ein Sittich in der Mauser. Mit erwachendem Selbstbewußtsein trug ich philosophisches Schwarz und kämmte die Haare streng in den Nacken. Kind, hieß es, du siehst ja aus wie der Tod, tu es doch nett in die Stirn. Hatte ich es nett in der Stirn, fettete es vom Hingucken.

Die erste Dauerwelle endete in Tränensturzbächen und freiwilligem Hausarrest für Tage, der erste Versuch mit Henna auch. Waren die Haare rattenkurz, sagte die Freundin im Vertrauen: «Mir kannst du es glauben, du siehst idiotisch aus, laß sie doch endlich mal wachsen.» Waren sie lang, sagte die Lehrerin: «Ich will Ihnen nicht reinreden, aber warum lassen Sie denn Ihr Haar wachsen? Dazu sind Sie doch gar nicht der Typ, Ihnen steht kurz viel besser.» Und jetzt kommt das Fernsehen daher und findet, ich soll mich – ja für wen? Für Intendant, Programmdirektor, Redakteur und für die lieben Zuschauerinnen und Zuschauer daheim an den Bildschirmen? – ein bißchen nett machen und mir Locken drehen, wo die Natur es glatt will, Fülle vortäuschen, wo keine ist, mit Spray ankleben, was lieber fliegt – ach, warum nur? Ich will auch keine grünen Schatten über den Augen haben und keine roten Tupfen auf den Backenknochen. Ich möchte so gerne ich sein, denn nur dann bewege ich mich und rede ich so munter und natürlich, daß Intendant, Programmdirektor, Redakteur und die lieben Zuschauerinnen und Zuschauer daheim an den Bildschirmen mir zufrieden zuhören und -sehen. Oder gucken die alle nur auf meine Haare? Das tun sie doch bei Merseburger, Lindlau, bei Klarner und Köpcke auch nicht! Warum?

Weil das Männer sind. Der Mann im Fernsehen hat was zu sagen, die Frau im Fernsehen soll auch nett aussehen. Fragt der Regisseur je einen Mann vor der Sendung, was er dazu anzieht? Mich fragen sie immer. Und die meisten Frauen im deutschen Fernsehen sehen dann auch so perfekt schön aus, daß die meisten Mädchen gleich denken: Das bring ich sowieso nie, da muß ich mich gar nicht erst bewerben.

Ich habe mich nicht beworben, ich bin durch Zufall da gelandet. Wenn ich mich recht erinnere an meinen ersten Fernsehauftritt, bin ich deshalb engagiert worden, weil ich so was «Natürliches» habe. Ah ja. Warum wollen sie denn, verdammt noch mal, jetzt alle was mit meinen Haaren machen?

13. 7. 83

Über Schutzengel

Also... Kinder haben einen Schutzengel, das wissen wir ja: Wenn sie mit einem Blumenkörblein am Abgrund stehen und nach einem Schmetterling haschen, dann schwebt er mit himmelblauen Flügeln in einem schneeweißen Gewand schräg hinter ihnen und bewahrt sie durch bloßes Handausstrecken vor dem Absturz. Jedenfalls tut er das auf den schönen Bildern, die früher in den Schlafzimmern hingen. Die Bilder sind passé, das Schutzengel-Denken ist es anscheinend noch nicht. Wie sonst könnte es sein, daß die meisten Kinderunfälle da geschehen, wo das Kind gut behütet sein sollte, nämlich zu Hause?

Der Schutzengel wird schon dafür sorgen, daß Babys nicht mit dem Kopf im Gitter ihres Bettchens steckenbleiben, daß sie nicht auf Heizkissen sich verbrennen, er fliegt auch herbei, wenn Kinder mit Stricknadeln in der Steckdose stochern, er ist da, wenn sie Zigaretten essen, Tabletten schlucken, Schnaps oder Spülmittel trinken.

Ach ja, ist er wirklich da? Daß so viele Kinder verunglücken, läßt sich wohl nur darauf zurückführen, daß der Schutzengel sehr oft schläft oder andere Interessen hat. Oder sollte er – ursprünglich Symbol für ein gewisses Urvertrauen – mißbraucht werden? Eltern sagen: «Denen passiert schon nichts» und schütten Spiritus auf den Holzkohlengrill, während die Kinder daneben stehen. Ja, da ist ein Schutzengel schon mal überfordert. Wie wäre es also mit selbständigem Denken?

Die meisten tödlichen Kinderunfälle geschehen Kindern unter fünf Jahren. Die können also noch nicht lesen, sie kennen die Gefahren nicht – außer, ihre Eltern klären sie darüber auf. Ist es denn wirklich so unmöglich, Arznei- oder Putzmittel sicher wegzuräumen? Zumal sie unsinnigerweise meist mit leckeren Zitronen geschmückt sind, wie zum Beispiel Spülmittel; mit Mandeln und Oliven, wie etwa Möbelpolitur. Daß ein Appell an das Verantwortungsbewußtsein von Werbefachleuten etwas nützt, daran glaubt ja wohl niemand mehr. Es wird weiterhin geklotzt werden mit lockenden Etiketten. Warum aber nützen die Appelle von Ärzten und Pädagogen so wenig, die seit Jahren sagen: Packt Gifte außer Reichweite, klärt über Gefahren auf, verbietet nicht, begründet auch, und endlich – erkennt, daß für Kinder Dinge gefährlich sind, mit denen Erwachsene gefahrlos umgehen können. Es scheint nichts zu nutzen. Gerade las ich wieder über solche Kinderunfälle: Drei Herztabletten geschluckt – tot. Eine Zigarette gekaut – tot. Drei Schluck Slibowitz genuckelt – tot.

Keine Panik: Nicht immer, wenn Vater und Mutter den Rücken kehren, wird sofort Nagellackentferner getrunken. Aber es muß doch möglich sein, diese grauenhaften Meldungen über Verätzungen, Verbrennungen, über Unfälle in glitschigen Badewannen zu reduzieren. Wir wissen doch, daß schon der Hausfrauenberuf zu den gefährlichsten gehört: Hausfrauen fallen beim Putzen von Leitern, stolpern über lose Teppiche. Wie gefährlich ist es zu Haus dann erst für Kinder – und das besonders in Haushalten, in denen Terpentin in Limo-Flaschen aufbewahrt wird, der Brockhaus unter der Leiter liegt, um sie höher zu machen, damit man an die Lampe ranreicht, um da mit der Nagelschere den Kurzen zu beheben.

Das kann ein Schutzengel allein nicht schaffen, was da an Arbeit anfällt.

7.9.83

Über ganz feine Parfümerien

Also ... ich habe immer noch Schwellenangst vor diesen ganz, ganz feinen Parfümerien. Aber alles gibt es nun mal im Kaufhaus, Drogeriewaren Erdgeschoß, nicht, und außerdem finde ich Schwellenangst idiotisch und will sie überwinden.

Ich brauche eine getönte Feuchtigkeitscreme. Welche? Keine Ahnung, man wird mich ja beraten.

In solchen Läden bedienen Göttinnen, Schönheitsköniginnen, Anwärterinnen auf Gatten aus der Millionärsklasse. Sie verkaufen nicht nur die teuersten Parfüms, sie duften auch danach, und sie tragen Seidenblusen und korallrote Stöckelschuhe mit 15 cm Absatz. Sie haben lackierte Lippen und lackierte Fingernägel in exakt derselben Farbe, einen Teint wie ein Pfirsich und einen Hauch Rouge auf den Backenknochen. Sie haben seidige lange Wimpern und blaue Lidschatten, leise schöne Stimmen und einen ganz besonderen Blick, mit dem sie mich nun mustern, wenn ich – etwas zu laut grüßend – ihren Glas- und Spiegelpalast betrete. Denn ich habe eine rote Nase (immer) und bin blaß, deshalb will ich ja die getönte... Sie wissen schon. An mir ist nichts besonders erlesen, und die Damen sehen das mit einem Blick. Deshalb hat auch zunächst keine von ihnen Lust, sich hinten aus der Sitzecke zu lösen, aber dann quält sich doch eine herbei. Wenn mich jetzt mein Mut verläßt, kaufe ich Nivea und bin schnell wieder draußen, wenn ich aber meinen Kampftag habe, lasse ich mich auf die getönte Creme ein. Die Gazelle mustert mich müde und fragt sich, warum ich es nicht im Kaufhaus versuche. Dann legt sie mir schweigend eine Dose auf den Ladentisch. «Nur die?» frage ich. Sie legt drei weitere Produkte daneben. «Was ist der Unterschied?» frage ich. «Bei Ihrer Haut», sagt die Elfengleiche, «würde ich sowieso eher ein

Transparent-Make-up empfehlen.» Ich bin froh über eine Empfehlung, möchte aber doch den Grund wissen. «Wieso», sage ich, «was ist mit meiner Haut?» «Bitte», meint sie gekränkt, «es war nur ein Rat.»

Es ist sinnlos. Ich entspreche nicht ihren Anforderungen, ich kränke sie durch meine Anwesenheit. Aber irgendwie kränkt sie mich auch. «Da gibt es doch so Wüstenfarben», höre ich mich zu meinem Entsetzen sagen. «Wüstenfarben?» Sie sieht aus, als würde ihr schlecht. Ich kenne kein Halten mehr. «Ja, Wüstenfarben. In der Werbung habe ich das gesehen, so Goldtöne, toll, aber ich weiß die Firma nicht.» Sie blickt gequält zu ihrer Kollegin, die sich die Nägel feilt. «Dominique», sagt sie, «haben wir Wüstenfarben?»

Dominique schlendert heran. «Das ist doch out», sagt sie, «das war letzten Herbst.» «Sie hören es», fügt die Erlesene hinzu. Was nun? Ich frage nach einem Pröbchen der Getönten. Unten in der Schublade (in die gut verspachtelten Gesichter kommt ein Hauch natürliche Farbe) findet sich eins. Ich schmiere mir ein bißchen ins Gesicht, und die beiden Schönen sagen unisono: «Tun Sie es doch auf die Hände, da sieht man es auch.» Ich will es aber im Gesicht sehen, denn meine Hände haben eine ganz andere Farbe. Es sieht ganz gut aus – ich nehme eine Tube, zahle, gehe. Und ich weiß: Ich muß in puncto Selbstbewußtsein noch viel lernen. Auch in puncto Toleranz: Denn so, wie sie mich irritiert ansehen, so irritieren mich die Edlen aus den Kristallpalästen auch. Solange wir uns gegenseitig so abschätzig mustern, Schwestern, fehlt's mit der Solidarität noch weit!

21. 9. 83

Über Szenen im Auto

Also... mal ehrlich: Kommen Ihnen folgende Dialoge irgendwie bekannt vor?

Er: Vorsicht!

Sie: Was, Vorsicht?

Er: Mein Gott.

Sie: Was heißt Vorsicht, he?

Er: Schon gut.

Sie: Schon gut, schon gut, erst redest du mir rein, und wenn ich frage, was ist, dann ist es schon gut.

Er: Ich rede dir nicht rein.

Sie: Ach, du redest mir nicht rein? Was heißt denn dann Vorsicht?

Er: Verdammt noch mal, ich sage doch, es ist schon gut.

Sie: Jaja, du sagst, es ist schon gut, aber ich weiß doch ganz genau, was du denkst.

Bitte schreiben Sie selbst weiter. Oder ich biete eine Variation an:

Sie: Jaja.

Er: Was, jaja?

Sie: Hau nur drauf, geh nur in die Kurve, daß es quietscht, mach den Wagen nur kaputt.

Er: Ich mach den Wagen kaputt?

Sie: Du kriegst doch jedes Auto klein.

Er: Dann fahr du doch, wenn dir alles nicht paßt.

Sie: Ach, auf einmal soll ich fahren...

Bitte dichten Sie nach Belieben weiter. Es gibt noch viel mehr Möglichkeiten, man könnte eine Fernsehserie schreiben über «Szenen einer Ehe im Auto». Es gibt keine Harmonie in diesem

Punkt. Entweder fährt er immer, und sie darf nur sonntags mal, dann ist das auch danach, er redet ihr rein, sie heult und fährt schließlich gar nicht mehr.

Oder: Sie fährt besser als er, weil sie schon viel länger den Führerschein hat, und sie leidet immer, wenn sie als Beifahrerin neben ihm sitzt. Dann drückt er mächtig auf die Tube, um ihr zu zeigen, daß Niki Lauda ein Nichts gegen ihn ist. Oder: Sie fahren beide gleich gut, aber einen anderen Stil. Er fährt bedächtig, redet und gestikuliert dabei, fährt an sieben freien Parkplätzen vorbei und muß dann ins Parkhaus, während sie schnell und flott fährt und Parkplätze über drei Straßen wittert. Sie machen sich gegenseitig nervös und haben am Ende zwei kleine Autos statt eines dicken.

Ach, der trüben Beispiele sind viele. Im Autofahren scheiden sich die Geister, und es soll Leute geben, die sich geradezu begeistert immer wieder die neuesten Statistiken darüber vorlesen, daß Männer, nein Frauen, nein Männer, nein Frauen! die besseren Autofahrer sind. (Soll ich das Geheimnis lüften? Auto fahren ist ein Talent wie Klavierspielen und Hochspringen: Man hat's, oder man hat's nicht. Lieber S., der du dieses vielleicht zufällig liest, du hast es nicht. Ätsch.)

Noch ein Abenteuer am Schluß? Bitte: Im letzten Karneval sah ich ein wirklich betrunkenes Paar zu seinem Auto torkeln. Ein eifriger Polizist paßte auf und sagte, als der Mann losfahren wollte: «Machen Sie das nicht, Sie sind ja betrunken, kommen Sie, lassen Sie in Gottes Namen Ihre Frau fahren!» Der Mann sah das ein, zwängte sich auf den Nebensitz, und die völlig weinselige Ehefrau wankte vor den Augen des zufriedenen Polizisten hinters Steuer und startete. Wenn Papi nicht mehr kann, dann darf Mami, ob Mami kann oder nicht. Das sind dann die Autofahrerinnen, hinter denen ich zähneknirschend herfahre und ganz leise murmele, wenn es niemand hören kann:

«Weiber!»

5.10.83

Übers Geschenk für den Herrn

Also... wir brauchen ein Geschenk für einen Typen mittlerer Jahre, er ist ganz nett, aber so gut kennen wir ihn nun auch wieder nicht, wir wissen nur: Der liest nicht. Also die einfache Sache mit dem «guten Buch» fällt flach. Er hat ein Dienstjubiläum, und er ist immer sehr nett mit uns. «Was zum Trinken», schlägt mein Freund vor, «Cognac oder Champagner.» Ich bin dagegen, es ist so blödsinnig, dieses Schenken erlesener Flaschen, nein, mehr was Bleibendes, da ist doch dieser neue Laden, laß uns da mal gucken.

Die Fachkraft steuert auf uns zu, sie strahlt, als wir zugeben: Wir wissen noch nicht, was wir wollen. Sie holt sofort die Lederkollektion für den Herrn in Bordeauxrot. «Sehen Sie mal hier, entzückend, das haben wir ganz neu hereinbekommen, die Wetterstation aus echt Leder, Barometer, Thermometer, man kann es an die Wand hängen, hübsch, nicht?» «Man kann auch einen Griff dranmachen und es dann wegschmeißen», brummt der Meine, ich trete ihn ans Bein, die Fachkraft hat es nicht gehört. Ich finde die Wetterstation etwas zu teuer, leider, wir dachten mehr so an etwas unter fünfzig Mark – die Fachkraft weiß Rat: «Rund um den Schreibtisch schenkt sich's immer leicht.» Sie empfiehlt lederne Glasuntersetzer, Blöckchen auf Leder für Notizen, Adreßbuch aus Leder, Bleistiftköcher aus Leder. «Schick mit Zweck», sagt sie, und ich murmele immer nur: «Das hat er sicher alles schon.» «Dieses hier kann er noch gar nicht haben», triumphiert sie, «das ist ganz neu im Sortiment.» Sie zeigt uns ein ovales Lederschildchen mit Kettchen zum Aufhängen. Darauf steht, in Gold geprägt: «Gott erhalte mir meine Gesundheit und die Schaffenskraft meiner Frau.»

Angesichts dieser Dichtung wächst mein Mut. «Das gefällt mir nicht», sage ich geradeheraus, «und überhaupt, es muß doch nicht unbedingt aus Leder sein.» Sie ist etwas gekränkt. «Leder schenkt man aber bei Herren sehr gern», sagt sie und wechselt mit uns hinüber in die Abteilung mit den Korkenziehern aus Wurzelholz, den Weinhebern, der Spardose in Telefonform. Wir sind unentschlossen. «Ja, Sie müssen schon auch wissen, was Sie wollen», sagt sie und hat recht. Wir versprechen ihr, noch einmal gründlich nachzudenken, und verlassen den Laden.

Was jetzt? Briefpapier? Der schreibt nicht. Müssen wir dem überhaupt was schenken? – Ja sicher, mit leeren Händen können wir da auch nicht stehen. Blumen? Man schenkt doch einem Mann keine Blumen. Warum denn nicht? Also, ich fände das komisch, wenn mir jemand Blumen... Neulich hab ich dir Rosen auf den Schreibtisch gestellt, da hast du dich angeblich sehr gefreut. Ja, du, das ist was anderes, ich schenk doch dem keine Rosen. Dann schenk ihm doch den Korkenzieher aus Wurzelholz. Sei doch nicht gleich so aggressiv, immer wirst du aggressiv, wenn wir einkaufen gehen! – Zur Versöhnung gehen wir in ein Café und essen Zitronenrolle. Danach sehen wir für mich eine ganz tolle, runtergesetzte Bluse, die wird gekauft, und er findet endlich Turnschuhe in Olivgrün. Dann leisten wir uns noch ein Seidentuch mit Blumen, an geraden Tagen werde ich es tragen dürfen, an ungeraden er. Gegen sechs Uhr rennen wir noch schnell in die Lebensmittelabteilung des Kaufhauses, wir brauchen Brot, Butter – und Himmel! Das Geschenk! Ach, nehmen wir doch eine Flasche Cognac...

19.10.83

Über das Leben in einem Kurort

Also... wir wohnen in einem Kurort, das hat sich nun mal so ergeben. Einen Kurort muß man sich grün und etwas teurer vorstellen, und grundsätzlich ist das Betreten der Wiesen verboten, das Auge soll sich schließlich auch erholen, und wie sähe das denn dann aus, Leute auf dem Rasen, nein, nein. Deshalb (weil das Auge sich erholen soll) sieht man junge Leute mit bunten Jacken und sonderbaren Frisuren auch nur selten in den Kurcafés der Innenstadt sitzen, husch, husch, sagt der Kellner, der wie ein Pinguin aussieht, hier ist nur für Kurgäste!

Die Kurgäste haben auch sonderbare Frisuren, aber keine so bunten Jacken, sie sitzen im Kurgarten und hören das Kurkonzert und fühlen sich elend dabei, aber das ist der Sinn der Sache, denn wenn sie dann abreisen dürfen, geht es ihnen wieder gut, und sie denken: Großartig erholt habe ich mich!

In den Kurgarten darf man nur mit der Kurkarte hinein, aber dafür spielen da dann auch all die Musiker, die einmal davon träumten, die Musik in der Hertie-Lebensmittelabteilung zusammenzustellen – Sie wissen schon, die einen immer so umperlt, ehe der Herr aus der Glaskabine wieder sagt: Beachten Sie bitte auch im 4. Stock unsere Möbelausstellung. Jetzt müssen die Musiker etwas von Lincke und Lehár spielen und sehen dabei so aus, als wären sie gerne weit, weit weg.

In der Kurstadt sind das wichtigste die schönen Bäder, die sind sehr teuer, damit nicht zu viele Jugendliche reingehen und darin herumtoben, und sonst zahlt es ja die Kasse. Die Becken sind aus Marmor, und das Wasser ist warm, wegen der Therme, und an den Wänden steht: Bitte Ruhe! Deshalb erzählen auch alle nur ganz gedämpft von ihren Krankheiten, und nur, wenn zwei feststellen, daß sie ganz genau dasselbe haben (nämlich dieses elende Ziehen im Rücken und immer kalte Hände), dann rufen sie entzückt schon mal etwas lauter: Sie auch? Ich auch! Oder: Genau wie bei mir! Und die Freude ist groß.

Das kulturelle Angebot in der Kurstadt ist enorm. Es gibt vier Lichtspieltheater, aber davon ist eins mehr so – erotisch. Die anderen haben auf der Leinwand in der Mitte einen Streifen, alle Filme sind leicht grün, und es regnet immer, und am liebsten werden Geschichten von vier Fäusten und irgendeinem Halleluja vorgeführt oder diese Komödien, wo jemand rückwärts mit einer Torte in einen Swimmingpool... na, Sie wissen schon. Es gibt einen Club, in dem stets neue Damen aus der Karibik eingetroffen sind, aber das ist wohl auch mehr so erotisch, und es gibt das Theater. Außen ist es schön, innen tragen alle lange Kleider. Und dann gibt es den Stammtisch der Marinekameradschaft, den Club der Pudelfreunde, viele Vorträge über richtiges Essen, falsches Atmen und gesundes Waldlaufen, auch ein Zahnarzt erzählt ab und zu, warum der Besuch bei ihm wichtig ist. Ins Kurhaus kommen gern große Künstler wie Roberto Blanco, Paola oder Mary Roos, und einmal war ein Zauberer da, der aus Taschentüchern Rosen gemacht hat und dann wieder aus den Rosen Taschentücher, leider. Ach ja, und einmal kamen Herren als Damen aus Paris, aber das war dann auch schon wieder mehr so erotisch...

Nachts werden in letzter Zeit im Kurpark manchmal Handtaschen entrissen, und einmal haben Unbekannte mit roter Farbe auf eine weiße Villa gesprüht: Ha ho he, die Stadt ist nicht okay. Wie undankbar!

2.11.83

Über «die» feinen Leute

Also... wir sind, um jemandem eine Freude zu machen, mitgegangen zu diesem unsäglichen deutsch-französischen Liederabend. Wehmütig denke ich an das Buch, das ich sonst gerade an diesem Abend gelesen hätte, an die Briefe, die ich hätte schreiben können – statt dessen bekümmern wir beide hier den herumschwirrenden Kulturattaché, weil wir nicht fein genug angezogen sind, aber er kann doch auch froh sein, daß wir kommen, damit wenigstens die ersten sechs Reihen voll werden. Dann hält er eine lange Rede über die deutsch-französische Freundschaft, an die ich ohnehin glaube, und so höre ich denn schon bald nicht mehr zu, sondern schaue mir die Leute an.

In Reihe 1 sitzt neben einem ganz Dicken mit rotem Gesicht eine Kunstledergazelle in Schwarz mit korallrotem Mündchen und viel güldenem Gehänge an Ohr und Hals. Daneben eine weinrote Noch-immer-Studentin mit Lexikon, sie schlägt alles, was sie nicht versteht, sogleich nach und möchte bestimmt auch einmal Kulturattaché werden. Zwei ältere Herren tuscheln die ganze Zeit miteinander, sie scheinen sich im Saal geirrt zu haben und wären jetzt viel lieber beim Treffen der Marinekameradschaft.

Ein Jüngling im Norwegerpullover strickt während der Darbietungen. Er ist erkältet und zieht die Nase unbekümmert hoch, aber gleich schräg hinter ihm sorgt eine kulturell zweifellos halbgebildete und interessierte Dame mit abendfüllender Frisur und gewaltigen Mengen Seidenrüschen an der Bluse für einen gepflegten Eindruck, und sie hat ihren Verlobten? Gefährten? Gatten? dabei, der ohne Frage ein aufstrebender Rechtsanwalt ist. Ist das daneben wohl die Mutter? Warum schaut sie so böse? Sie würde lieber auf zwei Stühlen sitzen, der eine ist zu eng für ihre ganze Fülle, aber wie sähe das denn aus. Sie ist ganz in knalliges Lila gehüllt, und der Blick wandert deshalb zwangsläufig immer wieder zu ihr – ein verspätetes Osterei, auf den Spuren der deutsch-französischen Freundschaft.

Das gutsituierte Ehepaar in mittleren Jahren hat ein Opernglas dabei. Das wird ständig hin- und hergereicht, überhaupt geht von diesem Paar viel Unruhe aus – er hustet, sie schaut ihn vorwurfsvoll an, und schließlich kramt sie nach Hustenpastillen. Dabei fällt das Opernglas herunter, er bückt sich und muß noch mehr husten, aber das geht im Applaus unter: Die drei Herren in den exakt gleichen Pullovern vorn haben ihr Lied mit dem Refrain «Le voici, kikeriki!» fertig gesungen und verbeugen sich froh.

Ein junger Mann im blauen Samtanzug sieht so aus, als strebe er eine Karriere wie Richard Clayderman an, und was der Freak in der Patchworkjacke hier will, weiß nur er selbst. Er schreibt immer mit – vielleicht ist das der Volontär vom Tageblatt, der die Kritik schreiben muß.

Und während ich noch so herumgucke und alle in Gedanken einmal durchhechele, dreht sich vorn die Weinrote, die einmal Kulturattaché werden will, um und mustert plötzlich uns mit großem Blick. Und ich sehe genau, was sie denkt:

«Wer ist denn diese blasierte Blasse mit dem unmöglichen Haarschnitt und dem doofen Flohmarktkleid, die den struppigen Bärtigen neben sich hat, der schon fast eingeschlafen ist? Ein scheußliches Paar!» – Eine Frechheit, was manche Leute so über einen denken!

15. 11. 83

Über neue Wörter

Also... wir leben in interessanten Zeiten. Fast täglich gibt es neue Wortschöpfungen. Nato-Doppelbeschluß war das erste Wort, das niemand verstand. Wer bisher noch dachte, Beschluß ist Beschluß, wurde hier eines Besseren belehrt: Doppelbeschluß oder gar nicht, Rüstungswettlauf, Rüstungsgleichgewicht, Abrüstung, Nachrüstung, Hochrüstung. Rüstig, die Erfinder neuer Wörter. Das heißt, die Wörter wird es ja irgendwie schon gegeben haben – die Zusammenhänge sind neu. Ganz neu ist aber doch mit Sicherheit das Wort «Overkill» – wir können den zwanzigfachen Overkill machen, aber die Amerikaner, schreibt der «Spiegel», hätten aus Sicherheitsgründen lieber den 30- oder 40fachen Overkill. To kill = töten, over = über, darüber hinaus, overkill = noch mehr als töten, tottöten, tot, töter, am tötesten. Welchen Hirnen entspringen solche Wörter? Aber, bitte, keine Schuldzuweisung. Wenn schon kill, dann gründlich, dann gleich overkill, damit der Fall ein für allemal erledigt ist, das Wort signalisiert ernste Absichten. Jedes Kind weiß, was saurer Regen ist, jedes Kind kennt Pershing 2 und SS 20, Videospiele sorgen noch zusätzlich dafür, daß Wörter wie Killersatelliten, Fernraketen, gesicherte Zerstörung, Abschuß zum Sprachgebrauch gehören. Atomarer Holocaust. Nukleares Schlachtfeld. Null-Lösung. Von welchen Sprachmonstern lassen wir uns Tag für Tag umgeben? Heißer Herbst. Das klingt ja noch fast gemütlich, beinah so schön wie Raketenunterhändler. Ein Unterhändler verhandelt doch wenigstens noch – festverbunkerte Weltraumrüstung hingegen scheint fest verbunkert zu sein, nix mehr zu machen, was verbunkern die denn da? Verraten die Nachrichten nicht – Sicherheitsinteressen, Nuklearstrategie, Gleichgewicht des Schreckens.

Schrecken der Sprache, fangen wir an, uns daran zu gewöhnen? «Guten Morgen, meine Damen und Herren, Sie hören Nachrichten. Nach Ansicht des Verteidigungsministers ist die Gleichgewichtsspirale...» Da haben wir es schon wieder, gleich zum Frühstück. In den Mittagsnachrichten wissen sie dann zu berichten von Marschflugkörpern, Abschreckungskapazitäten und Stationierungsverbot.

Wörter starren um uns herum wie Waffen. Sie haben sich in unseren Sprachgebrauch gedrängt, wir wissen oft nicht einmal, was sie bedeuten, wir wissen nur: Mit Liebe, Leben, Menschlichkeit, mit der Schönheit der Sprache haben diese Wörter nichts mehr zu tun, aber viel mit Macht, Kälte, Aggression, Irrsinn, Unvernunft. Es gibt auch so groteske Gebilde wie Waffenmix: Die Kombination aus mehreren Killern ist ein Waffenmix, wie neckisch das klingt. «Man dulde keine Willkür in der Sprache...» Wer hat das gesagt? Konfuzius? Ach, wer kümmert sich denn heute noch um so etwas. Die Nachrichten müssen knapp, kurz, kühl sein. Da kommen solche Horror-Wortschöpfungen gerade recht. Erstschlag, Zweitschlag, Präventivschlag. Schlag auf Schlag, atomwaffenfreie Zone, Atommüll. Bis in die Klosprüche reicht es schon: «Kein Atommüll auf den Mars! Mars bringt verbrauchte Energie sofort zurück!» Darüber kann man ja wenigstens noch lachen. Aber sonst? Bedrohungsexport, Raketenherbst, Anti-Raketen-Raketen. Trostlos.

Machen wir lieber einen schönen Waldspaziergang – halt! Das Wort ist belastet. Bleibt uns nur noch der Entsorgungspark...

30.11.83

Über den neuen Mann

Also... ich habe einen neuen Typ Mann kennengelernt. Was ein Macho ist, wissen wir ja alle: Der sieht männlich-kernig aus, trägt das Goldkettchen auf gebräunter Brust unterm offenen Hemd, bevorzugt Leder und Sportwagen, er hat ein kantiges Kinn und pfeift ansehnlichen Frauen nach. Was ansehnlich ist, bestimmt er, alle anderen sind Emanzen, Lesben oder frigide Ziegen.

Was ein Softi ist, wissen wir auch. Das ist der sanfte Mann, der nie befiehlt und immer schmusen will, er möchte zu den Frauen aufsehen und wäre auch gern so stark wie sie, er weiß, daß er ihre Schönheit auch mit dem seidigsten Blondhaar nie wird erreichen können. Der Softi will nicht der Herr im Haus sein, und bei Krisen verzieht er sich, die machen ihn ganz krank. Diese beiden Typen lassen sich leicht voneinander unterscheiden.

Um so verwirrender, was sich seit einiger Zeit in meinem Bekanntenkreis tut: Da entwickelt sich eine Art Macho-Softi, eine Kombination aus diesen beiden Schreckensmännern. Der Macho-Softi ist rein äußerlich von herber Eleganz. Aber: Er finanziert sie nicht selbst. Sein Lagerfeld-Parfüm zahlt Ariane, seine Gianni-Versace-Lederjacke hat Franziska gekauft, den Urlaub auf Ibiza verbringt er mit Nicole, die dafür einen Kredit aufnimmt. Der Macho-Softi ist mit all seinen Freundinnen lieb, sanft und zärtlich. Er scheut sich nicht, zuzugeben: «Ohne dich bin ich nichts.»

Und doch ist er immer auch ein Mann zum Vorzeigen, er ist dezenter als der Ur-Macho, aber das gewisse Etwas hat er. Der Wolf hat Kreide gefressen, denn bei der neuen Art Frau kommt er so viel besser zum Ziel. Die alte Männlichkeit gepaart mit dem neuen Gefühl, so steht er vor unserer Tür und spricht mit honigsanfter Stimme, und wir machen ihm auf wie weiland die sieben Geißlein dem bösen Wolf. Ist der Macho-Softi erst mal in deiner Wohnung, ist es schwer, ihn wieder rauszubringen. Entweder mußt du eines Tages ausziehen, oder du zahlst ihm eine Abfindung, damit er endlich geht. Deine Videoanlage nimmt er auch noch mit – schließlich, was willst du damit ohne Filmkassetten – die sind alle seine, und den Schlüssel zu deiner Wohnung gibt er dir sowieso nie zurück. Er hat ja so oft diese wahnsinnig traurigen Abende, und an denen würde er dann gern kommen, damit du ihn tröstest – am besten mit einem alten Chablis und einem Essen in dem süßen französischen Lokal.

Er findet Mittel und Wege, ganz lange in deinem Leben zu bleiben, dieser Mann. Immer, wenn du ihn siehst, denkst du ja auch: Wie schön er ist! Und das merkt er, und schwupp, hat er dich schon wieder. Mit seiner neuen Freundin ist er sofort viel, viel glücklicher, die ist ja auch viel, viel jünger, aber du, nur du allein hättest etwas, das kann keine andere ersetzen – fahren wir ins Van Morrison-Konzert? Aber du mußt zahlen, ich hab gerade kein Geld. Der Macho-Softi ist die teuflischste Versuchung, seit es Männer gibt. Wir sind nicht unschuldig an seiner Existenz: Erst wollten wir den Mann ja stark, dann lieber schwach, jetzt soll er beides zugleich sein. Wir haben schon soviel gelernt. Nun lassen wir ihn auch mal lernen: ein ganz vernünftiger, normaler, netter Mann und Partner zu werden. Es liegt nicht nur an den Männern, wenn sie sich oft so dämlich benehmen: Es liegt auch an Ariane, Franziska, Nicole. Nichts für ungut.

11.1.84

Über die Lust an Katastrophen

Also... wenn am hellichten Tag an einer Straßenecke ein Menschenauflauf ist, dann kann es sein, daß just an jener Ecke zwei Motorradfahrer ineinander verkeilt am Boden liegen, viel Blech, viel Blut, viele Leute drum herum. Denn nichts scheint Menschenaufläufe so magisch zu provozieren wie das Unglück. Auf der Autobahn wird nicht da am langsamsten gefahren, wo Schilder darum bitten, wo Großbaustellen sind oder wo die Situation es erfordern würde, sondern da, wo ein umgekipptes Auto auf der Gegenfahrbahn liegt, wo Abschlepp- und Krankenwagen stehen, wo Sand auf die Straße gestreut wird, um Öl, Benzin und Blut zuzudecken. Jeder schleicht vorbei, die Augen nicht mehr geradeaus, sondern auf das Geschehen nebenan gerichtet. Bricht irgendwo ein Deich, steht ein Wald in Flammen, explodiert ein Haus, fällt ein Flugzeug herunter – Hunderte finden sich blitzgeschwind ein, um dabeigewesen zu sein. Vielleicht winken sie auch noch in die Fernsehkameras, damit die Tante in Wattenscheid abends in der Tagesschau sieht: Mein Neffe war ganz dicht am Geschehen! Das Fernsehen liefert uns die Katastrophen ja ohnehin häppchenweise ins Haus. Kein Abend ohne Terror, Krieg, Unfall, ohne Brennendes, Umgekipptes, ohne Menschen, denen Schreckliches widerfahren ist und an deren Gesichtsausdruck man den eigenen Sinn fürs Tragische wieder mal befriedigen kann. Weshalb denn aber, wo wir es doch durchs Fernsehen so bequem haben mit der täglichen Katastrophe, weshalb laufen wir auch noch an den Ort des Geschehens? Was ist so faszinierend am direkten Anblick des Furchtbaren? Warum behindern wir Rettungsarbeiten, blockieren Zufahrtswege? Offenbar brauchen wir den Anblick des Schreckens so nötig wie Essen und Trinken. Es tut wohl,

Unglück zu sehen, das nicht einem selbst geschehen ist. Das stimmt bescheiden, macht demütig und dankbar: Gott sei Dank, nicht ich. Man wird daran erinnert, daß Glück nicht selbstverständlich ist. Das Grenzerlebnis steigert auch die Sensibilität – nie wird auf Autobahnen rücksichtsvoller gefahren als in den ersten fünf Minuten, nachdem sich die Kolonne an einem Unfallwrack vorbeigeschoben hat. Wir standen mittendrin, aber wir waren nicht betroffen. Dieses unmittelbare Erlebnis ist viel stärker als die Reproduktion des Schreckens am Bildschirm. Da sehen wir das Blut nicht mehr wirklich, riechen nicht den Qualm und das Benzin. Wir brauchen, scheint es, solche Anstöße, und wir schämen uns deswegen. Der Trieb ist alt: Die Römer hatten ihre Gladiatorenspiele, das Mittelalter seine öffentlichen Hinrichtungen, und wir haben ja Folter, Katastrophe, Mord und Totschlag auf Video als Ersatz für die echte Katastrophe, die uns dieses wohlige Gefühl von «Gott sei Dank, ich nicht» gibt.

Man sollte die Sache nur einmal kurz andersrum bedenken: doch ich. Ich bin es, eingeklemmt im Auto, mein Haus ist es, das da gerade in die Luft gesprengt wird – und um mich herum eine Schar von neugierigen Zuschauern, die in meinen Elends-Zoo starrt. Wäre mir das recht? Ach, wie paradox: Wir schauen so gern zu und haben so ungern Zuschauer. Es wäre eine Möglichkeit, sich in mehr Menschlichkeit zu üben, indem man an Unglücksstellen entweder etwas tut oder – falls schon genug getan wird – weitergeht, weiterfährt. Falls Übungen in Sachen Menschlichkeit noch gefragt sind.

25.1.84

Über Karneval

Also... denken Sie daran: Jetzt im Karneval und im Fasching gelten andere Sitten. In jeder Hinsicht. Ernste Bankangestellte dürfen am Schalter ein lustiges Hütchen tragen, man darf Leute, die man sonst kaum grüßt, auf offener Straße küssen, es duzt sich schneller, nur nach dem Namen frag mich bitte, bitte nicht. Mit der Kostümierung wird es immer schwieriger. Wer will schon noch als Scheich gehen, bei den Ölpreisen? Der Scheich ist keine Sympathiefigur mehr, und ein Harem kommt sowieso zu teuer. Überhaupt, gilt da nicht so ein Vermummungsverbot? Darf man denn dann überhaupt noch...? Ach so, im Karneval gilt das nicht. Vermummen ist sowieso nicht angesagt, man will ja zeigen, was sonst immer hoch geschlossen ist, also Entmummung auf der ganzen Linie. Kohl, Genscher und der unvermeidliche Strauß wandern wieder als Pappkameraden landauf, landab durch die Faschingszüge, und für unsägliche Veranstaltungen aus Städten, die singen und lachen, wird viel Sendezeit eingeräumt. Da sitzen dann Honoratioren nebst Gattinnen an langen Tischen bei deutschem Wein und schunkeln zu deutschem Liedgut: «Datt is der böse Weinjeist, der den Papa in datt Bein beißt, da torkelt er hin, da torkelt er her, der Papa is voll un die Brieftasch' is leer...». Organisierte Herren in Uniformen verbreiten von der Bühne überbordenden Frohsinn mit Witzen über Frauen, Nachrüstung, Schwule und was sonst noch komisch ist. Der Frohsinn im Verein ist eine ernste Sache und wird deshalb streng militärisch gehandhabt: Märsche, Protokolle, Orden und Ehrenlitzen, und mit harscher Stimme ruft der Obernarr in den Saal: «Kuscher und Philister, heute abend raustreten! Dem tapferen Streiter, dem Gott Jokus, ein dreifaches Helau geschrien!» Ja, da ist viel Schmiß und

Schmackes angesagt, ernst ist die Kunst. Als Höhepunkt des Abends kommen Jochen der Erste und ihre Lieblichkeit, Gisela die Erste, und werfen Kußhändchen, ein Männerballett tritt als Putzfrauengruppe auf, und die Funkenmariechen werfen ihre Beine hoch.

Wie werden die Scherze in diesem Jahr wohl lauten? «Kanzler werden ist nicht schwer, Kanzler bleiben aber sehr, alaaf»? Oder: «Arbeitslos sind Mann und Frau, und der Lehrling auch, helau»? Oder wie wär's denn mit: «Leute, feiert Karneval, ist vielleicht das letzte Mal, Reagan und auch Andropow üben schon, bald macht es: boff!» Scherze müssen immer erst eingereicht und genehmigt werden, wie wir inzwischen wissen, da verstehen die Herren aus der närrischen Innung keinen Spaß. Der Scherz muß so sein, daß von ganz rechts bis – ja, bis wohin? jeder darüber lachen kann und keiner sich getroffen fühlt. Aber es klingt ja ohnehin alles gleich viel netter, wenn man es in einem Ringelhemdchen und langen Unterhosen vorträgt.

Was ist nur los mit mir? Warum kann ich den Karneval einfach nicht ausstehen? Vielleicht, weil bei dieser Art von Gröl-, Schunkel- und Saufhumor etwas nach oben geschwemmt wird, vor dem ich mich sowieso immer fürchte. «Meine Frau ist ein Engel», sagt Müller. Darauf antwortet Meier: «Hast du ein Glück, meine lebt noch.» Narrhallamarsch, Tusch.

8.2.84

Über die Konfirmation

Also... Benno hatte Konfirmation. Wir waren eingeladen. Die Kirche war so voll wie seit Heiligabend nicht mehr. Der Pfarrer predigte vom Schritt ins Leben, und ich dachte an meine eigene Konfirmation und daran, was Konfirmation mal bedeutet hat. Kon-firmation, das heißt: Festigung im christlichen Glauben, wer konfirmiert ist, bekennt sich zur Gemeinde, erhält Rechte und Pflichten der Kirchenmitgliedschaft. Früher war dieser Tag auch mal der der ersten Nylonstrümpfe für die Mädchen und der ersten langen Hosen für die Jungen. Der Konfirmation geht ein Unterricht voraus, in dem man die Gebote lernt, das Glaubensbekenntnis, biblische Geschichte, Psalmen, ein bißchen Kirchengeschichte.

Trotzdem verkommt die Konfirmation immer mehr zu einem bürgerlichen Freß- und Schenkfest wie Taufe, Hochzeit, Weihnachten. Kirchenservice wird mitgenommen. Nylonstrümpfe und lange Hosen bedeuten nichts mehr, am Gemeindeleben wird nach der Konfirmation nicht mehr teilgenommen, ja, warum wird Benno denn überhaupt konfirmiert? «Werden doch alle in dem Alter.» Da steht er nun, konfirmiert, im Sommer vielleicht schulentlassen, ohne Lehrstelle, mit sexuellen Problemen, Schwierigkeiten zu Hause. Über all das wurde im Konfirmationsunterricht nicht geredet, wie soll der Pfarrer das auch leisten bei der Menge an Konfirmanden aus Familien, die er sonst in der Kirche nie sieht und von denen er nichts weiß. «Das Gottesbild der Konfirmanden», so stand es mal im Zeit-Magazin zu lesen, «bewegt sich irgendwo zwischen Uri Geller, Tarzan und dem weißen Riesen.» Auch Bennos Gottesbild ist etwa da angesiedelt, und seine Familie hat mit Religion nichts im Sinn. «Ich geh schon mal», flüstert mir die Mutter zu, nachdem Benno «dran» war, «gleich kommen ja alle zum Sekt.»

Später gibt es Geschenke, Sparbücher, Ermahnungen. «Na, Benno, hast du dich schon bei Tante Paula bedankt?» – «Nööö.» – «Dann aber hopp.»

Nach dem Essen soll Benno eine Rede halten. «Was soll ich denn sagen?» – «Du könntest dich wenigstens bedanken für die Geschenke.»

«Also, ich möchte mich bedanken für die vielen Geschenke, vor allem für das Lexikon und den Tennisschläger.» – «Und der Lederschlips?» – «Und für den Lederschlips.»

«Wer will denn jetzt Kaffee?» Alle wollen Kaffee.

Wie war doch gleich Bennos Konfirmationsspruch? «Irgendwas mit treu und so. Guckt doch mal in der Bibel nach, die Kinder mußten doch alle eine neue Bibel bringen, und da hat der Pfarrer vorn die Sprüche reingeschrieben.» – «Hat jemand die Bibel gesehen?» – «Wird hier jetzt noch Bibellesung gemacht?» – «Wer will denn noch Kaffee?» Die Bibel steht schon ganz oben im Regal. «Hol sie noch mal runter, Walter, wegen dem Spruch.» «Das war irgendwas mit treu, wer treu ist, ist auch groß.» – «Das solltest du dir merken, Walter!» Die Bibel wird geholt, Benno geht mit dem Tennisschläger mal runter, üben. Der Spruch heißt: «Wer im Geringsten treu ist, der ist auch im Großen treu; und wer im Geringsten unrecht ist, der ist auch im Großen unrecht.»

Wird der Spruch irgendwann etwas für Benno bedeuten, mehr als ein Tennisschläger?

7. 3. 84

Über Prominentenjäger

Also... das ist eine ganz wichtige Mitteilung, daß Prinzessin Caroline von Monaco in letzter Zeit nur selten lacht, siehe Foto, im Hintergrund links ihr zweiter Ehemann, Stefano Casiraghi. Das kleine Foto zeigt den Besitz der Casiraghis in der Nähe von Como.

Ganz wichtig ist auch die Nachricht, daß Christina Onassis immer dicker wird, wie dieser Schnappschuß beweist, der einem Reporter in Paris gelang, als Christina einen Nachtclub verließ. Hier weht der Wind das Kleid von Prinzessin Diana so hoch, daß man endlich die schönen Beine sieht, und hier, pfui, Hoheit! Prinzessin Anne ist wieder mal geschmacklos gekleidet und macht ein muffiges Gesicht. Bezaubernd dagegen Königin Silvia, hier sehen wir sie mit ihren drei Kindern in Schloß Dingsbums beim Spiel mit dem treuen Labrador, links. Nein, sagen Sie!

Wie unerhört aufregend ist doch all dies. Da gibt es also Fotoreporter, die unentwegt den Großen und Gekrönten dieser Welt auflauern, die Brigitte Bardot ein Leben lang unbarmherzig verfolgen und dokumentieren, ob sie nun immer noch schön oder im «Alter» erst recht noch schöner ist, die Jacqueline Onassis nachstellen, wo immer sie sich zeigt, und ihr das Leben zur Hölle machen, und warum das? Um uns in den Herzenszeitungen ein weiteres Foto zu präsentieren, weil das ja offenbar vom Leser dringend verlangt wird.

Ach, wirklich? Oder ist es nicht doch vielleicht so, daß erst das Angebot die Nachfrage anheizt? Könnten wir wirklich nicht leben ohne das verschwommen erhaschte Konterfei des mutmaßlichen neuen Liebhabers der Prinzessin Margaret?

Fürstenhäuser bitten ja ab und an huldvoll zur Pressekonferenz, da sitzen dann die edlen Mitglieder aller Familien auf traditionsreichen Möbeln in teuren Gewändern und zeigen, was sie an Schmuck und Lächeln noch so haben, da packen Silvias Kinder schon im November für die Fotografen juchzend ihre Weihnachtspäckchen unter dem Baum aus, und die Herzogfamilien aus Liechtenstein lassen sich auch immer gern ablichten.

Das sollte genügen. Man wünschte sich, dadurch würde unwürdiges Versteckspiel beim Einkaufsbummel überflüssig, würden dicke schwarze Sonnenbrillen, Kopftücher und gehetzter Gang beim privaten Ausgehen unnötig – aber nein. Da lauern sie schon wieder. Man kann die Wut der Königin Elizabeth verstehen, wenn Journalisten sich nicht an die Audienzen halten, sondern Tag und Nacht vor den Palästen herumlungern, damit nur ja die bunten Hefte voll werden mit Klatsch und Tratsch über – ja, über was eigentlich? Heiße Luft. Schon zweimal hat die englische Königin inzwischen die Verleger von Fleet Street aufgerufen, ihre übereifrigen Reporter zurückzupfeifen. Es wird nichts nützen. Wir werden weiter mitansehen müssen? dürfen?, wie Diana den Hut festhält und Charles vom Pferd fällt, als sei es die wichtigste Nachricht der Woche.

Manchmal schlägt ein Star zurück: Alain Delon hatte neulich einen Fausthieb parat für einen Fotografen, auch Junot und Casiraghi haben schon zugeschlagen – was ja Caroline niemals darf und kann. Dafür kommen sie dann wieder mit bösen Bemerkungen in die Schlagzeilen. Prinz Claus leidet an Depressionen (zu besichtigen auf vielen Fotos). Nicht einmal das schreckt diese Fotografiermeute zurück. Wer da Depressionen kriegt, reagiert normal.

4. 4. 84

Über Diamanten

Also... eins ist doch wohl klar: Eine Frau, die heutzutage keinen Diamanten trägt – egal ob an Hals, Finger oder Ohr –, die ist nicht ganz auf der Höhe der Zeit. Monatelang erfuhren wir doch schließlich in einer beispiellosen Werbekampagne, daß Gold Liebe bedeutet, daß Diamanten Erfolg signalisieren, daß Schmuck auf innere Werte hinweist und daß ein Mann, wenn er seine Frau oder Freundin wirklich liebt, ihr das auch auf die einzige Art sagt, die Bestand hat: mit einem Diamanten. Ein Diamant ist unvergänglich. (Daran zweifle ich nicht! Eher ist die Liebe eines Tages weg, aber der Ring bleibt.)

Aus allen Zeitschriften strahlen uns Solitäre entgegen, verträumte Frauen schauen auf ihre Hände, und eine schöne Schrift teilt diskret mit: «Die Frau, die solch einen faszinierenden Diamanten trägt, ist zu beneiden. Auch um den Mann, der in der Lage ist, ihr dieses außergewöhnliche Schmuckstück zu schenken» (für 34 500 Mark...).

Wir sollen also, entnehme ich der Werbung, bei unseren Männern so lange quengeln, bis wir auch einen Klunker kriegen. «Hans-Peter, ich will um dich beneidet werden!» – «Karlheinz, du weißt doch: Es ist unglaublich, wie der Diamant einer Frau ihren Mann ins Gerede bringt!» – «Schatz, das sind Werbungskosten in ihrer schönsten Form, also bitte.» – «Pflücken Sie ihr eine Blume, die nie verblüht!» wenden sich die Diamantenhändler direkt an den Herrn, und da es ja nun auch schon ein paar Frauen mit Geld gibt, zeigen einige Hochglanzfotos auch glückliche, strahlende Männer: «Für den erfolgreichsten Mann, sagte sie und steckte mir diesen Diamanten an.»

In Zeiten wirtschaftlicher Krisen hat der Diamant Hochkonjunktur. Man legt schnell noch an, möglichst sichtbar, die Konkurrenz ist groß.

Für fünf Mark Schutzgebühr bekommt man per Post das Diamantjahrbuch zugeschickt und kann unter anderem lesen: «Ein Diamant ist ein immerwährendes Symbol. Für Macht und Magie, Liebe und Verführung. Für das Unvergängliche schlechthin.»

Aha. Symbol für Macht, für das Unvergängliche schlechthin. Was aber, wenn ich Macht gar nicht will? Und wenn ich schon gar nicht will, daß sie auch noch unvergänglich ist? Na, dann darf ich eben keine Diamanten tragen.

Man sollte sich sowieso genau darüber informieren, was der Schliff des Diamanten verrät über die Frau, die ihn trägt. Runder Schliff: Heimchen am Herd; Tropfenschliff: Interesse für alles Fremde; Marquisenschliff: Sie sind sexy und extrovertiert; Smaragdschliff: Der Verstand siegt übers Herz; ovaler Schliff: Sie sind schöpferisch-flexibel; Herzschliff: na klar, romantisch. Hauptsache aber ist: groß. Wir zitieren Kennerin Zsa-Zsa Gabor: «Wer Diamantringe kauft, sollte den Solitär möglichst groß wählen, damit die Hände zierlicher wirken.»

Das leuchtet ein. Wenn es stimmt, daß «diamonds a girl's best friend» sind und sonst gar nichts, dann kann der Glitzerstein nicht groß genug sein. Und wenn die Ohren auf den Schultern hängen.

Keine Frage: Ein Diamant ist wunderschön. Ich will nur nicht, daß er deswegen gleich mein bester Freund sein muß.

21.3.84

Über in und out

Also ... ich weiß nicht, wer das macht und wie und warum, aber jedes Jahr erstellt irgendein Mensch solche «in»- und «out»-Listen, die dann in der Presse auftauchen. Da werden wir belehrt, was man ißt, trinkt, wählt, anzieht, denkt, sich in die Wohnung stellt und was nicht mehr. Vor ein paar Jahren zum Beispiel waren Gummibäume total out, Palmen dagegen in. Heute ist der Trend genau rückläufig. Man hat wieder Gummibaum, wie man ja auch wieder Nierentisch und Petticoat hat. Ebenso verhält es sich mit John Travolta: lange in, dann völlig out, jetzt wieder in, wie Willy Brandt. Jimmy Carter ist immer noch out, aber dafür ist Ronald Reagan noch lange nicht in, jedenfalls taucht er auf keiner der Listen auf, die ich kenne. Aber Helmut Schmidt taucht auf – out, hoffnungslos. Hosen aus Leder, Heilpraktiker und Weltraumfahrt sind übrigens auch out. Seit ich «Menschen 83» im ZDF gesehen habe, denke ich: Elstner – out. Warum sollen immer nur andere Leute die Liste erstellen dürfen, nie ich? Wer nicht genug Profi ist, um eine 100-Minuten-Sendung auch in 100 Minuten über die Runden zu bringen, der ist das Outeste, was es überhaupt gibt. Ein hochdotiertes Out, sozusagen. Individualismus ist wieder in. Na sehen Sie, dann darf ich mir ja so eine Meinung wie die eben geäußerte getrost leisten. Vor einigen Jahren war das Bundeskartellamt in, das kann ich mir heute gar nicht mehr so recht vorstellen, und laut der neuesten mir vorliegenden Liste (medientelegramm München, 83) ist jetzt Autotuning in, aber darunter kann ich mir auch nichts Rechtes vorstellen. Unter in-Bratkartoffeln schon eher. Heinz Erhardt ist in, klar, das hat was mit dem Gummibaum und dem Nierentisch zu tun, und welcher Sänger singt schon heute so schöne Texte wie damals Heinz Erhardt:

«Fährt der alte Lord fort, fährt er nur im Ford fort...» Dafür darf man ruhig 30 Jahre später mal wieder in sein. Leute, die Brigitte lesen, wissen, wie schnell Moden und vor allem: wie schnell die Mode wechselt. Röcke lang, Röcke kurz, Jacken weit, Jacken eng, Stiefel hoch, Stiefel knapp, Rosa out, Oliv in, Folklore out, Fetzen in, dabei geht im Grunde, so wird uns immer versichert, heutzutage alles, man darf den Trachtenjanker zu den Smokinghosen tragen, das ist wahrscheinlich sowieso schon wieder super-in, und ich weiß es bloß mal wieder nicht.

In und out.

Man hat schließlich auch eine persönliche Hitliste. An dieser Stelle will ich gern wieder aus meinem Leben erzählen: War bei mir früher nur Kris Kristofferson in, so ist es heute Van Morrison, und lila Kerzen sind so out, wie weiße Rosen in sind. Warum sollen also nicht irgendwelche Medienmenschen oder Wendeforscher, die schon alles ausgeforscht haben, aus Langeweile auch mal bundes-, ja, weltweite in- und out-Listen erstellen. Ich will es gern glauben, daß Tango (wieder), Rap (immer noch?), Volksfeste (würg), farbige Strümpfe (?) und selbstgemachte Marmelade in sind. Aber warum sind Kirchensteuer und Friedensdemos out? Das ist so komisch wieder nicht. Ich sehe irgendwie schon noch einen Unterschied zwischen dem Herstellen von Marmelade und dem Engagement für den Frieden. Marmelade, zumindest, ist im Eimer.

16. 4. 84

Über gemischte Post

Also... Sie kennen doch das Gedicht von Christian Morgenstern über Palmström, der nicht länger ohne Post leben mag? Er geht zum «Warenhaus für kleines Glück» und bestellt dort, frisch vom Rost quasi, ein Quartal gemischte Post.

Und nun kommt von früh bis spät Post von aller Art und Qualität.

Ich bin nicht im Warenhaus zum kleinen Glück gewesen, aber gemischte Post kriege ich auch, unentwegt, und langsam frage ich mich, warum. Eine Weinfirma aus Bingen schreibt mir zum Beispiel, mir ganz persönlich, handschriftlich und mit Tinte (erst, als ich mal dran lecke, merke ich, daß heimlich doch alles gedruckt ist). Die Weinfirma jubelt mich an: «Herzlichen Glückwunsch! Sie haben gewonnen!» Gewonnen? Ja, bei was denn? Ich kann mich gar nicht erinnern, an irgendeinem Preisausschreiben teilgenommen zu haben. Aber der Brief mit dem imposanten Wappen der Weinfirma verrät mir, daß eines Tages der Firmenchef für einen kleinen Kreis von ausgewählten Freunden eines guten Tropfens ein Glücksfaß zusammengestellt hat, ein Fäßchen voller schöner Preise und Überraschungen, und dann wurden Lose gezogen, und wer war unter den Gewinnern? Ich! Es stimmt: Ich trinke gern mal ein Glas Wein, aber woher weiß das der Firmenchef aus Bingen? Alles ist sehr geheimnisvoll. Da habe ich vielleicht neulich mal so zu Hause gesessen und an gar nichts Besonderes gedacht, und in der Zeit zog in Bingen ein Firmenchef für mich ein Glückslos. Ist es nicht wunderbar, wie das Leben manchmal so spielt? Mit umflortem Blick lese ich weiter: Mein Glückslos muß ich jetzt ganz schnell unterschreiben und zurückschicken, dann kriege ich den Preis. Die Preise sind abgebildet. Ob für mich der

Korkenzieher aus Wurzelholz reserviert ist? Oder die sechs Gläser mit dem Wappen der Firma? Oder der Zierkorken mit Clownskopf? Einen dieser Preise wird die Firma mir sofort schicken, zusammen mit einem Kasten Wein zum Probieren, nur so, zum sensationellen Sonderpreis.

Aha. Einen Korkenzieher habe ich schon. Gläser mit Wappen gehörten für mich nie zu den erstrebenswertesten Gegenständen. Und warum wollen die ausgerechnet mich ihre erlesensten Jahrgänge probieren lassen? Ob da nicht doch der Wurm...? Das Glückslos wandert in den Papierkorb. Aber ich muß nicht traurig sein, es ist noch mehr Post da. Eine Buchfirma will mir einen Taschenweltatlas schenken, ich muß dafür nur völlig unverbindlich die ersten Bände einer neuen Nachschlagereihe ansehen (bei Nichtgefallen in 14 Tagen zurück, ich sehe mich schon mit den Paketen zur Post schlurfen). Weg mit dem Gutschein für den Taschenweltatlas. Morgen kommt ja wieder neue Post: das Probeheft eines Wissenschaftsmagazins, Einladung zu einer Kaffeefahrt mit Werbevorführung, ein sensationelles Versandhausangebot in Sachen Alutöpfe, wenn ich drei bestelle, schenken sie mir persönlich ein Sortiment Baumwollsocken.

Alle haben meine Adresse, von Berchtesgaden bis Winsen an der Luhe. Alle schicken mir Lose, Glückwünsche, nette Briefe und Bestellzettel. Wer hat diesen Leuten meine Anschrift gegeben? Ich war es nicht. Wenn ich den erwische...!

2.5.84

Über die aussterbenden Deutschen

Also... alle paar Jahre bricht wieder dieser Aufschrei los: Die Deutschen sterben aus! Noch sind wir ein stattliches 57-Millionen-Volk, aber die Tendenz ist rückläufig, und besorgte Minister malen Schreckensbilder von einer vergreisten Bundesrepublik an die Wand, durch die nur hier und da mal ein einsamer Jugendlicher springt. (Ich kann mir das gut vorstellen, in Baden-Baden, wo ich lebe, ist das heute schon so.) Aber das sind in der Mehrzahl reiche alte Leute mit «Alterswohnsitz», während die Alten der Zukunft uns als bettelarm geschildert werden, denn wer soll ihre Renten zahlen? Ich dachte immer, die zahlen die Arbeitnehmer zum großen Teil selbst durch ihre Steuern und Beiträge. Also gut. Die Deutschen sterben aus, nehmen wir den Schreckensschrei zur Kenntnis, wobei aussterben bedeutet: Statt 57 Millionen sind wir in etwa 50 Jahren nur noch rund 40 Millionen, Bundesbürger versteht sich, DDR-Deutsche sind in dieser ominösen Rechnung keine Deutschen. 40 Millionen – ja, ist denn das so wenig? Stellen Sie sich doch mal vor, die fahren im Sommer alle gleichzeitig in Urlaub – Kopf hoch, unsere Autobahnstaus werden uns schon erhalten bleiben, und die Fußballstadien bleiben bestimmt auch nicht leer. Aber vielleicht können unsere Kinder dann endlich wieder studieren, wenn sie wollen, und sogar was sie wollen. Unser Innenminister beklagt, daß wir nicht gebärfreudig genug sind, und unserem Familienminister gefällt das auch nicht – nur 1,5 Kinder pro Frau, statt 2,2, wie es sein müßte, um den Bestand zu halten und die Schnullerindustrie glücklich zu machen! Ja, liebe Doktoren Zimmermann und Geißler, habt ihr denn in eurer grenzenlosen Güte schon einmal darüber nachgedacht, warum wir weniger Kinder kriegen, als euch lieb ist? Nein, nein, nicht wieder die böse, böse Emanzipation vorschieben – ein Blick in unsere Schulen, Lehrstellen, Unis, in die Kindergärten und auch in die bombensichere Zukunft würde euch da manches erklären.

Wir haben 4,5 Millionen Ausländer bei uns – Tendenz trotz rigoroser Ausländerpolitik steigend. Da gibt es auch Kinder, sehr viele sogar, aber deutsche Kinder sind das eben nicht, gell? Also nur der halbe Wert – denn das deutsche Wesen, das ist es doch, was die Welt so glücklich macht, denken wir nur an Professor Sauerbruch, Einstein, Elke Sommer und Albert Schweitzer. Das Deutsche hat einfach in der Welt diesen tollen Klang, und das kann doch nicht einfach aufhören?

So im letzten Satz der Klagen über das (aus)sterbende Volk steht dann immer beiläufig, daß auch der Bundeswehr irgendwann 100000 Mann fehlen würden. Ach, daher weht der Wind? Wir produzieren euch nicht genug Rekruten? Na, da seht ihr mal, wie schlau wir schon geworden sind. Abgesehen davon, wie ekelhaft die Schreierei nach mehr Deutschen ist angesichts einer Bevölkerungsexplosion in den armen Ländern der Dritten Welt, wo zu viele Menschen zu viel Hunger haben, während unsere «wenigen» Deutschen als größtes Problem ihr Gewicht mit sich herumschleppen – 40 Millionen sind tatsächlich so wenig nicht. Die hatten wir – die Grenzen der heutigen Bundesrepublik gerechnet – 1938 auch. Und da waren wir doch angeblich schon ein Volk ohne Raum?

30. 5. 84

Über das Positive

Also... es gibt Tage, da stehst du auf, und der Hauptfilm hat schon angefangen, noch dazu der falsche. Genausogut könntest du gleich wieder ins Bett gehen, aber du versuchst, noch auf den fahrenden Zug aufzuspringen und die Handlung irgendwie mitzukriegen. Schon beim Frühstück haut es dich wieder total um, denn da liest du einen denkwürdigen Satz. Nach einem weiteren Gespräch zwischen den Außenministern Gromyko und Shultz hat Shultz zu wartenden Reportern gesagt: «Ich habe», hat er gesagt, «Ihnen nichts Positives mitzuteilen.»

Zack. Das mußt du öfter lesen. Und dann mußt du dir das vorstellen: Der Außenminister der Vereinigten Staaten hat nichts Positives mitzuteilen – er meint Abrüstungsverhandlungen damit, und irgendwie wäre es schön, wenn so ein Mann mal sagen würde: «Kopf hoch, Freunde, wir versuchen's weiter» oder «Irgendwie werden wir das schon schaffen, schreibt das in euren Zeitungen» – aber nein: «Ich habe Ihnen nichts Positives mitzuteilen.» Das ist die totale Härte, und nun bist du sicher, daß du im falschen Film bist. Als du aus dem Haus gehst, um trotzdem irgendwie durch diesen Tag zu kommen, liegt da die Post, wie jeden Morgen gegen neun. Nie kommt diese verdammte Post mal nachts um zwei, wenn du es dringend nötig hättest nach all dem Katzenjammer; aber morgens, wenn du in deinem Kopf und deiner Seele zugeklebt bist, dann liegt sie da – aber mach dir nichts draus, der Brief, auf den du seit letzten Mittwoch wartest, ist sowieso nicht dabei, und du ahnst schon: Morgen kommt er auch nicht, und überhaupt kann es eine Weile dauern, bis dir mal wieder jemand schreibt, daß du eine gute Frau bist, love and emotion...
Also gut. Du guckst dir diese Post an, und alle wollen was von dir.

Eine Rechnung sollst du bezahlen und dem Finanzamt was mitteilen und die Bücher in die Bibliothek bringen und den Aufruf unterschreiben, und die Versicherung bedauert, aber für deinen Schaden kann sie nicht aufkommen, und die Oma fragt: «Dich sieht man wohl auch gar nicht mehr?»

Jetzt müßte es nur noch an der Haustür klingeln, und dann stünde da Peter Alexander und würde singen: «Hier ist ein Mensch, der will zu dir», dann wärst du aber völlig fertig bis Ultimo. Es klingelt nicht, aber damit es nun ja nicht langweilig wird, springt dein Auto nicht an. Dafür sagt ein Knabe im Autoradio, George Shultz hätte gesagt, er habe uns nichts Positives mitzuteilen. Irgendwie fängst du fast schon an, den Mann zu verstehen – aber siehst du, genausoweit sollte es eben eigentlich nicht kommen. So schlimm kann doch kein Tag sein, daß du das denkst, los, nimm dich zusammen. Der Brief kommt morgen, bestimmt. Peter Alexander hat nicht geklingelt, laß das Auto stehen, geh zu Fuß. Sag dem Finanzamt, was es wissen will, besuch Oma, bezahl die Rechnung und bring die Bücher zurück. Leg dir eine anständige Platte auf, trink ein Glas, unterschreib den Aufruf und leg die Füße hoch. Laß das Telefon klingeln, versuch, wieder in die Reihe zu kommen, und überleg dir, wie du es anstellen könntest, mit George Shultz zu frühstücken und ihm zu erklären, wie man die Sache auch positiv sehen kann. Der Mann ist wirklich arm dran – dagegen hast du es, eigentlich, gut.

13. 6. 84

Über Modesprache

Also ... viel Weiß in Leinen und Baumwollstoffen ist ein Muß. Sportive Eleganz im Maritimstil, weich fließende Mantelkleider. Deauville, Croisette, Regatta, wertvolle Accessoires. Kastige Matrosen-Spenzer, schrittlange Admirals-Blazer, lässige Sailor-Hosen, alles reich mit Goldknöpfen, Clubabzeichen, Flecht- und Kordelgürteln dekoriert. Den Körper umspielende Linienführung, durch geometrische und grafische Nahtlinien unterbrochene Schnitteffekte. Schärpen über den Hüften setzen asymmetrische Akzente, die neue Einfachheit in der Silhouette setzt Raffinesse im Schnitt voraus und stellt an den Stoff höchste Ansprüche. Cool wools treten den Siegeszug an, hochgedrehte Garne in buntem Farbfestival. Mantelkleider, sachlich, doppelreihig geknöpft mit weiß belegten Revers, Komplets mit ⅞langer Jacke, gepflegte städtische Eleganz, die ihren Ideenreichtum aus dem Freizeitvergnügen einer Elite von Müßiggängern schöpft. Weiße Strumpfhosen, weiße Tennisschuhe, kleine Strohhüte aus echtem Panama oder Kappen aus Filz. Kurze Handschuhe aus Gazellenleder, Aufbruch aus dem Alltag im Legionärslook, grünes Licht für Farbe, Phantasie und Design, interessante Overalls im verfremdeten Militäreffekt, Zweiteiler aus Feingabardine, oft mit Kontrastmaterial verarbeitet wie Netz. Die schmale Shift-Variante erlaubt durch Schlitze sportliche Schritte; Toile, Zeltleinen, Bourrette, Schantung. Der Eindruck des Ursprünglichen.

Aufgesetzte Taschen, Nieten, Krempelärmel, neutrale Töne von Khaki bis Schilf. Schlammfarben bilden den Fond, Royalblau und Parma die Akzente, Schwarz nur als Kontrast zur Farbpalette. Batikähnliche Druckdesigns und Madraskaros in Keramikfarbe, Urwaldblüten vereinzelt in Helloliv.

Der Charme auf Netzhemd applizierter Oasen, aparte Intarsienpullis. Hier geschoppte Ärmel in den Basisfarben Quarz, Auster und Silber. Stumpfe Baumwolle propagiert frische Sportlichkeit, Glitterstrukturen sind immer dabei. Chasubles geben den Blick frei auf absolut notwendige Büstiers. (!)

Dekorative Hochsommertops mit Bändergrafik, bei farbigen Modellen gehören weiße Paspeln dazu. Amüsante Stehbündchen, gesmokter Bund und Effektblenden. Krempelbermudas mit Schenkeltaschen reagieren auf den Wandel unseres Lebensgefühls mit neuen sportiven Bedürfnissen. Exotische Hemden aus Windelmull. Der Workman-Stil in seiner kompromißlosen Funktionalität erinnert an die harte Arbeitswelt der zwanziger Jahre. Strapazierfähiger Denim, stonewashed oder gestreift, Schlaufen zum Unterbringen von Handwerkszeug. Ein anderer Zweig der avantgardistischen Mode hat sich den japanischen Reisbauern zum Vorbild genommen. Der Fetzenlook als Seitentrend in Kamel und Lava, poor-look, Arme-Leute-Look, von Topstylisten so gestaltet, daß er nicht armselig wirkt. Veloursleder in der Y-Linie und den Farben Rosenholz und Savanne, Trend zu Ziege und Schaf, Rauhledermix.

Danke, kein Applaus. Alles nicht von mir, sondern aus der Modebeilage meiner Tageszeitung. Ich hoffe, Sie wissen jetzt, wo's lang geht? «Viel Weiß ist ein Muß...»

27. 6. 84

Über Sport, gerade jetzt

Also... wie war das noch mal mit dem gesunden Geist und dem gesunden Körper? Ach ja, der eine wohnt im andern. In einem kranken Körper könnte demnach kein gesunder Geist leben? Nicht nur in dieser Hinsicht ist dieses dümmliche Sprichwort schon längst widerlegt worden. In einem gesunden Militärdiktaturskörper kann ein ganz schön kranker Geist wohnen, und in einem angeblich gesunden Sportlerkörper wohnt oft eine kranke Seele. Was sehen wir denn da jetzt wieder in «Olympia»? Da sind die kleinen Mädchen in der Rubrik «Frauenturnen», keine «Frau» sehr viel älter als 15 oder 16 Jahre, spindeldürr, Hohlkreuz, Bänderzerrung, Gummikörper, Geist und Seele durch jahrelanges Training bestimmt in einem Defizit; da sind die Schwimmerinnen mit ihren Kreuzen wie Wäschetruhen, die für 100stelsekunden kahlrasierten Schwimmer, die muskelprotzenden Diskus- und Speer- und Hammerwerfer, die Läuferinnen mit Wadenmuskeln groß wie Straußeneier, und wann sieht das alles schon noch wirklich nach Sport aus... es ist eine weltweit vom Fernsehen bezahlte Schinderei, der wir da zuschauen, und es geht jedes Jahr wieder um Millimeter und Bruchteile von Sekunden, die darüber entscheiden, wer auf dem Treppchen oben stehen und zur Nationalhymne weinen darf.

Mir ist es schon längst zu blöd. Ich weiß nicht, wo eigentlich der «richtige» Sport noch ist – und was er ist. Die Joggerei und die Aerobic-Hysterie von Frauen, die ihre Tortenpfunde wieder runterkriegen wollen, können es ja wohl nicht sein. Der Bundesligazirkus mit den hochdotierten Schießknaben ist es auch nicht mehr. Das vermarktete Olympiagetue mit Boykott hier, Fackel und Hymne da und mehr Psychologen als Sportlern in den Camps ist es auch nicht. Die Wettkampfidee ist längst dahin – es ist doch nur noch Getue, daß der Beste die Goldmedaille bekäme – unter den Besten liegen heute die Spitzenleistungen so nah beieinander, daß die psychische Tagesform der ausschlaggebende Faktor ist, ach ja, und bei wem wäre sie das nicht, in jeder denkbaren beruflichen, privaten, meinetwegen auch sportlichen Hinsicht? Und da soll ich nun stundenlang vorm Fernseher sitzen, um mitzukriegen, welche der «Frauen» beim sogenannten «Bodenturnen» länger vom Boden weg und in der Luft schweben kann als alle anderen, weil ihr Psychotrainer sie an dem Tag gerade in Höchstform gebracht hat?

Die Nationen sind wer weiß wie zerkracht untereinander, aber einmal alle vier Jahre sollen wir ihnen friedliches, wertfreies Sporteln glauben. Frauen versuchen, endlich so stark zu werden wie die Männer, und das soll es dann gewesen sein? Die Sportidee stimmt nicht mehr. Vidal Sassoon, Modefriseur, entwickelte mit 15 seiner besten Mitarbeiter den Olympic Look, damit auch verschwitzte und zerzauste Sportler auf dem Siegestreppchen noch telegerecht aussehen. Der Mann hat die Zeichen der Zeit ebenso begriffen wie die amerikanischen Fernsehmenschen, die jeden Kilometer Fackellauf mit 3000 Dollar an die Werbung verscherbeln: Nur in einem gesunden Portemonnaie wohnt ein gesunder Geschäftsgeist.

25. 7. 84

*Über Flirts
auf der Autobahn*

Also... der Typ da hinter mir, der hat sie ja wohl nicht mehr alle beisammen. Wie der auffährt! Wenn ich jetzt wegen irgendwas voll bremsen müßte, der säß mir drin. Spinnt der, jetzt macht er auch noch mit der Lichthupe rum – aber wie sagt J. R. in Dallas immer sehr richtig? «Die Oper ist noch nicht zu Ende, solang noch nicht die dicke Dame singt.» Ich drück ein bißchen aufs Gas, aber der Zombie dahinten hat anscheinend auch ein Gaspedal, gut, dann eben nicht, runter vom Gas, ganz langsam, schön rechts fahren, soll er doch vorbei, der verklemmte Angeber. Einen Blick hinüber riskiere ich. Ja, typisch, das ist diese Sorte, auf die ich total abfahre: offenes Sporthemd, Kettchen, einen Arm am Steuer, einen lässig im heruntergekurbelten Fenster, gespiegelte Sonnenbrille. Da brettert er vorbei, so long, honey. Hat mir der ein Kußhändchen zugeworfen? Der hat mir ein Kußhändchen zugeworfen! Das darf nicht wahr sein.

Kaum hat er überholt, fährt er rechts vor mich, obwohl jetzt die ganze linke Seite der Autobahn frei ist. Du hattest es doch so eilig, Mann, na, dann kachel doch los jetzt, was ist? Nichts. Der scheint sich die Fingernägel beim Fahren sauberzumachen oder was, jedenfalls trödelt er vor mir her und macht mich verrückt, also geh ich links rüber, zack, vorbei, ohne einen Blick. Mit solchen halt ich mich doch nicht auf.

Was macht der Kerl denn? Setzt schon wieder zum Überholen an... ich kann aber nicht nach rechts, ein Laster am andern, ich bleib links, schön zügig, und er fährt mir schon wieder bald an die Stoßstange. Der ist ja wirklich die härteste Schicht, echt. Wußte gar nicht, daß es solche noch gibt, Dinosaurier. Der hat es gar nicht eilig, der langweilt sich, der sucht ein Spielchen... Nix,

Kollege, du bist bei mir nicht in den Charts, null vibrations angesagt, obwohl... bis Köln ist es noch eine ganze Ecke, und so geht wenigstens die Zeit rum. Also gut.

Die Laster sind überholt, ich fahre nach rechts, übe ein hochnäsiges Lächeln und werde schön langsam. Da kommt ja schon mein Romeo, fährt auf gleicher Höhe links neben mir. Ich riskier noch einen Blick: Sooo schlecht ist er gar nicht, ich hab schon Schlimmere gesehn. Er hat den linken Arm jetzt am Steuer, und der rechte liegt lässig über der Lehne des leeren Beifahrersitzes, so à la «Wärst du doch hier, mein Täubchen». Bin ich aber nicht, du König der Liebe, ich bin hier in meiner Karre, und da bleib ich auch, und heute abend in Köln hinter den sieben Bergen bei den sieben Zwergen sitz ich neben einem, der ist tausendmal schöner als Ihr, Herr Großvater – ich muß lachen, mein neuer Freund legt das falsch aus, zeigt begeistert auf das Parkplatzschild. Na, der legt ja Tempo vor. Das dann doch nicht, Schönster. Ich lasse ihn wieder vor mir herfahren, und jetzt paß mal auf, du Prinzchen, was die Tante kann. Bei der nächsten Raststätte bin ich weg, im letzten Moment, er donnert weiter geradeaus. Den bin ich los. Ja, bis zum nächsten Parkplatz, da kommt er wieder hervorgeschossen zur Fortsetzung des neuen Flirts, schnell, unverbindlich, auf die Dauer lästig. Aber ich hab selbst schuld: Es gehören schließlich immer zwei dazu, it takes two to tango...

22.8.84

Über das Gespräch mit der Jugend

Also... unsere Politiker suchen ja immer das Gespräch mit der Jugend. Zumindest sagen sie das, und im Fernsehen sieht man sie ja auch manchmal mit sorgfältig sortierter Jugend reden. In den Kneipen, in denen man noch grünen Irokesenschnitt trägt, sieht man die Jungens aus Bonn allerdings selten, na ja, sie müssen eben auch immer so viele Akten lesen... dabei ist die Musik ganz gut da, und aus meinem Kopf zumindest fallen dann immer endlich die Sachen raus, die zuviel drin sind, und das könnte einem Abgeordneten doch auch mal guttun...

Schwellenangst? Dabei beißen die Jungen nicht – auch wenn sie neben mir stehen mit Glatze, reicher Tätowierung und Hundehalsband, und ich seh ja nun irgendwie auch ganz anders aus und trink da bloß mein Bier, weil ich keinen Schlips mehr sehen kann nach einem Tag in deutschen Funkhäusern. «Hey», sagt einer zu mir, «ich bin total abgebaggert, kaufste mir 'n Bier?» Na klar kauf ich ihm ein Bier, mich hat ja auch schon mal irgendwann irgendwer eingeladen, und David Bowie singt gerade, daß wir alle Helden sind, für eine Nacht. «Tierisch», sagt mein Nachbar und prostet mir nett zu, «astrein, der Bowie.» Er sieht sich um, in der Kneipe sind fast nur Männer. «Heavy übermackert», stellt er fest, «keine Bräute, nix.» Zu uns kommt einer mit Sicherheitsnadeln in der Halshaut und erzählt von einem Superbike, das er sich gekauft hat für mächtig Schotter, blau gebündelt, und damit brettert er jetzt irre durch die Botanik, ein Wahnsinnsleistungshammer, echt, aber kiesmäßig ist deswegen bei ihm jetzt total tote Hose. (Es handelt sich um ein ziemlich teures Motorrad, und jetzt ist er pleite.) Mein Nachbar bleibt gelassen, und als der mit den Sicherheitsnadeln aufs Klo geht, um «No Atomkraft in my Apfelsaft» an die Wand zu sprühen, sagt er verächtlich: «Zombie, der. Hat meine Tussi abgegraben, der kriegt sowieso noch einen auf die Glocke.» Arno Steffen singt jetzt, daß alles «Supergut» ist, und er singt es mit der wilden Wut, die das Gegenteil ahnen läßt. Mein Nachbar mit dem Hundehalsband flippt herum, bei der Musik, sagt er, geht der Punk wenigstens mal ab, sonst wär das ja hier ein ziemlicher Frustschuppen, und was ich denn eigentlich so machen würde?

«Schreiben», sage ich, und das findet er total abartig. «Gibste etwa auch Ratschläge?» fragt er, und ich nicke, ja, könnte man sagen, ich versuche es wenigstens. Er brütet in sein Bier. «Ratschläge sind auch Schläge», sagt er schließlich, «ich mach Ersatzdienst im Altersheim.» – «So?» frage ich und zeige auf das Hundehalsband. Er muß grinsen: «Nee, tagsüber ganz prolo, abends starke action, sonst halt ich das alles nicht aus.» Was er nicht aushält, frage ich, und er redet über einsame und verlassene alte Leute und daß er Angst hat, in dieser Gesellschaft alt zu werden. Der mit den Sicherheitsnadeln kommt vom Klo zurück und erzählt wieder von seinem bärenstarken Ofen und wie sauber der am Gas hängt, und wenn man loskachelt, zieht er giftig hoch. Ich zeige auf die Sicherheitsnadeln und frage: «Tut das eigentlich weh?» «Logo tut das weh», sagt er und ritzt mit dem Messer «Anarchie statt Lethargie» in die Theke. «Und», frage ich, «warum machst du es denn?» Er sieht mich an: «Damit ich spür, daß ich noch lebe.» Diese Antwort tut mir so weh, daß ich es in diesem Moment auch spüre.

19.9.84

Über den Butterberg und anderen Überfluß

Also... da haben wir nun einen Butterberg von rund 900 000 Tonnen herumliegen. Wie können wir dem beikommen? Das Los der Gastarbeiter haben wir ja einmal dadurch geändert, daß wir sie «ausländische Arbeitnehmer» nannten – und versuchen wir es also auch hier zunächst einmal mit der Sprache, bei der bekanntlich alles anfängt:

Ab sofort sagen wir nicht mehr «jemandem die Butter vom Brot nehmen», sondern wir nehmen ihm «das Brot von der Butter». Wir reden folgerichtig nicht mehr vom «Brot für die Welt». «Butter für die Welt» muß es heißen, und dem Volk geben wir «Butter und Spiele». «Unser täglich Brot gib uns heute...»? Nein, das lassen wir lieber. Sonst regen sich nur alle wieder auf, auch wenn die halbe Welt kein Brot hat, geschweige denn Butter.

Wir haben nicht nur zuviel Butter. Wir haben von vielem zuviel: zuviel Arbeitslose, zuviel Gift in der Umwelt, zuviel Defizit bei der Bundesbahn, zuviel Abtreibungen, zuviel Ausländer – ein Überflußproblem. Wir könnten es mit einer Verbundlösung zum Abbau des Zuvielen versuchen: Jeder Arbeitslose hat nur dann Anspruch auf Arbeitslosenunterstützung, wenn er sich verpflichtet, in seiner vielen Freizeit (ach ja, zuviel Freizeit!) täglich ein Pfund Butter zu essen. Um das Verteilungsproblem zu lösen und gleichzeitig etwas gegen das Defizit der Bundesbahn zu tun, könnte man dafür sorgen, daß jeder Arbeitslose sich seine 30 Pfund Butter einmal im Monat in Brüssel persönlich abholt, das macht rund 2 Millionen Mehrreisende in deutschen Zügen aus.

Jeder ausgewiesene Ausländer darf unser Land nur dann verlassen, wenn er mindestens, na, sagen wir: drei Zentner Butter mitnimmt in seine Heimat.

Jede Mutter bekommt für jedes Kind vom Familienminister persönlich täglich ein Pfund Butter, und natürlich werden die beliebten Kaffeefahrten ins Grüne zum Verkauf von Rheumadecken mit noch mehr Butterpäckchen angereichert als sowieso schon. Wie wär's denn mit mehr Butter für unsere Soldaten? Statt immer neue Waffen zu entwickeln, beglücke man sie doch lieber mit immer üppigeren Butterbroten, es gab doch schon mal so ein Motto: «Butter statt Kanonen»...

Da das Filmförderungsgesetz ohnehin gerade so tüchtig geändert wird, könnte man doch noch eine Zusatzklausel anfügen: Gefördert werden nur Filme, die zum Konsum von Markenbutter anregen. Und könnte man nicht an der Kinokasse zugleich mit der Kinokarte ein Päckchen Butter erwerben? Ähnlich könnte man die Bundesligafußballvereine dazu zwingen, an ihre Fans Eintrittskarten mit Butterrationen zu verkaufen. Bei den vielen Wahlen in den verschiedenen Bundesländern könnte der Gang zur Wahlurne gekoppelt werden mit der Abnahme eines Paketes Butter mit Partei-Aufdruck, je nachdem. Weg mit dem Muttertag, her mit dem Buttertag! Wir sehen, mit der Sprache fing es an, mit der Sprache hört es auf, nur nicht unterbuttern lassen. Jeder kann in Einzelaktionen zum Abbau des Butterberges beitragen, wenn er nur will.

Sinnvoller wäre allerdings, unsere Politiker würden ihre EG-Politik überdenken und entrümpeln. (Aber bis dahin, Freunde, ist der Butterberg wohl höher als die Alpen.)

3.10.84

Über Frauen
in der Bundeswehr

Also... wir Frauen werden endlich wieder richtig gewürdigt als das, was wir ja schließlich auch sind: verführerische Wesen in Strapsen und feuerroten Spitzenkorsetts, in jeder von uns steckt von Bottrop bis Idar Oberstein auch eine Carmen, nicht wahr; außerdem sind wir demütige Mütter, die für Staat und Zukunft und zur Freude des Familienministers Kind um Kind aufziehen, und wenn wir bis zum 40. Lebensjahr noch keins haben, dann aber schnell – ein ganzes Heer von Psychologen und Ärzten versichert uns ja neuerdings, daß die Frau erst im reifen Alter zur wirklich guten, souveränen Mutter wird. Ein gewisser Herr Saura aus Spanien und ein gewisser Herr Kohl aus Deutschland helfen mit, die Bilder von neuer Weiblichkeit und neuer Mütterlichkeit zu festigen. Die Industrie schickt die neue Büstenhalter- und Corselett-Kollektion flugs hinterher, und somit können wir endlich unsere ekligen Jeans und Latzhosen ausziehen und unser emanzipiertes Getue ablegen.

Und dann gibt es da noch die dritte Variation, die die Frau im strahlenden Licht neuer Zusammenhänge zeigt: als Verteidigerin des Vaterlandes. Laut Grundgesetz ist der Dienst mit der Waffe Frauen nicht erlaubt, wir sollen ja Leben schützen (ich denke, das soll die Bundeswehr auch?), aber nun folgt auf den berühmten Pillenknick das fatale Rekrutenloch: Bis 1995 werden sich unsere Jungens noch ohne uns durchwursteln können, aber dann fehlen bei der Bundeswehr über 100000 Wehrpflichtige pro Jahrgang. Was soll aus Deutschland werden, wenn es Krieg gibt, und wir haben nur 297000 Mann fest unter Waffen statt 500000? Nicht auszudenken. Folgende – reale – Lösungen bieten sich an: Erhöhung der Wehrpflicht auf 18 Monate – bringt rund 42000 Mann mehr; Herabsetzung der Tauglichkeitsanforderung – also 12000 Wehrpflichtige müssen trotz Plattfuß und Sehschäden einrücken; 9000 Mann werden frei, wenn man trotz Mitgliedschaft im Technischen Hilfswerk oder in sonstigen gemeinnützigen Diensten einrücken muß; 6000 verheiratete Wehrpflichtige könnte man dazuholen, die bis jetzt ausgespart wurden; man könnte rund 20000 junge, bei uns lebende Ausländer zum Wehrdienst heranziehen – sieh da, auch die braucht man auf einmal doch?

Und da das alles noch nicht reicht, Sie ahnen es ja schon, kommen wir Frauen mal wieder ins Gespräch. Aber ja doch, machen wir! Wir lassen euch arme Männer doch nicht ganz allein das Vaterland verteidigen – wir werden ab 1998 so in die Kasernen einrücken, wie ihr uns gern habt: mit unserm roten Spitzenkorsett, mit unsern Kindern auf dem Arm und mit unserer ganzen neuen Weiblichkeit und Mütterlichkeit. Na, das wird aber erotisch knistern in den Kasernen. Hoffentlich häufen wir nicht – wie heißt das? – «Schaden auf die Bundesrepublik Deutschland» mit solchen Ideen...

17.10.84

Über den Feinschmeckerkult

Also ... die Kartoffeln sind keine einfachen Kartoffeln, sondern «Favoritenkartoffeln». Und warum soll denn der Chicoréesalat nicht «Franka» und das Kalbsrückensteak nicht «Orloff» heißen? Unter «Crottin de Chavignol» kann ich mir nichts vorstellen, aber unter «Perlhuhnschaum» schon: ein ganzes Perlhuhn, zu Schaum püriert... Zweifellos kommt der Ortenauer Fasan aus der Ortenau, ob wohl der «weiße Pfirsich St. Stephan» auch aus St. Stephan stammt? Beim «Hamburger Küken» ist alles wieder klar, und Schupfnudeln werden irgendwas Geschupftes sein.

Neben dir scharrt schon ein als Pinguin verkleideter Ober ungeduldig mit dem Fuß, und du würdest dich nie trauen, ihn jetzt um ein Mineralwasser zu bitten. Du hast auch schon gesehen, daß die Vorhänge genau zum Teppich passen und daß die alten Stiche an den Wänden echt sind. Das wirst du alles mitbezahlen müssen. Aber nein! Wir sind ja in einem der ganz, ganz feinen Restaurants, in denen nur der Herr die Speisekarte mit den Preisen bekommt. «Bresser Poularde in Riesling» – wer oder was ist Bresser? Ach, da kann dein Begleiter aber lachen, wußtest du denn wirklich nicht, daß man Poularden, wenn überhaupt, nur essen kann, wenn sie aus der Bresse kommen, genau wie Tauben? Nein, das wußtest du nicht, und nach «Rehrücken Grand Veneur» fragst du nun auch lieber nicht mehr. Und vorher vielleicht «Essenz von Wildhasen»? Schönes Thema für die Diplomarbeit in Biologie, denkst du: «Essenz von Wildhasen – gestern, heute, morgen.» Dein Begleiter lächelt: «Originelle Création, nicht wahr?» Er ist nämlich ein «geschulter Esser», wie er gern von sich selbst sagt, und erstaunlicherweise merkt er, daß du dich hier irgendwie nicht wohl fühlst. Schnell bestellt er einen kostbaren Wein edler Lage, der die Dame wieder in Stimmung bringen soll. «Du denkst gewiß nun an den Hunger in der Welt, während wir hier so schön speisen», sagt er. Du staunst: Was weiß er vom Hunger, liest er denn noch andere Blätter als die Gourmetzeitung? «Bedenke aber, meine Liebe», sagt er und nippt am Aperitif, «daß die Rüstung dagegen Milliarden kostet, und so gesehen ist das Ganze doch wieder im Lot.» Das verstehst du jetzt so schnell nicht, aber du willst ja auch nicht immer nur streiten, und da kommt auch schon die «Essenz von Wildhasen», armer Wildhase, das soll nun alles gewesen sein?

Du mümmelst deine Mümmelmannessenz hinein und schwörst dir, daß dir so ein Abend nicht noch mal passiert. Da fällt dir ein, was unlängst der Freßpapst einer großen Zeitung behauptet hat: daß das Unheil, wenn es über die Menschen kam, nie von den vollbesetzten Tafeln der Genießer ausging, sondern immer nur von den Tempeln der Genügsamkeit. Nicht nur, daß sich das sofort widerlegen ließe... es beschleicht dich auch die Ahnung, als würden uns kommende Jahrzehnte das Gegenteil lehren. Denn diese Tafeln sind zu voll, und die Tempel sind einfach zu leer. Wolfram Siebeck sagt: «Schlecht essen ist auch ein Mangel an Phantasie.»

Wetten, daß nicht?

31.10.84

Über alternative Anzeigen

Also... die Anzeigen in den alternativen Zeitungen, die hauen mich immer wieder um. Sucht in der «Süddeutschen Zeitung» noch ein «gestreßter Junggeselle eine langbeinige und langmähnige Fee», was ja auch schon ein Quell der Freude ist, so sucht in einer Kölner Alternativzeitung ein «Bösewicht, zur Zeit in Haft, ein kriminelles weibliches Gegenstück». Na ja. Hier wie dort will man eben unter sich bleiben. Aber toll sind die zwei naturverbundenen Freunde, die «leben wollen wie ein Baum» (auch sterben wie ein Baum?) und dazu entsprechende Freundinnen mit Waldverbundenheit suchen. Die Krabbelgruppe Mühlheim sucht Mitkrabbler, Willi sucht ein nettes Mädel – in der etablierten Presse heißt so was «ungeschliffener Diamant sucht Edelstein für Austausch von Zärtlichkeiten» –, und ein «seelischer Mülleimer sucht Frau mit Styling», na, da treffen sich ja zwei ganz Geheimnisvolle.

Unverschlüsselt werden erotische Sehnsüchte in den Anzeigen der Alternativpresse formuliert. In den sogenannten «großen» Zeitungen redet man da feinsinnig drum herum: «Gefühlsbetonte SIE möchte mit DIR die Kirschblüte genießen, wo bist du, schöner starker Mann nicht über 45?» oder «Wo ist sie, die kuschelige Rassefrau mit langem, weichem Haar, die charmanten Jungunternehmer in JEDER Hinsicht verwöhnen möchte?» (Hach, mir wird ganz schwach, wo bist du, mein Prinz?)

Klar auf den Tisch kommen die harten Tatsachen in den alternativen Stadtzeitungen: «Schwuler Junge voller Liebe sucht einsamen Boxer, der ihm während der Wende in diesem unserm Land mit Witz und Sex zur Seite steht/liegt. Keine Leder-Schwuchteln oder Feierabend-Tunten, keine Go-West-Schwestern mit Studiomuskeln und Atelierbräune und bloß keine rosa Studenten mit Anspruch auf Anspruch!»

Der Fall ist klar, oder? «Rolf, komm zurück, ohne dich ist alles Scheiße.» Ein Brief für 80 Pfennig wäre bestimmt billiger gewesen als diese Annonce, aber vielleicht lebt Rolf irgendwo unbekannt in einer der WGs, die ja auch immer noch «guten Typ mit handwerklichen Fähigkeiten suchen, melde dich bei Dorothea»? Da muß man dann schon inserieren.

Ganze Lebens- und Leidensgeschichten kann man aus diesen Anzeigen herauslesen. «Biete Haus mit Garten auf dem Land mit Federvieh und Teich gegen Dreizimmerwohnung Innenstadt, Heizung, Bad» – war wohl nix mit dem einfachen Leben? Warum aber ein «Skorpion mit stubenreiner Zimmerkatze» ausgerechnet eine Waage-Frau als Mitbewohner sucht, das versteht wohl nur er. «Habe dich am Samstag in der Stadtbücherei gesehen, du trugst eine weiße Teddyjacke. Melde dich schnell bei mir, ich will nicht treu sein, aber ehrlich.» Nie würde der eingangs zitierte gestreßte Junggeselle zugeben, daß er nicht treu sein will. In puncto Ehrlichkeit haben die alternativen Anzeigen den herkömmlichen einiges voraus. Das gilt auch für Geburtsanzeigen. Sind konservative Eltern in der Regel «hocherfreut» oder «zeigen dankbar» an, so inseriert die alternative Mutter lapidar: «Ich zeige euch die Geburt meines ersten unehelichen Kindes an.»

Fortsetzung folgt?

14.11.84

Über frohe Weihnachten

Also... sagt die Tochter zu ihrem Freund, Weihnachten, das find ich total heavy, wenn ich das schon wieder seh, Lichterglanz in Einkaufsstraßen und das ganze abartige Zeug in den Kaufhäusern, alles bloß Geschäft. Überall berieseln sie dich mit Weihnachtsliedern, die totale Härte, aber echt, ich hab null Bock auf Weihnachten, aber... Nix aber, sagt der Freund, laß es doch, wir ziehen tierisch einen ab und machen 'ne alternative Fete. Eben nicht, sagt die Tochter, weil, meine Eltern, verstehste, die fahren auf Weihnachten total ab, und wenn ich da nicht zu Hause bin, dann flippen die aus. Weißt du, sagt die Mutter am selben Abend zu ihrem Mann, wir beide, wir müßten Weihnachten eigentlich kein großes Theater mehr machen. Ich säß ganz gern einfach mal so mit dir allein da, ohne Baum und das ganze Brimborium, keine Geschenke, keine Weihnachtslieder, ist ja alles so verlogen inzwischen, nur du und ich, ein nettes Essen zu zweit, eine schöne Mozartplatte. Aber, Lieber, wir werden müssen, einmal schon wegen Mutter und dann auch wegen unserer Tochter. Die tut zwar immer so ruppig und abgehoben, aber sie ist ja doch sentimental, und ich möchte sie nicht sehen, wenn hier Weihnachten gar nichts los ist! Tja, seufzt der Vater, da müssen wir wohl durch, dann also wie immer.

Die Oma sagt zur Enkelin, mir als einer alten Frau bedeutet Weihnachten als Familienfest nicht mehr soviel. Ich wäre froh, wenn das Jahr über mal öfter einer von euch käme, gerade Weihnachten könnte ich ganz gut allein sein, da gibt's immer so ein nettes Fernsehprogramm, und deine Mutter kocht mir sowieso zu schwer. Aber ich werd wohl hinmüssen, und du solltest Weihnachten lieber auch zu Hause sein, sonst dreht deine Mutter durch, du kennst sie ja. In diesem Jahr, sagt Tante Hedi, möchte ich endlich mal Schluß machen mit der verdammten Schenkerei, jedes Jahr derselbe Zirkus, ab Oktober zerbrech ich mir den Kopf: Was schenk ich Renate, was kriegt Fritz? Ich bin das leid. Sie schenken mir immer nur blödes Zeug für die Küche oder ihre scheußlichen selbstgemachten Marmeladen. Ich will das nicht, und ich will auch nichts schenken. Ach, sagt Onkel Hermann, und wie sieht das dann aus, wenn sie mit Päckchen kommen, und wir stehen da und haben nichts? Das geht nicht, wir müssen auch was schenken, ob es uns paßt oder nicht, es ist einfach so üblich.

Cousine Ruth sagt: Da kann klingeln, wer will, keinem mach ich auf, ich hab sie satt, diese Feiertagsbesuche, wenn die liebe Familie aus Langeweile reihum fährt und überall «mal eben reinschaut», und dann sitzen sie stundenlang da und qualmen dir die Bude voll und gehen nicht, nix, ich will meine Ruhe haben, ich arbeite schwer genug. An den Feiertagen will ich keinen sehen. Ach, sagt ihr Verlobter, und wie willst du das machen? Ab 16 Uhr im Dunkeln sitzen und das Auto drei Straßen weiter parken und auch nicht ans Telefon gehen? Oder die Kranke mimen? Na, frohe Weihnachten!

Na! Frohe Weihnachten!

28.11.84

Über gute Vorsätze fürs neue Jahr

Also... die Silvesternacht ist doch dieser beliebte Zeitpunkt, an dem alle blicken: der Bundespräsident blickt zurück, der Bundeskanzler versucht vorauszublicken, ernste Intendanten blicken aus den Fernsehapparaten in unsere Wohnzimmer und versprechen für 1985 noch buntere Programme, und wir blicken in uns: ach, was für ein Versager war ich doch wieder im letzten Jahr, gestritten habe ich mich, und faul war ich, ich habe nicht gespart und viel zuviel gegessen, die Kinder vernachlässigt und immer noch nicht zu rauchen aufgehört – und mit alldem muß ab sofort Schluß sein.

Und so kommt der Silvesternacht eine besondere Bedeutung zu: vor 24 Uhr noch sündig, eine graue Maus, ein Häufchen Elend – nach 24 Uhr der neue Mensch mit neuen Vorsätzen, geläutert, einsichtig, fest entschlossen, daß sich nun alles, alles wenden werde in diesen ohnehin so wendefreudigen Zeiten. Ab sofort werden wir uns mehr um den Frieden in der Welt bemühen, wir werden den Kampf der Geschlechter beenden und die bedrohte Tierwelt retten, wir werden gesünder essen und wirklich endlich sparen. Froh ballern wir Leuchtraketen für viele Millionen Mark in die Luft, und da ist der erste Vorsatz – sparen – auch gleich wieder vergessen.

Weil die Großen der Welt wissen, wie kleinmütig wir Kleinen sind und wie schnell wir immer alle guten Vorsätze über Bord werfen, reden sie am Neujahrstag gleich noch einmal zu uns: Diesmal sind es die Landesväter und die Oberkirchenräte, die in unser Heim blicken und uns ernst ermahnen. Die Neujahrsglocken läuten, und das Fernsehspiel bringt Besinnliches zum Jahresanfang. Der erste Januar geht ins Land, alle grüßen alle freundlich.

Wer einen Kater hat, schläft ihn aus und belämmert nicht seine Umwelt damit. Familien gehen friedlich spazieren, gemeinsam! (Nächster Termin: Ostersonntag.) Man ruft Oma an, man lädt vielleicht sogar Tante Herta zum Essen ein, das neue Jahr beginnt friedlich, freundlich, von den paar Unfällen durch Knallerei in der Silvesternacht mal abgesehen.

Am 2. Januar kommt dann die Mieterhöhung. Am 3. der Auffahrunfall bei Glatteis, am 4. fängt man wieder an zu rauchen, am 5. schreibt man nicht mehr Tagebuch, am 6. hat man keine Lust, Oma anzurufen, ist zwar Feiertag, aber schließlich haben wir auch was anderes zu tun, und so geht die erste Woche dahin. Wir essen zuviel, wir kümmern uns weder um den Frieden in der Welt noch um den zu Hause, wir haben seit drei Tagen wieder nicht Zeitung gelesen, und die bedrohte Tierwelt ist uns auch schon wieder aus dem Sinn.

Alle Jahre wieder. Es wär so schön gewesen, es hat nicht sollen sein. Wie spricht Franz Grillparzer, der Dichter? «Gescheit gedacht und dumm gehandelt, so bin ich mein' Tage durchs Leben gewandelt.»

27.12.84

Über das Zuviel
von allem

Also... wann hat das eigentlich angefangen, daß man sich mit soviel Zeug umgab, von dem man doch immer behauptet hatte: «Das brauche ich nicht!»? Es waren einmal eine Teekanne mit zwei dazu passenden Tassen, ein paar Bücher, ein Bild, eine alte Schreibmaschine, ein paar Anziehklamotten. Das genügte für viele Jahre. Dann kam das erste kleine Auto. Eines Tages war eine elektrische Schreibmaschine bei der vielen Tipperei unumgänglich, im Schrank sammelten sich Ordner mit Arbeiten an, auf den Regalen vervielfältigten sich Bücher und Platten – längst war aus dem Plattenspieler im Koffer mit Lautsprecher im Deckel die Stereoanlage geworden, an den Wänden hingen mehr Bilder. Das Auto war inzwischen etwas größer, denn es mußte jetzt zwei Personen, zwei Katzen und einen Hund durch die Gegend transportieren. Und es mußte allerhand Umzüge in immer geräumigere Wohnungen verkraften. Eines Tages wurde, durch günstiges finanzielles Geschick ermöglicht, aus der Wohnung ein Haus. Wir, die wir nie Besitz und «Festes» wollten, bewohnten also ein Haus, um mit Freunden und Tieren unabhängig zu sein von Vermieterlaunen und Hausordnungen. Es ist unglaublich, wie schnell sich ein Haus füllt. Man braucht Sofas, an die man früher nie gedacht hätte, große Schränke sind voll, kaum daß sie angeliefert werden. Aber bloß nicht so viele Maschinen, nur ja keine perfekte Küche oder so was! Als erstes kam die Spülmaschine, unglaublich billig, aus einer Haushaltsauflösung. Dann kam die Espressomaschine. Dann schenkte Mutter die elektrische Obstpresse. Saft soll ja so gesund sein.

Etwa um die Zeit kursierte bei uns der Witz, daß auch wir gegen Atomkraftwerke seien, schon weil wir unseren Strom sowieso nur aus der Steckdose bezögen... Das Benzin wurde teurer, aber unser nächstes Auto, vieler Berufsreisen wegen, wieder eine Nummer größer. Der nächste Witz kam auf: Macht nix, wenn das Benzin teurer wird, wir tanken sowieso immer nur für dreißig Mark...

Wann mußte der Anrufbeantworter sein? Wann kam dann doch Video ins Haus? Wann haben wir angefangen, all das zu brauchen, was wir nie brauchen wollten, immer mehr an dem Konsum mitzudrehen, gegen den wir früher mal so heftig gewettert hatten? Wann ist um uns herum alles so angewachsen zu einer Maschinerie, die immer mehr frißt? Und wie kann man das aufhalten, wie zurückdrehen? Welche eisernen Regeln im Nicht-Anschaffen gelten noch, außer Schmuck, Pelzen, Mikrogrill und Schminkkoffer? Machen wir uns nur vor, auch in einer kleinen Dachwohnung ohne das alles glücklich sein zu können, wie früher? Könnten wir es wirklich noch? Und meinen wir Spenden für wohltätige Zwecke ernst, oder sind sie nur gedacht zur Beruhigung gegen leise aufsteigende Scham, dann und wann? Sähe die Welt denn anders aus, wenn wir es herunterschrauben würden, das überzogene Maß unserer Ansprüche? Nichts fand ich je überflüssiger, als daß Menschen zum Mond fliegen. Betrachte ich meine eigene Entwicklung der letzten Jahre – ja, dann fliege ich wohl bald, konsequent, selbst.

9.1.85

Über Roboter und Computer

Also... es gibt doch tatsächlich Küchen, in denen der Mann aus Eisen schon herumläuft und der Hausfrau zur Hand geht. Stumm macht er seine Griffe und wird nie maulig dabei, wie richtige Männer es bei Küchenarbeit zuweilen sind. Er bedient den Mikrowellenherd, und er steuert den «Was soll ich heute kochen?»-Computer. Er vervollständigt Einkaufslisten und stellt sich brav an seine Batterie, wenn die Hausfrau befiehlt: «Home!» (Was soviel bedeutet wie «nach Hause...», wer dächte nicht an unsern lieben kleinen E. T.!) Der Küchenroboter ist nicht so herzig wie E. T., aber cleverer. Er spart viel Arbeit und bringt das 2001-Gefühl in die Küche.

Im Wohnzimmer sitzt indessen der Sohn vor seinen Computerspielen und befriedigt sein Action-Bedürfnis mit «Archon 2». Auf einem schachbrettähnlichen Feld wird mit Messern, Fäusten und Gewehren gekämpft, und wenn das zu langweilig wird, kann er noch «Flight Simulator» spielen und versuchen, das trudelnde Flugzeug richtig landen zu lassen.

Der Vater hält ein Schläfchen, aber er hat den Wecker neben sich stehen, der ihn um 16 Uhr mit einem Brummton wecken wird. Dann ruft der Vater, ohne sich zu bewegen: «Stopp!», und der Wecker schweigt still.

Die Tochter fotografiert im Garten die Blumen mit ihrer neuen japanischen Kamera, die immer dann zu ihr spricht, wenn ein Fehler droht: «Mehr Licht!» sagt sie zum Beispiel und spielt damit nicht auf Goethes letzte Worte, sondern auf Unterbelichtung an, und wenn der Film zu Ende ist, schnarrt sie: «Neuen Film einlegen, bitte.» Abends gehen Sohn und Tochter zusammen in ein Rock-Konzert. Computer steuern auf der Bühne Ton und Licht, der Fairlight-Computer weckt in der richtigen Sekunde den richtigen Sound im Keyboard. Derweil sitzen die Eltern mit dem jüngsten Sohn zu Hause vorm Fernsehapparat, und der Kleine fragt gerade: «Papa, wenn im Wald ein Baum umfällt und das Fernsehen ist nicht dabei, ist der Baum dann wirklich umgefallen?» Der Vater antwortet zerstreut, denn ihn fasziniert der Filmbericht über diese neue 80000-Mark-Maschine, entwickelt in einer Lehrwerkstatt für Industriepneumatik: Sie schreibt selbständig einen Brief, steckt ihn in den beschrifteten Umschlag, frankiert ihn, entwertet die Marke. Bei Bedarf zerreißt sie Briefe auch in kleine Schnipsel und befördert die in den Papierkorb. Welch segensreiches Meisterstück!

Eine Computerfirma inserierte in großen Tageszeitungen mit einem Bücherbrett, darauf die Werke von Mao, Engels, Marx, Lenin und Trotzki sowie ein kleiner Computer. Überschrift: «Es wurde Zeit, daß mal ein Kapitalist die Welt verändert.»

Keine Frage: Die Computer verändern unsere Welt. Aufhalten läßt sich diese Entwicklung nicht mehr – aber ob wir wirklich sprechende Wecker und Kameras brauchen? Mit echten Menschen sprech ich – noch – lieber.

23.1.85

Über das Skifahren und was dazugehört

Also... Sachen, von denen ich überhaupt nichts verstehe, faszinieren mich immer sehr. Gebrauchsanweisungen für unbegreifliche Geräte – wunderbar! Werbebroschüren für Computer – die Welt ist noch voller Geheimnisse. Aber wenn ich Sehnsucht nach dem total Abgehobenen habe, dann gehe ich in ein Sportgeschäft und lasse mich zum Beispiel über eine Skiausrüstung beraten. Ich tue so, als wollte ich mit dem Skifahren anfangen, und schon erklärt man mir die Lagenfühligkeit und das Kantenfeedback des Ski. Schon habe ich wieder zwei neue Wörter, die ich den Nachfolgern der Brüder Grimm für das deutsche Wörterbuch schicken kann. «Kontaktzonentoleranz» haben sie bestimmt auch noch nicht drin, das ist ja fast so schön wie «verkehrsberuhigte Zone». Kon-takt-zonen-toleranz, ich lasse das Wort auf der Zunge zergehen. Der Ski mit der Torsionskastenbauweise, der hat sie, die Kontaktzonentoleranz, der wurde ja auch im Naßwikkelverfahren hergestellt. Nein, sagen Sie! Und aus Highmodul-Carbonfasern ist er auch. Versteht das noch jemand? Weiß Vater, ob er auf Kronen- oder Steinschliff achten muß? Hat der Skischuh Vorlagedämpfung und Cantingeinstellung? Was ist die praktische Gripnop-Sohle, und welches Geheimnis verbirgt sich hinter dem variablen Frontspoiler? Gerne sähe ich einmal das Airfitluftsystem im Schuh, aber es ist voll im Innenschuh integriert, leider. Ich schließe die Augen und denke an zwei Brettln und einen führigen Schnee oder so ähnlich, aber die Rede ist von der Zangenbackensicherheitsbindung mit Totalkompensation im Multi-Control-System, ach Sport, wo bist du hin, ach Natur, verstehst du noch, was da durch deine Reste rast?

Hochspezialisierte Techniker in Funktionsanzügen mit Ventilationsreißverschlüssen sind es, Wissenschaftler des Sports mit Blasebalgschubtaschen und Schneepatte, ein Volk von Goldmedaillenanwärtern hinter der Skibrille mit Thermo-Doppelscheibe und beschlagfreier Everclear-Beschichtung, ganzkörpermäßig mit Muskelfluid eingerieben. Früher war auf der Piste der gnadenlose Modezirkus das vorherrschendste Merkmal. Damit sich Gunther Sachs oder Prinz Albert von Monaco wenigstens einmal nach Gisela G. aus M. umdrehten, brauchte sie mindestens die Aero-Jet-Hose und die Happy-Taifun-Jacke mit den Schultern im Slalomschnitt. Heute will man Ingemar Stenmark davonfahren, noch rasanter, noch schneller und dabei, natürlich, noch sicherer. Formel 1 im Schnee, juchhe. Alles ist immer noch atmungsaktiver, noch drehfreudiger und – dank des Kantenpräzisionsfinish (?? fragen Sie mich nicht!!) noch sicherer... Wenn ich mir überlege, daß der dergestalt ohnehin überforderte Skifahrer nun auch noch Dachträger benötigt, um das ganze Zeug zu transportieren, daß er eigens mit Schneeketten dafür in höchste Höhen fährt und Skihalterungen in seine Garage montieren mußte, um das alles aufzubewahren fürs Après-Ski, dann faßt mich Ehrfurcht vor solchen Märtyrern des Sports. Gern roden wir ihnen auch noch die letzten Hänge, damit sie das alles auch ausprobieren können...

6. 2. 85

Über Fußgängerzonen

Also... eigentlich hätten wir damals schon beim Wort stutzig werden müssen: FußgängerZONE. Ist eine ZONE nicht so eine Art Reservat? Aber die Vorstellung war ja verlockend – ein Reservat nur für Fußgänger, ohne Autohetzerei und Abgase, dafür wollte man dann auch schon mal bereit sein, seine schweren Taschen weiter zu schleppen als früher.

Bei den ersten Fußgängerzonen, die in den Städten entstanden, dachte man noch: Na ja, die müssen das eben auch erst lernen. Sie werden es schon hinkriegen, daß nicht alles mit Verkaufsgondeln vollgestellt ist, sie werden auch merken, daß wir Lebensmittelgeschäfte nötiger haben als die zwanzigste Boutique für Jeans, und so ganz haben wir auch nicht begriffen, warum zwei Bausparkassen, drei Banken und ein Versicherungsbüro unbedingt in die Fußgängerzone gehörten. Ein schönes Straßenlokal hätte uns besser gefallen. Das kam ja dann bald auch, in Form einer Hamburger-Braterei. Im schönsten alten Eckhaus am St. Johanner Markt in Saarbrücken kann man am besten besichtigen, wie so etwas einen Platz zerstört, aber andere Städte bieten sich auch an. Schon bald stellte sich heraus, daß das Wort Fußgängerzone etwas voreilig gewählt war – die Läden brauchten ja schließlich Fahrzeuge für An- und Abtransport. Heute spricht man denn auch lieber von der «verkehrsberuhigten Zone», wie ja auch aus dem Gastarbeiter der ausländische Arbeitnehmer wurde, als sich herausstellte, daß wir ihn als Gast nicht wollen und nicht behandeln. Die verkehrsberuhigte Zone wird abends zur toten Zone – wo Läden pünktlich schließen, tut sich nach halb sieben nichts mehr, öde und ausgestorben liegen die Innenstädte da, und der Wind treibt die Verpackungen der schon zitierten Hamburger über den Platz, als dreckiger Kranz bleiben sie um Kübel mit abfallverstopften braunen Pflanzen liegen. Als die Fußgängerzonen immer mehr an Attraktivität verloren, weil es nun auch die vierzigste Boutique für Jeans und die fünfzehnte Bank dort gab, erfand man die Passagen. Zwischen den Häusern werden aus Hinterhöfen überdachte Glaskästen mit so wichtigen Geschäften wie exklusive Frotteemoden, exklusive Ledermoden oder exklusive Bademoden, ein Bistro immer eingeschlossen. Es werden noch Wetten angenommen, welcher Laden in welcher Passage zuerst eingeht; inbrünstig hoffen wir alle auf das Pelzgeschäft mit seiner toten Pracht. Die Passagen laden angeblich zum Flanieren und Bummeln ein, aber damit tut man sich schwer, denn erstens sind sie zu überheizt, man kann aber nirgends seinen Mantel lassen, zweitens sind sie zu eng, Platz ist teuer, und drittens halten auch starke Nerven die Musikberieselung nur begrenzt aus. Die Passage bietet mitunter wieder Lebensmittel an, aber dann gleich als Feinkost, Schaubäckerei und Gemüseboutique. (Ich fand Erdbeeren im Februar auch immer schon enorm wichtig.) Aus dem Wollgeschäft wurde die Lanathek, das Ganze nennt man übrigens Branchenmix.

Ich gehe also am besten in die Lanathek und kaufe mir Wolle, um mein Gemüt zu umhäkeln, in dem es kälter und kälter wird.

20. 2. 85

Über Fitness-Programme

Also... jetzt geht das wieder überall los: Der Winterspeck muß weg, die neue Frühjahrsdiät muß her, das große Fitness-Programm ist angesagt! Wir trinken morgens eine Tasse Luft, mittags tragen wir eine Gurke durch das Zimmer, abends gönnen wir uns ein Scheibchen Vollkornbrot mit Magerquark, und dazwischen joggen wir und schwimmen, machen Jazzgymnastik und Aerobic, trimmen uns und traben, werden schlank und begehrenswert und endlich auch so schön wie Jane Fonda oder die Dame auf dem Buch über Stretching. Fit muß man sein, die Konkurrenz ist groß, wir brauchen Kraft und Ellbogen im Alltag, und das kriegen wir nicht in weichen Daunenbetten. Los, Freunde, aus den Federn, in die Turnschuhe und den Wald, der Doktor will es so, die Krankenkasse schreibt es in ihrer Broschüre, die Frauenzeitschrift bietet nicht zum Spaß lange Diätfahrpläne und Sportvorschläge an. Rita geht täglich schwimmen im Bewegungsbad mit Whirlpool und Gegenstromanlage, Doris macht Yoga, Irene Bodybuilding, und Jutta fängt mit Frauen-Boxen an, na, bravo! Nicht nur wir Frauen sind gestählt, nein, auch unsere Männer tragen Trainingshosen und springen über Wiesen, «heute sehen wir mit Freude nicht mehr den bier- und trinkfesten, sondern den wetterfesten jungen Mann, den harten jungen Mann. Denn nicht darauf kommt es an, wieviel Glas Bier er zu trinken vermag, sondern darauf, wieviel Schläge er aushalten, nicht darauf, wieviel Nächte er durchbummeln, sondern wie viele Kilometer er marschieren kann.» Spricht hier der Bundesminister für Gesundheit? Nein, hier spricht Adolf Hitler, im September 1935 vor Hitlerjungen in Nürnberg.

Was will uns die Schreiberin dieser Kolumne damit sagen? Na, daß man es mit dem ganzen gesunden Kram auch übertreiben kann. Natürlich: Wir leben verkehrt, wir bewegen uns vom Bett an den Frühstückstisch in den Fahrstuhl ins Auto ins Büro in den Kinosessel und zurück ins Bett, und natürlich schickt der Körper Signale, daß ihm das so nicht gefällt. Und dann rennen wir, schwimmen, gehen zu Fuß, aber ich mag nicht einsehen, daß wir sofort ausgeklügelte Programme dazu brauchen mit Legwarmers, Stirnbändern aus Frottee und Spezialschuhen. Zuerst war Aerobic angesagt, dann Stretching, Jogging, jetzt kommt Wogging, eine Mischung aus Wandern und Laufen – und jeder Sport kam sofort daher mit Spezialgarderobe und Spezialliteratur. Ach, würde man sich in diesem unserem Lande doch um geistige Ertüchtigung ebenso emsig bemühen wie um körperliche! Wir waren doch mal ein Volk der Dichter und Denker, jetzt sind wir das Volk der Trimmer und Waldläufer, das seine Leiber stählt, damit die Köpfe wieder fernsehen können. Daß in einem gesunden Körper ein gesunder Geist wohne, hat der vielzitierte Juvenal damals so nicht gemeint. Angesichts kraftstrotzender Athleten rief er bekümmert aus: «Orandum est ut sit mens sana in corpore sano!» Das heißt: «Es wäre wünschenswert, daß in einem gesunden Körper auch ein gesunder Geist stecke.» Wann trainieren wir den mal wieder so intensiv wie unsere Waden?

6.3.85

Über die Rekordsucht

Also... der größte Erdbeerkuchen der Welt wurde in Bayern für die Aktion Sorgenkind gebacken, von denselben Leuten, die ein paar Jahre vorher für eben diesen guten Zweck die längste Blutwurst der Welt produziert hatten. Ein Engländer hält den Weltrekord im Schlangenkäfigsitzen, die längsten Fingernägel der Welt hat man in Indien gemessen, und das teuerste Menü, das jemals zusammengestellt wurde, setzte 1971 der Schah von Persien seinen Gästen zur 2500-Jahr-Feier vor. Die kostbarsten Schuhe der Welt sind nerzgefütterte Golfschuhe mit Rubinspitzen, und das blödeste Buch der Welt ist für mich das Buch der Rekorde. Größer, weiter, höher, länger, mehr, mehr, mehr, was ist das für eine Sucht, die Männer dazu treibt, 14 hartgekochte Eier in 58 Sekunden, 13 rohe in 2,2 Sekunden zu schlucken? Warum hat Herr Lotito zwischen dem 17. Februar und dem 2. April 1977 sein ganzes Fahrrad mit allen Metallteilen nach und nach aufgegessen? Na, ganz einfach: um ins Buch der Rekorde zu kommen. Aber warum wollte er ins Buch der Rekorde kommen? O ewig ungelöstes Rätsel! Daß einer ein halbes Leben lang Kraftfutter ißt und Hanteln stemmt, um einmal die Olympiamedaille als stärkster Mann der Welt zu kriegen, das kann man noch verstehen – schließlich spielen sie ihm dazu die Nationalhymne und lassen ihn, von der ganzen Welt bewundert, auf ein Treppchen steigen. Aber wenn Horst Pretorius aus Schwäbisch Gmünd 1976 noch den Rekord im Biertrinken hielt mit 17,5 Litern in einer Stunde, dann mußte es ihn doch deprimieren und sein Lebenswerk in Frage stellen, wenn schon ein Jahr später Harry Herkenrath 20 Liter Kölsch kippte, oder? Mögen Psychologen ergründen, was Menschen dazu treibt, den Weltrekord im Achterbahnfahren oder im Küssen aufzustellen. Nehmen wir einfacheren Gemüter mal ganz schlicht an: Die wollen auch mal in die Zeitung kommen. Als dickster Mann oder längste Frau ist das garantiert, aber wer keine Abnormitäten aufweisen kann, der muß sich eben ins Zeug legen und rauchen, Knödel essen, sich aus 17500 Bienen einen Bart bilden lassen oder 53 Semester Jura in Göttingen studieren, um berühmt zu werden. Neuerdings werden Abenteuer, die an Leib und Leben gehen, bevorzugt, denn auch die Presse wird anspruchsvoller – in einer Welt von Skandalen und Katastrophen zählen härtere Bandagen als hartgekochte Eier: mit dem Wikingerschiff über den Atlantik, mit dem Faß die Niagarafälle hinunter, zu Fuß durch die Wüste, auf dem Surfbrett durch das haifischreichste Meer der Welt, das sind die Rekorde, nach denen Mensch und Medien lechzen. Und siehe da: Auch die Friedensbewegung kündigt schon an, daß nach der 230 Kilometer langen Friedenskette bald noch eine viel längere folgen würde, Friedensdemonstrationsrekord in der Zeit der Rekordwaffen, was für ein Irrsinn.

Ach ja, bei der Gelegenheit: Der Rekord zum Weltzerstören ist noch immer aufzustellen – 14 Sekunden? Eine Stunde? Der zum Welterschaffen liegt übrigens immer noch bei sechs Tagen, ein Herr Gott hält ihn. Aber wetten, daß der nicht in Frank Elstners Sendung geht...?

20.3.85

Über Gastlichkeit

Also... einer der Träume, die ich so durch die Jahre mit mir herumtrage, ist der Traum vom großen Buch der Rache an deutscher Gastlichkeit. Immer dicker wird der Packen fliegender Notizzettel, auf Reisen von mir bekritzelt mit Wehklagen in deutschen Gaststätten und Hotelzimmern, beredte Zeugen der Anklage in einem umgetriebenen Journalistinnenleben. Wie oft hat mich in Hotelzimmern mit dem spröden Charme von Rotkreuz-Möbellagern allein der Gedanke an dieses längst überfällige Buch getröstet, und ich habe in meinem zu kurzen Bett mit der unten festgestopften Decke die Faust gegen das nicht zu öffnende Fenster geballt und «Rache, Rache» gemurmelt!

Das Buch wird den Titel tragen «Im Garten nur Kännchen», und damit haben wir einen Quell nie versiegender Ohnmacht auch schon genannt. Denn wer hätte diesen Satz nicht schon gehört, an lauen Sommernachmittagen auf der Restaurantterrasse, nachdem man den Wunsch nach einer Tasse Kaffee an die Kellnerin herangetragen hat! «Im Garten nur Kännchen», sagt sie erst mal spitz, und wenn sie nett ist und klüger als ihr Chef, dann sieht sie aber doch ein, daß man nach einer Tasse Kaffee nachts besser schläft als nach zweien, und vielleicht bringt sie für zwei Personen dann ein Kännchen mit zwei Tassen. Glaubt sie alles, was der Chef sagt, dann versucht sie zu beweisen, daß eine Tasse Kaffee sich «im Garten» nicht rentiere, bis man sie hinausgetragen habe, sei der Kaffee ja schon kalt, nicht wahr... Alle Hinweise auf kleinste Täßchen Espresso, die in hinterste Winkel italienischer Gartenlokale getragen werden, verhallen ungehört. Die Sturen wiederholen immer nur nach Papageienart: «Im Garten nur Kännchen, nur Kännchen im Garten.»

Solche Gärten sind vom Garten Eden ebensoweit entfernt wie die riesigen lappigen grünen Blätter in einer Tunke von dem Salat, an den man bei der Bestellung gedacht hatte. Deutsche Restaurants zwingen jedem Gast die Senfsoße des Hauses auf, leider gukken sich das manche Italiener, die bei uns Restaurants betreiben, auch schon ab – wohl in der Angst, sonst ausgewiesen zu werden. Versuchen Sie mal, in einer bürgerlichen deutschen Gaststätte mittags nur eine Suppe und ein Glas Wasser zu bestellen – wenn Sie es überhaupt kriegen, zeigt man Ihnen zumindest dabei die ortsübliche Verachtung für Hysterische: Beim Essen hat man gefälligst zuzuschlagen.

Das Hotelfrühstück zeichnet sich zumeist durch Musikberieselung aus, die im Fahrstuhl schon angefangen hat. Vielleicht wollen die Hoteliers ihre Gäste damit versöhnen, angesichts der Unverfrorenheit fest an die Wand montierter Duschen. Egal, ob man ganz duschen oder sich nur mal eben die Haare waschen will – da klebt sie, oben an der Wand, in ewig gleicher Höhe für Gäste von 1,50 bis 2,05 Meter, das gesunde stufenweise Kaltabbrausen von den Füßen herauf, lieber Herr Doktor, ist da leider auch nicht möglich. Dafür liegt aber immer die Bibel im Nachttisch, und da steht «Aug um Auge, Zahn um Zahn.»

Das könnt ihr haben, wartet nur, bis ich mein Buch schreibe: «Im Garten nur Kännchen.» Dann tut euch alles leid. Oder? Ach was. Gäste sind eh nur lästiges Beiwerk. Ober, zahlen.

1.4.85

Über die neuen Reichen

Also... Armut schändet nicht. Reiche Leute sagen das gern, und lange Zeit mögen sie dabei gedacht haben: Vielleicht schändet mein Reichtum viel mehr... Nach den protzigen neureichen 50er Jahren zeigte man Reichtum hierzulande nicht mehr so gern, aber mir scheint, das ist jetzt gründlich anders geworden. Es gibt immer mehr piekfeine Eßlokale, wieder mehr Schmuck an Ohr und Hals, wieder lange Kleider in der Oper, mehr und teurere Feinkostläden, vor allem – allen Aufklärungskampagnen zum Trotz – mehr Pelze an noch mehr Damen. Ein Münchner Pelzhaus zieht eine Gala-Modenschau ab mit Broadway-Stars, die teuerste Pelzshow der Welt, vor allem ja wohl für die Tiere, deren Häute da zu Markte getragen werden. Helmut Berger kann es sich leisten, in einem Lokal jemanden zu ohrfeigen, weil der den Hummer falsch ißt, und in manchen Bars gibt es statt Sekt nur Champagner. Man haut auf den Putz, man zeigt, was man hat, man lebt «auf der Überholspur».

Das neue Luxusgefühl kommt, denke ich, aus Amerika. Dort war es immer angesagt, zu zeigen, wie reich man ist – man kann ja stolz drauf sein, ist doch alles selbst verdient! Der Pianist Liberace tritt an den Bühnenrand, ehe er losperlt, zeigt seine Brillanten an allen Fingern und sagt zum Publikum: «Sehen Sie mal, das haben alles Sie bezahlt, ist das nicht wundervoll?» Folgerichtig heißt denn auch eine Fernsehserie in den USA «Der Lebensstil der Reichen und Berühmten», und da darf man sehen, wie Millionäre leben und in seidener Bettwäsche liegen. Reichsein ist eben in, das Leben ist kurz, die Welt ist bedroht, die Armut hat ein Ausmaß angenommen, das überhaupt nicht mehr zu begreifen ist, also genießen wir das Leben, solang noch das Lämpchen glüht, auch wenn es auf Kosten der andern ist. Serien wie «Dallas» und «Denver Clan» helfen, das neue Luxusgefühl zu untermauern – daß sie dauernd zeigen, wie viele Schicksalsschläge die Superreichen zu ertragen haben und wie tief unglücklich die eigentlich sind, kann man nur als zynisches Beiwerk begreifen. Würden wir nicht alle Schicksalsschläge auf uns nehmen, um ein Haus wie Krystle und Klamotten wie Sue Ellen zu haben? Nein? Würden wir nicht? Na, dann ist ja noch nicht alles verloren.

Ich fühl mich an ein Lied aus dem alten Film «Wir Wunderkinder» erinnert, darin hieß es: «Stimmung! Es lebe die Nachkriegszeit, die ist fast so schön wie die Vorkriegszeit.» Welche hätten wir denn gerade?

Ist es der lange, gar nicht so friedliche Frieden, der die Leute durchdrehen läßt, oder ist es ein letztes vorapokalyptisches Luftschnappen? Was Normales ist es jedenfalls nicht.

17. 4. 85

Über das Lächeln

Also... keine Frage: Wir leben im Land des Lächelns. Lächelnd werden uns Waren und Versicherungen angepriesen, lächelnd wird uns Mode verkauft, Bedienungen und Stewardessen lächeln, Fernsehansagerinnen und Showmaster lächeln geradezu inflationär. Und manchmal lächelt sogar Karlheinz Köpcke in der Tagesschau – aber nicht so oft wie Dagmar Berghoff. Frauen lächeln überhaupt mehr als Männer, das scheint zum Image zu gehören. Der Mann trägt zum wichtigen Anzug gern den wichtigen Schlips, das wichtige Köfferchen und das wichtige Gesicht. Die Frau hält es mehr mit Charme und liebreizendem Lächeln, und das ganz besonders in den sogenannten Dienstleistungsberufen. Untersuchungen haben ergeben (wer untersucht so was bloß immer, und wie???), daß 89 Prozent der Frauen in solchen Jobs lächeln und immer nur lächeln, aber nur 67 Prozent der Männer. Und überdies wird das Frauenlächeln um 26 Prozent seltener beantwortet und erwidert als das der Männer.

Es soll einen Flugpassagier gegeben haben, der sich mal bei einer Stewardeß beschwerte: «Sie lächeln ja gar nicht!» Und sie soll geantwortet haben: «Ach, wissen Sie, jetzt lächeln Sie erst mal, und dann lächele ich zurück, okay?» Er lächelte, und sie zeigte grimmig auf sein Gesicht und sagte: «So, und das lassen Sie jetzt die nächsten fünfzehn Stunden mal so stehen.»

Peng. Das Lächeln als Maske, als Fratze – bei manchen unserer Fernsehstars habe ich oft das Gefühl, daß ihnen das passiert ist, wovor meine Oma immer gewarnt hat: Wenn man eine Fratze schneidet und das Pech hat, daß in dem Moment gerade die Kirchenglocken läuten, dann bleibt das Gesicht fürs ganze Leben so stehen...

Ob Hans Rosenthal mal was läuten gehört hat? Mir kam dieser Verdacht, als er neulich in seiner hurtigen Sendung einen jungen Ersatzdienstleistenden fragte: «Was sind Sie von Beruf?» Dem blieb gerade noch Zeit, zu sagen: «Ich bin Sanitäter», schwupp, da war auch schon dieses wundervolle Lächeln wieder – «So, Sie sind im sanitären Bereich tätig, nun aber zur nächsten Aufgabe.» Wir sehen: Das breite Lächeln kann auch so sehr auf die Ohren drücken, daß man nicht mehr hört. Überhaupt macht die Dauerlächelei ganz krank (Untersuchungen!!!). Es kommt zu ernsten Störungen im Gefühlshaushalt, wenn man immer lächeln muß, weil die andern es von einem angeblich verlangen. Und erst recht wächst natürlich der Frust ins Unermeßliche, wenn das Gegenüber nicht mal ordentlich zurücklächelt. Ab sofort setz ich mich abends vor meinen Fernseher und lächele Peter Boenisch, Lady Diana und Carolin Reiber an. Sonst kriegen die nachher noch Blockaden. Nur die unergründliche Sphinx, die lächelt seit vieltausend Jahren unbeschadet still in sich hinein – aber die ist ja auch aus Stein.

30. 4. 85

Über Horoskope

Also... ich bin Wassermann, und er ist Zwilling. Ich hab in diesem Jahr Partnerschaftsprobleme und sogar Trennungsgedanken im April, September und in der ersten Novemberhälfte, er im März, im Oktober und irgendwann im Sommer. Ja, was denn nun? Haben wir nun Probleme oder nicht? Und wenn, dann mit wem? Bei ihm wirkt der Einfluß von Uranus durch ein harmonisches Jupiter-Trigon eher positiv, bei mir sorgt ein negativer Saturn-Einfluß für ganz harte Sachen, und Kalziummangel kriege ich dieses Jahr auch. Soweit der Überblick.

Nun gibt es noch das wöchentliche und das tägliche Horoskop. Um ganz genau informiert zu sein, ob man aus dem Haus gehen soll oder nicht, muß man die natürlich alle lesen. Möglichst in verschiedenen Zeitungen, damit man sich heraussuchen kann, ob man heute mit Vorgesetzten vorsichtig oder mit Freunden ehrlich sein soll. (Wie wär's denn mal umgekehrt? Fällt mir nur gerade so ein. Absurder Gedanke, oder?)

Natürlich schließen sich die Aussagen in den Horoskopen oft gegenseitig aus. Das darf man aber nicht so kleinlich sehen. Ist nicht das ganze Leben voller Widersprüche? Gibt es nicht für jedes Licht auch einen Schatten, für jede Rose einen Dorn? Na, sehen Sie. Warum soll denn dann Dr. B. in der Morgenzeitung Ihnen nicht Glück prophezeien, wo Frau U. in der Abendpost noch Unheil gewittert hat. Ist es doch vom Erhabenen zum Niedrigen immer nur ein winziger Schritt!

Papst Johannes Paul II. hat eine Menge Planeten im 9. Feld versammelt – sagt Elizabeth Teissier, bitte fragen Sie dort nach, wenn Sie etwas nicht verstehen, nicht bei mir. Diese Ansammlung von Planeten im 9. Feld bedeutet: viele Reisen. Wie sie da wohl drauf kommt? Wäre uns nie eingefallen. Oder Julio Iglesias. Der hat eine Sonne-Neptun-Konjunktion und noch irgendwas mit den Fischen in Opposition, was bedeutet, daß es bei ihm oft die Liebe auf den ersten Blick gibt, die aber dann nicht hält. Donnerwetter.

Ich kann also an so ein Horoskop auf zweierlei Arten drangehen: Erstens nehm ich die Planetenkonstellationen zur Zeit meiner Geburt – da ist ja alles schon festgelegt, ob ich künstlerisch begabt bin oder nicht, aggressiv oder sanft bin, also kurz und ungut: Ich muß mich wegen gar nix mehr anstrengen, die Sterne haben das schon für mich geregelt.

Oder – zweiter Weg – ich lese die Tageshoroskope und suche mir da die nettesten von Fall zu Fall aus, dann kann mir gar nichts passieren. Oder, noch eine dritte Möglichkeit, ich laß es endlich bleiben mit dem Horoskopelesen und glaube einfach nicht, daß B. gut zu mir paßt, weil er Zwilling ist, es mit K. aber immer Konflikte geben wird, der ist nämlich Skorpion. Ich will dem Schicksal in den Rachen greifen und das alles ganz allein ausprobieren. Natürlich lügen die Sterne nicht! Aber vielleicht irren die, die darin lesen?

14.5.85

Über die Frau...

Also... da haben sie im Funk wieder einen neuen Redakteur, einen von diesen jungen forschen Typen, die sofort alle Programme anders und natürlich besser machen wollen. Er legt die schönen langen Beine in den türkisfarbenen Turnschuhen auf den Schreibtisch, bietet mir eine ägyptische Zigarette an und sagt: Weißt du, mach mir doch mal 'ne Glosse über die Frau. Ich denk, ich hör nicht recht. Glosse über die Frau?

Na ja, sagt er, das muß doch mal wieder möglich sein, verstehste, daß man das alles wieder 'n bißchen lockerer sieht, diese Emanzipation und so, und wenn du als Frau da so 'ne scharfe Glosse machen würdest, das fänd ich echt stark, ich mach da so 'ne neue Mitternachtssendung, weißte, das soll ganz scharf werden – er beugt sich vertraulich vor: Ich will in diesem verschissenen Sender sowieso nicht lange bleiben, also hau ruhig richtig drauf, mach's deutlich. Über die Frau.

Über die Frau. Ich geh nach Hause und denk nach, was er wohl will. Soll ich über Eva schreiben, die vom Baum der Erkenntnis aß, davon logischerweise schlau wurde, und seitdem ist es mit dem Paradies Essig? Das wird der nicht kapieren. Ist auch nicht witzig genug. Die Frau! Schlechthin, oder was? Die Frau als Mutter, Gattin, Hure, Geliebte, als Oma oder Lustobjekt, oder Oma als Lustobjekt? Die Frau in Netzstrümpfen oder die emanzipierte Frau, was meint er denn bloß?

Sicher betrügt der seine Freundin mit einer anderen speziell fürs Bett, die erste ist zum Ausgehen und Repräsentieren. Keine Zweierkiste mehr, sondern geschickte Rundumplanung, und der Mutter schickt er die schmutzige Wäsche nach Wuppertal.

Wer ist *die* Frau? Elizabeth Taylor? Mutter Teresa? Dagmar

Berghoff? Nena? Rosa von Praunheim? Oder will er es vielleicht historisch, die Frau im Mittelalter? Die Frau als Hexe, die Frau auf dem Kaiserthron, die Frau in Männerhosen? Oder vielleicht ganz neuzeitlich, die Frau im Aufsichtsrat, die Frau als Dachdecker, die Frau als Bundeskanzler, das wär vielleicht ein Ansatz, oder? Aber zu so einem langweiligen Beruf haben Frauen vielleicht gar keine Lust. Die Frau als Soldat? Sagt Alice Schwarzer ja auch: Wenn schon emanzipiert, dann auch total, dann auch die Frau als Soldat, aber eigene Toiletten, bitte. Die Frau als Papst? Das geht zu weit! Wahrscheinlich denkt der Funk-Fuzzi eher an Wencke Myrrhe, die schon so viele Kinder hat und immer noch so tapfer in den Medien herumspringt, mehr-fachbelastet.

Ich bin auch eine Frau in den Medien. Aber nicht so tapfer. Vor der Glosse zum Thema «Die Frau» kapituliere ich, lieber Redakteur. Denk dir da selbst was aus. Wie wär's zur Abwechslung mal mit «Die Frau als Mensch?» Zu spießig, oder? Soll ja scharf sein, um Mitternacht. Schreibe ich: «Laßt uns endlich wieder unten liegen dürfen!» Das wird ihm gefallen. Aber will ich dem gefallen?

29.5.85

Über Staat und Volk

Also... unsere Politiker wundern sich doch so oft über den Prestigeverlust, den sie erleiden. Die Jugend, heißt es, hat kein Vertrauen mehr in die Politiker, und überhaupt, der Bürger nimmt den Staat nicht ernst genug. Was ist das, der Staat? Wir gehen zur Wahl und bestimmen also, wer uns regiert. Das ist Demokratie. Und dann? Dann macht der Staat die Tür zu und beschließt. Ab und zu öffnet sich die Tür, einer tritt heraus und teilt uns mit, was beschlossen wurde: Neue Abfangjäger werden gebaut oder Kraftwerke in Betrieb genommen oder Raketen aufgestellt oder Ausländer ausgewiesen oder was weiß ich. Manchmal läßt der Staat sich in die Karten gucken mittels öffentlich übertragener Debatten aus dem Bundeshaus. Da sehen wir dann eine Menge gleichgekleideter Herren und ein paar Damen, die einem Redner zuhören. Mal lacht die linke Hälfte des Saales und überbietet sich in Zwischenrufen, mal die rechte. Wir haben das Gefühl, einer besonders ekelhaften Schulklasse zuzuhören und zuzusehen. Jeder darf alles sagen, was er denkt, und sich dafür beklatschen, beschimpfen oder auslachen lassen. Dann ist die Debatte fertig, und wir wissen: Jetzt wird etwas beschlossen. Am Abend tritt der Staat dann via Fernsehen in unser Wohnzimmer. Journalisten stellen Politikern drängende Fragen, und die Politiker sehen die Journalisten nicht an, sondern sie sehen direkt in die Kamera, denn sie sprechen ja zu uns, wir sind die Wähler, wir müssen ins Auge gefaßt werden, der Journalist wird nur benutzt. Man beantwortet auch in der Regel nicht seine Frage, man hat ja selbst etwas, das man gern sagen möchte, und so fängt der Politiker, den Blick immer durchdringend auf uns daheim gerichtet, seine Nichtantwort in der Regel an mit dem Satz: «Ehe ich auf Ihre Frage eingehe, lassen Sie mich zunächst sagen, daß...» Und dann kommt etwas ganz Langes mit vielen Fremdwörtern, und am Ende weiß man wieder nicht so genau, was der Staat denn nun meint. Manchmal gibt es einen Kommentar zu besonders komplizierten Sachverhalten, den macht dann ein politischer Redakteur vom Fernsehen, aber der ist wiederum angehalten, nur ja ausgewogen zu sein. Also weiß man am Ende wieder nichts, außer, daß man es so, aber auch ganz anders sehen könnte. Nach Wahltagen wird der Staat immer am deutlichsten sichtbar. Da tritt er in Form seiner Repräsentanten lächelnd und dankend oder niedergeschlagen und grübelnd vor uns hin, und an solchen Tagen können wir uns in dem Gefühl sonnen, mitregiert und mitbestimmt zu haben. Danach ist wieder Schluß. Sie regieren und beschließen und teilen uns Ergebnisse mit und leiden noch darunter, daß es uns schwerfällt, sie zu lieben. Uns, dem Volk. Da stehen sich Staat und Volk ratlos gegenüber, in Fernsehdiskussionen prallen sie dann manchmal aufeinander. (Aber es wird schon gut gesiebt inzwischen.) Ich kenne kluge Leute, die tatsächlich schon sagen: Politik interessiert mich nicht mehr. Wehe uns, wenn das noch mehr werden.

12. 6. 85

Über das Berühmtsein

Also... ich habe eine schöne und berühmte Freundin, die Schauspielerin ist. Das sage ich Ihnen nicht, um damit anzugeben, was ich für tolle Leute kenne, sondern weil ich Sie bitten möchte, sich jetzt vorzustellen, was passiert, wenn ich mit dieser Freundin ein Glas Wein trinken gehe.

Als erstes das: Wir sitzen noch nicht, da hat sie schon zwei Autogramme gegeben.

Ach, wer erklärt mir endlich mal plausibel, was Leute dazu bringt, sich auf Papierfetzen, Servietten oder Gipsbeine einen Namen schreiben zu lassen? Wir bestellen unsern Wein bei einem völlig aufgeregten Ober, die andern Bedienungen bleiben neidvoll tuschelnd in einiger Entfernung stehen. Zwei Minuten später ist der Geschäftsführer an unserm Tisch und versichert, wir wären natürlich Gäste des Hauses und ob sie nicht bitte dahinten an der Wand mit den Fotos der Prominenten... sie habe doch gewiß ein Foto dabei...? Als wir endlich doch ein Gespräch begonnen haben, setzt sich ein euphorischer Jüngling mit seinem Bier zu uns an den Tisch und sagt: «Das darf doch nicht wahr sein, Sie wollte ich immer schon mal kennenlernen, ich steh nämlich total auf Sie.» Nun traut sich auch das Ehepaar von gegenüber her: «Mein Gatte und ich wetten gerade», sagt die Frau, und dann ruft sie selig: «Walter, sie ist es wirklich!» Nun guckt das ganze Lokal, und wir fühlen uns wie im Zoo. Einmal habe ich es erlebt, daß meiner Freundin das Lächeln gefror und der Geduldsfaden riß. Das war, als im Straßencafé die Damen von der Kaffeefahrt mit ihren Fotoapparaten unsern Tisch umstellten. «Lassen Sie mich in Ruhe!» hat sie gezischt und sich dafür anfeinden lassen müssen: «Ach, das ist ja interessant, und von Ihnen dachten wir immer, Sie wären so menschlich!» Drum, liebe Dame, drum. Eben weil sie so menschlich ist, kann sie diesen unbarmherzigen Zugriff nicht ertragen, der mit Verehrung nichts zu tun hat. Die echten Verehrer ihrer Arbeit schauen, erkennen, grüßen vielleicht freundlich. Damit muß sie – und müssen viele berühmte Menschen mit «öffentlichen» Berufen leben. Aber da gibt es die besitzergreifenden Fans (= Fanatiker), die müssen anfassen, ansprechen, festhalten, sich schriftlich bestätigen lassen, daß sie das bewunderte Objekt wirklich aus zehn Zentimeter Nähe gesehen haben. Sie machen sich groß damit, können erzählen: den und den hab ich gesehen, gesprochen, aber wehe, der und der reagiert ungehalten oder gequält – sofort ist jeder Kredit verspielt, man wird ewig weitererzählen, wie hochnäsig Herr X oder Frau Y ist, also muß man für die «Liebe», die einem als Berühmtheit entgegengebracht wird, teuer bezahlen – nicht nur mit der geleisteten Arbeit als Schauspieler, Fußballstar oder Fernsehansagerin, sondern mit dem Verlust von Schutzzonen, Privatleben, Ruhe. Meine Freundin geht schon lange in kein Lokal mehr. Wir treffen uns bei ihr oder bei mir oder, wenn wir zufällig in derselben Stadt arbeiten, im Hotel. Und ich habe immer Angst, über sie mal die Schlagzeile zu lesen: Eine Frau sieht rot.

26. 6. 85

Über das Älterwerden

Also... das wissen wir ja aus der Werbung für Creme: Ein Mann darf Falten haben, eine Frau nicht! Ihn machen Lebensspuren im Gesicht interessant, sie hingegen alt, weshalb ja der Volksmund spricht: «Wenn die Frauen verblühn, verduften die Männer.» Unsereins muß jung und hübsch sein, sonst ist das Leben gelaufen – wenn man sich an der Werbung orientiert, könnte man das glauben. Nun haben wir Frauen aber zum Glück ein bißchen mehr Selbstbewußtsein als früher, für irgendwas müssen die Kämpfe und Schmerzen doch gut gewesen sein... Und wenn ich heute, mit über 42, in den Spiegel gucke, ganz ehrlich: Mein Gesicht gefällt mir besser als mit Mitte 20. Da ist doch was passiert mit mir, in all diesen Jahren, und darauf, verdammt noch mal, bin ich stolz! Ich bin stolz auf all die Nächte, die ich in Küchen und Kneipen mit Freunden saß, um die Welt zu verändern oder dem Wesen der Liebe auf die Spur zu kommen. «Kind, du schläfst zuwenig!» Ja, Mutter, ich lebe dafür aber mehr als du.

Alter – das spielt sich woanders ab als in den Falten um die Augen, und dagegen gibt es auch keine Creme. «Mit 17 war ich eine müde Greisin mit Selbstmord-Absichten», sagt die Schriftstellerin Luise Rinser, eine vitale 70erin. Damit hat sie für sich persönlich sicher recht, aber nun kommt noch eine zweite Ebene hinzu, und die ist es, die uns Schwierigkeiten beim Älterwerden macht: das, was gemeinhin als «alt» gilt. Und da gibt es vor allem im Hinblick auf Frauen ziemlich rigide Vorstellungen: Schön und straff haben sie zu sein, um irgendwelchen Ansprüchen zu genügen. Man muß es ihnen nur lange genug einreden, dann neigen sie zu Verzweiflungstaten, wie sich liften zu lassen. Joan Collins aus Denver muß ja neuerdings unentwegt herhalten, um aller Welt zu beweisen, daß sogar (!) eine Frau mit 50 noch sexy sein kann. Jeder Mensch ist in jedem Alter die Summe all dessen, was er schon gelebt und erlebt hat, und darum, so denke ich, kann auch jeder 16, 35, 62 oder 100 sein – je nachdem. Nur ganz dusselige Journalisten schreiben noch, daß die Sängerin trotz ihrer 38 Jahre «immer noch attraktiv» sei. Frauen haben heute eine andere Vorstellung von dem, was attraktiv ist: Sie wissen, daß es mehr mit der inneren Einstellung als mit den Falten um die Augen zu tun hat. Und sie feixen: Ätsch, auch ein Mann darf ja neuerdings keine Falten mehr haben! Zwar regieren vorwiegend ältere Herren die Welt, aber militärische Führungskräfte müssen sich hierzulande als «Opas» abkanzeln lassen, wenn sie über 40 sind... Na, daran sehen wir es doch! Die wirklich Alten (im Kopf) sind die, die so genau wissen, was das ist: alt. Deshalb sollten wir Frauen auch souveräner lächeln können über Werbung, die verspricht, daß die Mutter noch wie die Tochter aussehen kann... Danke schön, haben wir gar nicht nötig.

10. 7. 85

Über das Rubbeln

Also... die neuen Spielkarten gibt es bei Ihrem und meinem Zeitschriftenhändler, aber natürlich auch in jedem Lebensmittelladen. Außen drauf ist gern ein Fernsehschaffender abgebildet, und innen drin liegen diese wahnsinnigen Gewinnchancen bis zu 360000 Mark. Ab Heft 23 unserer Hausfrauenpostille werden dann die Glücksregen-Gewinnzahlen veröffentlicht. Je mehr Spielkarten Sie haben, desto größer ist Ihre Chance beim Super-Glücks-Expreß, und die Freude am Ende ist unbeschreiblich. Bitte füllen Sie den unten abgebildeten Glückscoupon mit Ihrem ganz speziellen Glückslos jetzt sofort aus, vergessen Sie aber nur ja nicht, die Supergewinnchance in der Glückslawine anzukreuzen! Da können Sie nämlich aus unserer Glückstrommel 500 Mark extra gewinnen, auf jeden Fall aber ist Ihnen ein Überraschungsgeschenk jetzt schon sicher! Zusätzlich nehmen Sie natürlich an unserer Supergold-Schlußverlosung teil, da können Sie dann Reisegutscheine im Wert von 2000 Mark errubbeln. So, und jetzt geht's aber los, jeder kann einsteigen in den Glücksexpreß, jeder darf mitrubbeln, jeder hat Chancen bei unserer Glücksrevue mit den sieben Extrarunden. Bargeld lacht, wenn Sie jetzt auf den Gewinnfeldern rubbeln. Rubbeln Sie, streichen Sie durch, kreuzen Sie an, und schon steht das Glück vor Ihrer Tür, so einfach ist das, beachten Sie unbedingt auch die roten Superquadrate – schon haben Sie wieder einen Sachpreis gewonnen, sind noch Fragen offen? Nein, der Rechtsweg ist ausgeschlossen. Rubbelschluß ist nächsten Donnerstag, Postkarte, Absender, Trostpreis, Extrapreis, Endauslosung, Spielkarte immer bereithalten. Wetzen Sie, schaben Sie, staunen Sie, Millionen haben schon gewonnen, und gerade Sie sollten nicht dabeisein? Frisch gerubbelt ist halb gewonnen, zehn neue Tausendmarkscheine liegen hier und warten nur auf Sie, kaufen Sie, kommen Sie, glauben Sie, lassen Sie sich besch... so gut es geht, und rutschen – äh – rubbeln Sie uns doch den Buckel runter. Schluß damit!

Selbst schuld, wenn Sie auf das alles reinfallen. Es müssen immer noch viele sein, die drauf reinfallen, und ab und zu errubbelt vielleicht sogar mal jemand was – ob es «das Glück» ist, lasse ich dahingestellt. Aber diese Pest der Gewinnspiele, diese aufdringliche Werbemasche per Post und in den Läden, dieses Rubbel- und Glückslos-Fieber, das hängt mir nun nachgerade meterweit zum Halse heraus. Klar: Ich muß es ja nicht mitmachen. Aber vermeintlich pfiffige Unternehmen verfolgen einen geradezu mit ihren Superglücksspielkarten.

Ihnen allen sei an dieser Stelle zugerufen: Ihr fatalen Glücksritter, was versteht ihr denn unter Glück? Spricht der Dichter etwa «Himmelhoch jauchzend / zum Tode betrübt / glücklich allein / ist die Seele, die – rubbelt»?

Ach was!

24. 7. 85

Über den Frieden

Also... gestern abend ging wieder das Telefon, rrrrrrr – «Heidenreich.» «Ja, du, grüß dich, hier ist Uta.» Uta? Ich kenn zwei Uten und eine Jutta, eine Uta kenn ich nicht. «Ach», sage ich, «hilf mir mal auf die Sprünge, müßte ich dich...» «Nö», sagt sie, «Uta von der Friedensini.» «Von hier?» frage ich. «Nein, aus Oldenburg, ich kenn dich aus dem Radio und aus der Zeitung, und wir machen da so eine Veranstaltung.» «Ich mach keine Veranstaltungen», sage ich matt. «Na», sagt sie, «aber ich hab dir doch diesen Aufruf geschickt, hast du den schon mal unterschrieben?» Ich sage: «Uta, wenn ich dir jetzt aufzählen würde, was ich in den letzten Wochen alles unterschrieben habe, dann würde das ein langes Gespräch – vom Protest gegen die Ausländergesetze über Aktion gegen das Waldsterben und Schluß mit den Tierversuchen bis Nieder mit dem Postminister, und gerade für den Frieden habe ich inzwischen 25 verschiedene...» «Na ja», sagt sie, «ist ja gut, aber nun dürfen wir auch nicht lockerlassen.» «Nein», sage ich, «weiß ich. Will ich auch nicht. Aber...» «Was aber», sagt sie, «guck mal, der Frieden, der ist ja immer noch bedroht, und da müssen wir was machen. Deshalb machen wir diese Veranstaltung da, Künstler für den Frieden.»

Ich denke an Hanns-Dieter Hüsch, der mal gestöhnt hat: Ach, endlich Frieden für die Künstler! «Natürlich, Uta», sage ich, «du hast recht, das ist alles wichtig. Aber weißt du, ich bring das im Moment nicht.» «Was bringst du nicht?» fragt Uta. Ich sage: «Dieses Engagement: Herumreisen. Diskutieren. Unterschreiben. Nonstop. Ich bring es nicht. Ich hab viel Arbeit, private Probleme, meine Gesundheit ist angeschlagen, ich...»

«Kenn ich alles», sagt Uta verständnisvoll. «Ich hab da 'ne Beziehungskiste laufen, da ist total der Holzbock drin, und auch sonst alles ziemlich trübe, aber wenn es um den Frieden geht, Mensch?»

«Uta», sage ich, «der innere Frieden, der spielt auch eine Rolle. Und der ist bei mir zur Zeit nicht da, verstehst du.» «Na», sagt sie, «dann unterschreib wenigstens diesen Aufruf. Daß du dafür bist.» «Wofür?» frage ich. «Oder dagegen», sagt sie, «wie man es sieht.» Ich versuch es noch mal: «Uta», sage ich, «wenn ich das unterschreibe, dann zieht das wieder fünf andere Briefe, Veranstaltungen und Anfragen nach sich, und dazu bin ich im Moment einfach nicht...»

«Find ich schwach», sagt Uta. «Es geht doch um den Frieden.»

Das wäre der Moment, wo man voller Verzweiflung denken könnte: Es gibt wichtigere Dinge als den Frieden... erinnern Sie sich? Ich denke erschrocken: Aha. Da bist du schon? Und ich hänge Uta ab. Ich weiß, das Schwein in der Geschichte bin ich. Aber damit muß ich eine Weile leben. Ich bin für den Frieden. JA! Aber gegen inflationäres Engagement.

7. 8. 85

Über Urlaubsbekanntschaften

Also... das ist das Gefährliche am Urlaub: Das Herz wird einem immer so weit. Man unterliegt fatalen Verbrüderungstendenzen, man will ja auch endlich wieder ein guter, ein ausgeglichener, ein toleranter und menschenfrendlicher Typ werden. Seid also umschlungen, Millionen. Guten Morgen, Herr Dimmelmann! (Du liebe Güte, was ist denn schon dabei, wenn Herr Dimmelmann in seinem wohlverdienten Urlaub nur kurze Hosen trägt und dazu Socken und Sandalen! Nun laß ihn doch, du hast ja wohl den sogenannten guten Geschmack nicht allein gepachtet.) Wenn es dauernd regnet, ist es doch sehr praktisch, daß die Dimmelmanns auch so gern und so gerissen Skat spielen, da kann man sich manchen Abend gemeinsam vertreiben. (Was macht es schon, daß sie politisch auf einem völlig anderen Dampfer sind als du, schließlich kann man solche gefährlichen Gesprächsklippen im Urlaub ja auch mal meiden!) Es kommt der Tag, an dem man zu den Dimmelmanns «Horst» und «Irene» sagen darf (muß?), und schließlich werden die Adressen ausgetauscht – waaas? Daaa wohnt ihr? Da wollten wir doch immer schon mal hin, nicht, Horst? Abschied, die letzte Runde Skat, das Versprechen, die Fotos persönlich vorbeizubringen, langes Winken. Bei der Fahrt durch den Gotthardtunnel fallen schon die ersten spitzen Bemerkungen über Horst und Irene, die eigentlich doch total bescheuert waren, an der deutschen Grenze sind sie vergessen, zu Hause wandert die Adresse sofort in den Papierkorb. Die Fotos werden entwickelt: Das war der Typ – wie hieß er noch? Dümpelmann oder so, guck dir bloß den Bierbauch an, und immer Unterhemd und kurze Hosen, Socken und Sandalen. Schmeiß doch bitte diese grauenhaften Fotos weg, die wirst du ja wohl nicht verwahren wollen... Eines Tages kommt eine Postkarte (zu bunt): «Freuen uns sehr auf euch, kommen am Wochenende vorbei, schlafen im Wohnwagen, Horst und Irene.» Natürlich kann man so tun, als hätte man die Karte nicht bekommen, und wird einfach nicht zu Hause sein. Aber warum denn – sie waren ja wirklich immer ganz nett und freundlich, daß sie tatsächlich hier anschieben würden, konnte man ja schließlich nicht ahnen, na gut, da kommen wir auch drüber weg.

Wenigstens hat er keine kurzen Hosen an. Sie haben die Fotos mitgebracht, aber die alte Urlaubsseligkeit will sich nicht einstellen. Sooo wohnt ihr? Komisch... Hatten wir uns ganz anders vorgestellt. Übrigens können wir doch nicht über Nacht bleiben, wir haben hier in der Nähe eine Tante, da wollten wir immer schon mal... also dann... wirklich schön, euch mal wiedergesehen zu haben... Abschied, langes Winken, tiefes Aufatmen. Und das Nachdenken darüber, wer nun eigentlich von wem enttäuscht ist, die Dimmelmanns von uns oder wir von ihnen, und vor allem: Warum? Warum paßt im Alltag nicht zusammen, was im Urlaub ganz gut klappt? Ach, das ist wie mit der Liebe. In lauschiger Maiennacht sieht der Mann deines Lebens auch anders aus als am regnerischen Juniabend zwei Wochen später am Hauptbahnhof: Das soll mal (fast!) der Mann deines Lebens gewesen sein? Urlaubsfreundschaften, merke, sind keine. Meistens. Trotzdem, Freunde: Nicht aufgeben! Zu Hause herrscht eh wieder Konkurrenz am Arbeitsplatz. Wollen wir uns also wenigstens in der Fremde tapfer verbrüdern.

21.8.85

Über Penner

Also... als ich ein Kind war, gewöhnte ich mich an den Anblick bettelnder Kriegsversehrter in den Hauseingängen und vor den Kaufhäusern. Das waren Menschen, denen man ein Schicksal ansah: einen Arm, ein Bein, gar beide Beine verloren, heimgekehrt, keine Familie mehr gefunden, verlassen, verzweifelt, ohne Arbeit. Dann kamen die ersten «Penner» – was hatte sie, mit gesunden Gliedmaßen, auf die Straße geschickt, im Wirtschaftswunder? Wir mußten doch alle mit 40 Mark wieder neu anfangen, warum war es ihnen denn nicht gelungen? Plötzlich das Erschrecken über die erste Pennerin – eine nichtseßhafte Frau, mit ihrer Habe in Platiktüten, sie bettelte, schlief in Tiefgaragen oder auf der Parkbank – eine FRAU! Wie war sie dazu gekommen? Man schämt sich ja immer, danach zu fragen, und legt nur schnell ein bißchen Geld hin. Und dann, immer auffallender, das Phänomen der jugendlichen Penner. Nicht die ab und zu besoffen herumhängenden Jugendlichen, die die Zeit mit ein paar Kästen Bier totgeschlagen haben, sondern die große Zahl der obdachlosen, arbeitslosen jugendlichen Penner, die mit ihren Tüten und Flaschen in den Fußgängerzonen sitzen und warten, bis das Männerübernachtungsheim aufmacht. Was ist los in unserm Sozialstaat? «Mit der Sozialhilfe braucht niemand zu hungern», sagt Kurt Biedenkopf. Selbst darüber ließe sich noch streiten, aber nun lebt der Mensch ja nicht vom Brot allein, wie wir wissen. Eine Wohnung müßte es sein, eine Arbeit – mehr als zwei Millionen Menschen haben aber keine Arbeit in der Bundesrepublik. Da kann das mit dem Abstieg schnell gehen, wenn kein Familienhalt da ist, und bei berufslosen Jugendlichen geht es sogar ganz schnell. Trinken macht a) warm und benebelt b) so trügerisch schön, daß man die

Misere nicht merkt. Wer betrunken ist, kann aber weder beim Obdachlosenasyl noch bei irgendeiner Behörde vorsprechen. Also: Vegetieren in Abbruchhäusern, Toreinfahrten, Parks. Es werden immer mehr, es fällt auf. Und sie werden immer jünger. Und immer mehr Mädchen und Frauen sind dabei, die Bundesarbeitsgemeinschaft für Nichtseßhaftenhilfe schätzt den Anteil obdachloser Frauen auf drei bis vier Prozent bei einer Gesamtdunkelziffer von rund 250000 Menschen ohne festen Wohnsitz. In der Sozialpolitik aber wird gekürzt, gekürzt, gekürzt. Dem «Rheinischen Merkur» – einer aufrührerischen Tendenzen gewiß abholden Wochenzeitung – entnehme ich, daß in der Zeit der Wende bereits 11 Milliarden Mark Sozialgelder eingespart wurden. Ach ja, ist ja folgerichtig, denn wie sprach unser Kanzler 1983 in seiner Regierungserklärung? «Menschen in Not brauchen nicht nur staatliche Hilfe. Sie brauchen vor allem Menschen, die ihnen helfen.» Hallo, ihr Penner, ihr wißt ja, wo der gute Mensch aus Oggersheim wohnt. Nichts wie hin.

4.9.85

Über eigenen und fremden Krach

Also... während ich das hier schreibe, bin ich von einer wahren Orgie an Lärm und Krach umgeben: Der Nachbar haut mit dem Hammer die Fliesen von seinem Balkon; die Nachbarin mäht mit dem elektrischen Rasenmäher ihren Garten; die Kirchenglocken scheppern; ein Lastwagen rattert, voll mit Bauschutt, den Berg hinauf und, leer, ohne Bauschutt, wieder hinunter; natürlich rattert auch meine Schreibmaschine, der Hund bellt den Rasenmäher an, und jetzt klingelt das Telefon. Ich weiß, daß in ein paar Minuten die Waschmaschine in ihrem Programm A-1 (Kochwäsche und Schleudern) ans Schleudern kommt, und ich weiß nicht, ob ich das dann noch aushalten werde. Immer ungeduldiger, immer unbelastbarer werde ich, was den Geräuschpegel betrifft. Die Frauen in den Großraumbüros mit den knurrenden und klappernden Maschinen und Kopierapparaten sind die Helden der Wirklichkeit für mich. Wann rasten sie aus? Wann ist der Punkt gekommen, an dem man einfach nichts mehr hören kann? Bei mir dann, wenn im Kino jemand hinter mir Chips aus einer Knistertüte futtert. Da werde ich zur Furie, zur Persönlichkeitsrecht verletzenden, Tüten entreißenden Bestie. Ein Student, den ich im Garten sitzen und fürs Examen lernen sah, schrie plötzlich die zwitschernden Vögel im Baum an: «Seid doch mal fünf Minuten still, ihr verdammten Biester!» Meine Tante kann nach einem Leben an der Nähmaschine an keinem Preßlufthammer vorbeigehen, ohne zu zittern, mein Freund schwillt rot an, wenn jemand dauerhupt. Ich ertappe mich, wie ich morgens mit Wurfgeschossen auf der Lauer liege, wenn der grauenhafte Zeitungsausträger mit seinem Mofa kommt und es um sechs Uhr früh so lange vor unserem Haus knattern läßt, bis er die Zeitungen in alle Briefkästen verstaut hat. Aber wenn ich Bruce Springsteen höre, muß ich so voll aufdrehen, daß die Gläser im Regal klirren. Das ist doch Musik! Das kann kein Lärm sein! Die Nachbarin empfindet es anders und sagt es mir deutlich am Telefon. Ich finde, ihre beiden quengelnden Kinder machen mehr Lärm als Bruce Springsteen. Sie ist anderer Ansicht. Es bleibt, daß wir alle gleich empfindlich gegen Krach sind, nur aus anderen Anlässen. Eine dieser dusseligen Umfragen (aber ich lese sie ja doch immer!) ergab, daß die meisten Menschen sich als Lärm-Opfer, nicht aber als Lärm-Täter empfinden. Denn: Selbsterzeugter Krach ist schön, der Krach, den andere machen, ist eine Belästigung. In der «Zeitschrift für Lärmbekämpfung» Heft 2/85 (so ein Blatt gibt es tatsächlich!) wird das berichtet.

Akustische Umweltverschmutzung! Ich fliehe in die Toskana, wo sie am ruhigsten ist, auf einen zypressenbewachsenen Hügel. Nachts liege ich im Bett und kann nicht einschlafen. Woran liegt das, es ist doch so wunderbar hier, so still, so friedlich – daran liegt es. Ich kann die Stille nicht ertragen, sie lastet, sie drückt, sie scheint etwas auszubrüten. Mir fehlen Geräusche! Als endlich ein Hund zu bellen anfängt und gleich darauf der Krach von ein paar Motorrädern zu mir herüberdringt, die nächtlich durch die Dörfer brausen, kann ich beruhigt einschlafen. Fast wäre ich ein Stille-Opfer geworden. Stille muß man anscheinend lernen, Krach, der kommt von ganz allein – dafür sorgen schon ein paar Milliarden Menschen mit unterschiedlichen Interessen.

18.9.85

Über den Sommer '85

Also... war das nicht ein toller Sommer? Zwar nicht besonders warm, dafür aber voller Überraschungen, man kam ja aus dem Staunen nicht mehr raus. Schon lange habe ich mich nicht mehr so umfassend unterhalten gefühlt wie in diesem Sommer. Das Ungeheuer von Loch Ness mußte auch nicht bemüht werden, es gab Ungeheuerliches in Hülle und Fülle:

Frostschutzmittel im Wein. Natürlich: die Österreicher! Dann das Entsetzen: Nein, wir auch. Dann die patzige Belehrung durch den Weinindustriellen Pieroth, nun müßten die ersten Winzer schon dichtmachen, und das hätten wir nun davon: Verlust von noch mehr Arbeitsplätzen. Dann die Warnung im Fernsehen, gepanschten Wein ja nicht ins Klo zu schütten, das belastet die Kläranlage zu sehr. Also, entweder: Augen zu und runter damit, Leber und Niere schaffen das schon, oder den Wein zur Sondermüllstelle. Dann erschienen überall Artikel darüber, daß bereits die alten Römer gepanscht hätten, und erst 1679 der Schloßküfer Stelzer aus Göppingen, der Bleioxyd verwandte! Ein Prior und vier Mönche starben daran, da können wir doch noch froh sein heute.

Nach dem Wein die Nudeln mit den schmuddeligen Eiern, auch dazu sofort die Mitteilung einer Verbraucherzentrale, das sei zwar unappetitlich, aber nicht gesundheitsschädlich, von einem Nudel-Flüssigei-Skandal könne daher keine Rede sein. Und weiter ging's mit Quecksilber im Tomatenmark, Glykol im Pfeifentabak, Salmonellen in Tiefkühlhähnchen, Pflanzengift auf Tomaten, Dioxin im Vorgarten und Formaldehyd in Holzbalken und Baumwollpullovern.

Die AIDS-Schreckensmeldungen hätte es gar nicht mehr gebraucht, wir wußten bereits: beim Baden Mund zu, sonst kommen Kolibakterien rein, möglichst gar nichts mehr essen, nichts mehr trinken, nicht mehr atmen, nicht mehr aus dem Haus gehen, und vor allem: kein Kuß von niemand. Nur unsere Bundesregierung hat auch in dieser aufregenden Zeit unermüdlich Frohsinn verbreitet, bis die Spionageaffären als I-Tüpfelchen dazukamen. Zunächst waren es ja «nur» Sekretärinnen, die verschwanden, uns als graue Mäuse geschildert wurden. Und das wissen wir ja, daß Frauen immer nur aus Liebe spionieren, gell, das wird schon nichts Wichtiges gewesen sein. Aber dann verschwanden auch Männer, ein Chef der Abwehr, ein verschuldeter Alkoholiker, der sich in diesem Job so lange halten konnte, wo man keine Frau mit ähnlichen Risiken auch nur einen Tag gehalten hätte. Nun war es endlich randvoll mit Nachrichten, das gefürchtete Sommerloch. An langen Herbstabenden können wir sie in Ruhe überdenken. Dabei wird uns ganz schön schlecht werden. Gut, daß wenigstens klargestellt werden konnte, wer der echte und wer der falsche Heino ist!

2.10.85

Über fertige Sätze

Also... es gibt ein paar sogenannte «fertige Sätze», wenn ich die höre, diskutiere ich in Zukunft nicht mehr weiter. Man kommt gegen solche Sätze mit keinem rationalen Argument der Welt an. Es sind Wort gewordene Unverschämtheiten.

Es fängt an, wenn du ein Kind bist, und sie sagen dir: «Das verstehst du noch nicht.» Wunderbare Antwort auf eine Frage, ein Suchen! Das verstehst du noch nicht, dazu bist du zu blöd, zu klein. Besser ist es, erst gar nicht zu fragen.

Kommst du in die Pubertät, wirst du mit einem weiteren fertigen Satz konfrontiert – er beginnt immer mit den feststehenden Worten: «Solange du deine Füße unter meinen Tisch streckst...» und geht dann jeweils nach Art des Konfliktes weiter mit «Du hast um elf Uhr zu Hause zu sein» oder «Ich dulde solche grünen Haare nicht» oder was auch immer. Schön, wie sich doch Autorität ausspielen läßt, indem man mitteilt, was einem alles gehört (z. B. ein Tisch) und daß der, der gütigst an diesem Tisch mitsitzen darf, sich zu fügen hat in den Ton, der daran angeschlagen wird.

Überlegenheit ausspielen nennt man diese Nummer, und die geht nahtlos über in so wundervoll jedes Gespräch killende Sätze wie «Das hätte ich dir gleich sagen können» oder «Das habe ich ja kommen sehen». Gibt man sich die Mühe, das, was da einer sowieso hat kommen sehen, nun doch noch näher zu erklären, kommt als Antwort entweder Fassung A: «Da kann ich mir nichts für kaufen» oder Fassung B: «Für mich ist die Sache gegessen». Das in den 60er Jahren so beliebte Argument der Erwachsenen gegen eine aufmüpfige Jugend «Gehen Sie doch erst mal zum Friseur!» ist überholt, kommt aber sicher, wie alles Schöne, im Laufe der Geschichte noch mal wieder hoch.

Einer der gängigsten Sätze im heutigen Zeitalter der Anpassung ist «Wenn das alle täten». Lustig, daß in einer Zeit, wo das alle tun (nämlich die Umwelt versauen, an ihren eigenen Profit denken), ein Satz wie «Wenn das alle täten» so eine Konjunktur hat. Versuchen Sie mal, irgendwie individuell zu handeln – Sie werden ihn sofort hören. Ich freu mich auch immer sehr, wenn jemand meine Bücher anguckt und fragt: «Haben Sie die alle gelesen?» Was man hat, schließe ich daraus, muß gefälligst sinnvoll benutzt werden, sonst hätte man es ja nicht. Weltmeister in fertigen Sätzen sind unsere derzeit Regierenden: «Nennen Sie erst mal Roß und Reiter» ist die Standardantwort von Strauß auf alle Angriffe. «Dem sehe ich gelassen entgegen» heißt es, wenn ein Ermittlungsverfahren gegen Politikerverfehlungen eingeleitet wird. Bundeskanzler Kohl, der fertige Sätze so oft auf uns losläßt wie das Wunschkonzert den Gefangenenchor aus der Oper Nabucco, gab selbst schon zu: «Die Sprache ist ja leicht verräterisch.» Ihnen gefällt das nicht, was ich hier schreibe? Dann gehen Sie doch nach DRÜBEN!

16.10.85

Über Kolumnen

Also... ich hatte mir eigentlich vorgenommen, mir bei der 50. ALSO-Kolumne mal in die Karten gucken zu lassen und die beliebte Frage zu beantworten: «Also, wie fällt dir das nur alles immer so ein?» Aber inzwischen ist das 50. ALSO schon vorbei, ich hab es nicht mal gemerkt, unsystematisch, wie ich bin. Aber die Antwort auf die Frage, wie mir das nur immer alles so einfällt, die läßt sich ja nachholen. Sie lautet: Weiß ich auch nicht. Die Themen sind da, sie liegen um uns alle herum, wir müssen nur einmal die Zeitung aufschlagen, da springen sie uns an – «Umfrageergebnis: Die Deutschen sind zu sauber.» Wir müssen nur den Fernseher einschalten und die unendlich wohlgekämmten und perfekt geschminkten Ansagerinnen mit ihrem marmornen Lächeln sehen, schon denken wir uns: «Also, warum müssen die eigentlich immer...» So einfach ist das. Aber so einfach ist es eben doch nicht. Da gibt es Themen, die brennen geradezu unter den Nägeln, wichtige Themen, Lieblingsthemen, und man fängt an und stockt nach dreißig Zeilen: Gehört das in eine Frauenzeitschrift? Vorne Mode, hinten Kochen, in der Mitte die zornige Kolumne über jugendliche Penner? Was aber gehört denn in eine Frauenzeitschrift? Soll man die Leserinnen unterhalten, bedienen, aufrütteln, überfordern, unterfordern, missionieren, in Ruhe lassen? So wichtig, liebe Elke, ist so eine Kolumne wieder nicht. Andererseits – was Unnützes will ich auch nicht schreiben. Außerdem gehöre ich zu den Menschen, die (fast) alles auf den letzten Drücker machen. Z. B. will ich seit Wochen was Ironisches, was Liebevoll-Komisches über diesen ganzen Bio-Wahn schreiben: Alles muß ja neuerdings so gesund sein, daß eine Farbenfirma, biologisch-dynamisch, sogar damit warb: «Unsere Beize können

Sie trinken.» Wunderbares Thema: Ab sofort keine Milch mehr, die voller Rückstände ist. Wir trinken nur noch die Beize der Firma XY.

Wie üblich verschiebe ich auch diesen Beitrag bis zu dem Tag, an dem die geplagte Redakteurin anruft: «Du denkst doch an die Kolumne...?» «Jaja, ist schon fertig, muß ich nur noch mal abschreiben.» (Von wegen. In meinem Kopf ist sie vielleicht fertig.) Nun fällt mir das Abschreiben aus meinem Kopf aber gerade an diesem Tag so unendlich schwer, denn ich bin traurig und erschrocken über das Giftgasunglück in Indien, mir ersterben die Witze über Chemie in der Schreibmaschine, und das, was dann herauskommt, ist etwas Gallebitteres über die Nachlässigkeit mit den uns umgebenden Giften und die Verhöhnung, die sich Grüne und Bio-Freunde immer noch bieten lassen müssen. Das hätte ich gestern noch anders gesehen. Manches sehe ich schon anders, wenn eine bestimmte Kolumne erscheint. Ja, so ist das. Das alles wollte ich im 50. ALSO schreiben. Aber nun ist es ja schon längst vorbei. Es hätte Sie vielleicht ja auch gar nicht interessiert. Oder?

30.10.85

Über Strapse und Erotik

Also... was an Strapsen erotisch sein soll, das muß mir wirklich erst mal einer erklären. Da haben wir ein Bein, bekleidet mit einem Strumpf, der oben im Gewebe verstärkt ist und eine lange Nase kriegt durch einen Knopf, an dem er festgemacht ist. Der Knopf wiederum ist das untere Ende eines langen Bandes aus Gummi oder Spitze oder sonstwas, das über den nackten Oberschenkel gespannt ist und oben in einen Strumpfgürtel mündet, den man sich mit Häkchen und Ösen um die Hüften würgt. Das ist dann erotisch. Was ist erotisch? Die unelegante Kombination aus Slip und Strumpfgürtel? Das nackte Stück Bein? Das blöde lange Band mit dem Knopf dran, der sich bei engen Röcken durchdrückt? Ach so, Strapse gehören ja nur unter weit flatternde Sommerkleider, die möglichst seitlich geknöpft werden, wobei man die unteren acht Knöpfe lässig offenläßt, damit der Wind das Kleid hoch- und auseinandertreiben kann, wenn man über einen Luftschacht geht, wie weiland Marilyn Monroe. Wann gehe ich schon mal über Luftschächte? Und wenn, warum will ich denn dann, daß die Leute ein Stück Bein mit einem Straps dran sehen? Ich kaufe doch vielleicht gerade Petersilie ein und will an diesem Morgen niemanden verführen. An Tagen, wo ich dann gezielt verführen will, ziehe ich aber die Strapse an – ja, warum denn bloß um Himmels willen? Damit er ein Knöpfchen mehr aufzuknöpfen hat? Damit er ein Stückchen Bein sieht: Guck mal, so wie diese zehn Zentimeter Haut, so sieht der Rest auch aus? Ich finde nicht, daß die Strumpfhose besonders erotisch ist, zweifellos aber wärmt sie mir jene zehn empfindlichen oberen Zentimeter, die ich nun aber unter dem Rock nackt mit Straps tragen soll, weil das so unerhört erotisch ist.

Ein Strumpfgürtel, von dem Gummidinger herabbammeln! Stellen Sie sich doch das Ganze mal einen Augenblick ohne Strumpf dran vor – wie albern. Aber alle Jahre wieder kommt irgendwer daher und entdeckt die neue Erotik der männermordenden Strapse. Es gibt Männer, die sind Schuhfetischisten oder stehn auf Leder, es gibt die Büstenhalterfans und die Büstenhalterhasser, manche fahren total ab auf Frauen in Uniformen, manche müssen nur Strümpfe mit Naht sehen und kriegen schon heiße Ohren. Ich will das alles begreifen. Nur die Strapse! Diese häßlichen, unbequemen Monster sollen aufreizend wirken? Ich seufze über das ewige Rätsel Mann und finde Strapse ähnlich aufregend wie männliche Sockenhalter. Natürlich spricht mehr für Strümpfe als für Strumpfhosen: Wenn einer kaputt ist, muß man nicht gleich das Ganze wegschmeißen. Gewisse Stellen kriegen mehr Luft. Man muß auf dem Klo nicht soviel herumwurschteln und ausziehen. Darum gibt es auch bei mir so ein Foltergerät, das mich im Rücken zwickt mit seinen blödsinnigen Verschlüssen und mich auf den Oberschenkeln drückt, wenn ich die Beine übereinanderschlage. Vielleicht ist ja das Erotische an den Strapsen gerade das Quälende und Häßliche? Wenn er sieht, was wir für IHN alles ertragen?

13.11.85

Über Spendenaufrufe

Also... ich gebe zu, daß ich im Hinblick auf Spendenaufrufe ratlos bin und sehr willkürlich reagiere. Nach Gefühl. Also: mit Sicherheit unsachlich und falsch. Aber was soll ich machen angesichts der Fülle ins Haus flatternder Zahlkarten, angesichts der Aufrufe in Fernsehen und Zeitschriften, ich, die ich auch Bettler manchmal bewußt sehe und sie manchmal auch bewußt übersehe, und ich glaube nicht, daß das etwas mit Geiz zu tun hat. Eher mit ohnmächtiger Wut und Unsicherheit.

Eine Hungerkatastrophe furchtbaren Ausmaßes in Afrika: Natürlich sind wir alle gehalten zu spenden. Und innen die nagenden Zweifel, ob man mit gelegentlichen Gaben – und erreichen sie zusammengenommen auch Millionenhöhe – wirklich die Ursachen dieser Zustände ändern kann. Eine Erdbebenkatastrophe in Italien: Wir spenden, und später erfahren wir von fehlerhafter Organisation und von Geschäften der Mafia mit den Hilfsgütern. Ohnmächtige Wut, auch hier. Man wollte helfen und kommt sich betrogen vor. Spenden wir, um zu helfen oder um das Gewissen zu beruhigen? Warum werfe ich die Postwurfsendung der Versehrten weg samt Spendenaufruf, aber die Kontonummer von Amnesty International notiere ich mir? Warum interessiert mich die Blinden- und Aussätzigen-Mission in Indien weniger als das Indian Movement, für das ein Freund um Spenden bittet? Soll ich Greenpeace was überweisen oder dem Verein gegen Tierversuche, soll ich die Arbeiterwohlfahrt unterstützen oder das Rote Kreuz? Andererseits, warum spendet Flick denn eigentlich nicht für die Hungernden in der Sahel-Zone, für die Verfolgten in der Türkei, für die Opfer der -zigsten Überschwemmungskatastrophe? Der Mann hat fünf Milliarden, soll der doch!

Da sind sie schon, diese schwarzen Gedanken. Und sie werden immer zynischer: Überhaupt, wieso denn ich? Soll doch die Regierung! Und für Indien was zu spenden, ist total sinnlos, Tropfen auf den heißen Stein. Und so drehe ich die Möglichkeiten im Kopf hin und her, teile ein in hilfsbedürftig und weniger hilfsbedürftig, gebe Zensuren für Elend, wäge so lange ab, bis nichts mehr bleibt, finde einen mißhandelten Hund und spende eben doch für den Tierschutzverein – das ist nahe, das ist greifbar. Das habe ich jetzt am Beispiel dieses Hundes persönlich erlebt. Vielleicht liegt da der wunde Punkt: daß wir in einem fetten Land leben und trotz aller Krisen das wirkliche Elend oft nur aus der Distanz kennen. Wir können Spenden steuerfrei absetzen, aber wir haben das Gefühl, in den luftleeren Raum zu spenden. Der Hund, der gut untergebracht wird, das kann ich sehen! Nichts gegen den Tierschutzverein. Aber ein ungutes Gefühl habe ich doch und denke: Die in der Türkei könnten meine 100 Mark vielleicht dringender brauchen, oder? ... ?

Ich weiß keine Antwort. Wie machen Sie es?

11.12.85

Über Armbanduhren

Also... meine kleine goldene Armbanduhr ist vielleicht achtzig oder sogar hundert Jahre alt, sie geht in zwei Tagen rund zehn Minuten nach, darauf bin ich eingestellt, das schult meine innere Uhr. Trotzdem habe ich mich mal danach erkundigt, ob man das eventuell noch reparieren könne, da sagte der Uhrmacher: «Für das Geld kriegen Sie doch schon eine schöne neue Sportuhr.»

Oh, ich kenne sie, eure schönen neuen Sportuhren! Eher bestimme ich den Stand von Zeit und Sonne mit einem Brennglas, als daß ich eine dieser monströsen Scheußlichkeiten an meinen Arm ließe. Chronometer heißen sie, diese Cockpits am Handgelenk, mit denen ich in 100 Meter Tiefe tauchen kann (nichts anderes tue ich unentwegt), auf denen ich ablesen kann, wie spät es in Sidney ist (nichts anderes muß ich dringend wissen), die mir den Mondstand und das Datum anzeigen und die beim Joggen piepen, wenn ich mir zuviel zumute. Ich muß nicht nur die Zeit nicht mehr fühlen, nein, auch über meine Körperfunktionen gibt die Armbanduhr mir Aufschluß. Der Kerl, der mit so einem Ding am Arm ankommt und erst nachgucken muß, wann wieder Vollmond ist, während ich meine nervösen Touren kriege und er das nicht spürt, der hat bei mir keine Chance. Zeige mir deine Armbanduhr, und ich sage dir, wer du bist! Es gibt Uhren für Flieger, Reiter, Taucher, Motorradfahrer – hier mit dem asymmetrischen Gehäuse, das über den Handschuhschaft hinausragt; es gibt Uhren ganz ohne Zeiger, ohne Ziffern, mit Leuchtpunkten, mit Diamanten anstatt; Uhren, die nur auf Knopfdruck die Zeit anzeigen; viereckige Uhren, wo doch Sonne, Mond, Zeit «rund um die Uhr» rund sind und niemals Ecken und Kanten haben; es gibt die

Ralleyuhr, zu der du den Jeep brauchst, und die Uhr mit Schutzgitter vorm kratzempfindlichen Saphirglas, damit sie den Sturz in die Gletscherspalte übersteht. Solche Uhren ticken nicht mehr, sie duften neuerdings allenfalls nach Erdbeeren, und wenn du in der Oper La Traviata hörst, kannst du sicher sein, daß bei Violettas Sterbearie im stillen Operndunkel um Punkt 23 Uhr etwa 150 Uhren zu piepen anfangen, um die dynamischen Träger daran zu erinnern, daß in neun Stunden die Sitzung im Aufsichtsrat anfängt oder daß – wir drehen am Datumskranz! – in 24 Stunden die Zeichnungsfrist für das Berlin-Darlehen abläuft.

Nett, daß einige Firmen noch damit werben, ihre Uhren «gingen» genau. Die meisten klotzen in ihrer Werbung schon damit, daß ihre Uhren das finanzielle Niveau und das sichere Stilempfinden des Besitzers ausdrücken. Sie am Arm zu tragen, sei «eine der besten Voraussetzungen für einen gekonnten Auftritt». Ja, so kann man das natürlich auch sehen.

Wer eine Uhr trägt, die Land- in Seemeilen umrechnet, der muß auch ein Schiff haben. Und die Uhr mit Kalkulator-Memory und Speicherkapazität mit sieben Kanälen und bis zu 112 Zeichen läßt den Direktor eines erfolgreichen Unternehmens ahnen. Und ich Doofe will, daß die Uhr mir zeigt: Es ist fünf vor zwei. Zur Strafe wird sie beim Neutronenbombenschlag mit mir verglühen. Die neuen Superchronometer bleiben und zeigen späteren Jahrhunderten an, was für eine tolle ZEIT wir hatten.

27.12.85

Über das Reisen in Zügen

Also... die Eisenbahn feiert ja seit einiger Zeit lautstark und rosarot ihr 150. Jubiläum – 1835 fuhr sie zwischen Nürnberg und Fürth das erste Mal. Heute steckt das Unternehmen Bundesbahn in ewigem Defizit und lockt Rentner, Gruppen, Jugendliche mit erstaunlichen Billigangeboten wieder auf die Schienen. Ich fahre beruflich sehr viel mit der Eisenbahn, bin die ewigen Staus auf den Autobahnen längst leid, lese gern im Zug und schau mir in Ruhe die Landschaft an. Also – ich könnte fast sagen: Ich fahre gern mit dem Zug. Aber, aber.

Daß es, sobald die ersten Herbstnebel oder die ersten Schneefälle einsetzen, nicht mehr möglich ist, ohne ewige Verspätungen zu reisen, gut, das will ich noch hinnehmen. Es ist halt schwer, sich im Sommer schon vorzustellen, daß es tatsächlich mal wieder Winter wird, und die Fahrpläne zu Anschlußzügen aus der Schweiz – Waaas? Da schneit es schon? Donnerwetter! Zwanzig Minuten Verspätung! – rechtzeitig zu koordinieren. Warten wir eben, frieren wir uns was ab auf den Bahnsteigen, im Zug selbst ist es ja dann schön warm. Die Heizung läßt sich in der Regel weder runterdrehen noch hochstellen, entweder man friert oder man schwitzt, natürlich gibt es auch Wagen, in denen das System funktioniert, aber da sitzen dann halt auch schon immer sechs Personen, und der Großraumwagen ist eine ewige Sauna. Die Scheiben sind nicht immer schmierig, aber meistens. Die Klos sind nicht immer verdreckt, aber oft. Und der Speisewagen ist immer ein Ort des Schreckens. Es liegt nicht an den Bedienungen, die sich bei dem Andrang und dem ständigen Gerumpel redlich mühen – die sind freundlich oder muffig im selben Prozentverhältnis wie überall. Es liegt an dem Matsch, den man da zumeist essen muß, und wer es nicht glaubt, soll es probieren. Und wer dann denkt, na ja, ist halt kein Feinschmeckerlokal, bloß ein Zugrestaurant, der soll doch versuchen, ein einziges Mal in einem Schweizer Speisewagen ein Menü zu essen. Am Tisch wird von Platten so viel frisch auf den Teller getan, wie man essen möchte, man kann sich für oder gegen Soße entscheiden, man kann eine kleine Portion nehmen oder bei unbändigem Appetit gegebenenfalls nachbestellen – und alles im Preis inbegriffen.

Der TEE-Rheingold gilt als Deutschlands schönster Zug. Er hat nur die erste Wagenklasse, die Servietten sind aus Stoff, und das Bier ist manchmal wirklich kalt. Aber wehe, Sie sind in diesem Zug müde und wollen abschalten: Über Lautsprecher werden alle Sehenswürdigkeiten links und rechts des Rheins zweisprachig erklärt, alle nasenlang kommt jemand durch die Gänge und fragt, ob man denn keinen Wunsch habe, nicht in den Clubwagen wolle, wo Vertreter der Stadt Mannheim als Jäger von Kurpfalz verkleidet singen, ob man nicht einen Tisch im Speisewagen reservieren wolle?

Immer alles zuviel und zuwenig. Zuwenig Qualität, zuviel Getue. Trotzdem, Bundesbahn, ich bleib dir treu. Auch wenn ich in jedem deiner Züge Ärger kriege, jetzt erst recht...

8.1.86

Über Abenteuerurlaub

Also... das Leben ist ja so grauenhaft langweilig, da muß man ab und zu schon mal nachhelfen und ein bißchen Farbe reinbringen. Zunächst bietet sich der Abenteuerurlaub an, der statt Erholung Katastrophen und Strapazen bietet. Wir übernachten nicht im Hotel, sondern auf einer Liege bei Kopfjägern im Busch. Wir schwimmen im haiverseuchten Meer und wandern durch den Giftschlangenwald. Und sehr schön ist auch ein Urlaub bei den kämpferischen Auca-Indios, nur mit dem Einbaum zu erreichen, denn dort wurden noch in den 50er Jahren Missionare getötet, und man weiß ja nie. Außerdem bietet sich immer an, so einen Abenteuerurlaub nicht gemeinsam, sondern allein zu planen, das heißt, nichts hindert letztlich daran, mit Rollschuhen durch Alaska zu fahren oder, wie Reinhold Messner, ohne Sauerstoff, aber möglichst eben auch ohne Training auf 8000er zu kraxeln. Abenteuer ist dabei ebenso garantiert wie bei der barfüßigen Durchquerung der Wüste, nur mit Taschenlampe und Küchenmesser ausgestattet. Wer besonders reich und verwöhnt ist und zu Hause wirklich alles hat, der findet möglicherweise Geschmack am vielerorts angebotenen Überlebenstraining – wie überlebe ich in der Hochsaison auf Mallorca als Penner ohne Obdach? Da muß ich es schon schlau anstellen und entweder betteln, in Nobelhotels spülen oder in Cafés singen. Wie aufregend, nachts irgendwo im Dreck zu schlafen und vom Kaminzimmer daheim zu träumen und mal eben zu Hause bei der Bank anzurufen, wie die Aktien stehen – das kann man ja auch beim Überlebenstraining, nur kein Geld abheben! Nicht heimlich Hummer mit Mayo essen, wenn es Regenwürmer und plattgefahrene Frösche doch auch mal tun für vier Wochen! Wem das alles noch zu fad ist und nicht dazu verhilft, «sich selbst zu finden», wie es immer so nett heißt, der kann ja Kontakt mit den Leuten vom «Dangerous Sport Club» aufnehmen, dessen Vorsitzender David Kirke das Anliegen dieses Clubs für gefährlichen Sport so beschrieb: «Wir versuchen, der Welt zu beweisen, daß es noch wirkliche Männer für richtige Abenteuer gibt.» Na, dann mal los zu neuen Reizen – das Angebot ist vielfältig und reicht vom Herummanövrieren auf einem Skateboard vor gereizten Stieren in Pamplona bis zum Sprung am Gummiband von der Europabrücke herunter auf die Brennerautobahn. Wenn einen das Gummiband wirklich auffängt und nach oben zurückschnellen läßt, soll es sein wie eine Wiedergeburt.

Die interessanteste Meldung kommt aus England: Sie können Urlaub in einem Original-KZ machen, mit Stacheldraht, Wehrmachtsuniformen, Flutlicht, Hunden, Schüssen, ohne Essen, dafür mit reichlich Prügel bei Fluchtversuchen und acht Stunden Hitlerreden aus Lautsprechern. 140 Mark kostet ein Wochenende, Demütigung, Hunger und Kälte im KZ, nachträgliche Zufriedenheit über Bestandenes inbegriffen.

Wer sich jetzt wundern oder aufregen will, soll es gleich wieder lassen und sich anschauen, wie wir hetzen und arbeiten und uns täglich an den Rand des Infarkts bringen beim Konkurrenz- und Leistungskampf. Kein Wunder, daß die Freizeitnervenkitzel immer perverser werden.

22.1.86

Über blonde und dunkle Typen

Also... jetzt will ich es doch endlich mal genau wissen: Wer ist denn nun eigentlich attraktiver, die blonde oder die dunkle Frau? Immer wieder flammt in Zeitschriften und Männergesprächen diese an alle Wurzeln reichende Diskussion auf. Ich erinnere mich an das Titelblatt einer Illustrierten, das verkündete: «Die Dunklen kommen!» Die kommen ja immer mal wieder als Carmen und Gudrun Landgrebe, als Bianca Jagger und Isabelle Adjani, und dann — ätsch – hat Mick Jagger auf einmal eine Blonde, nämlich Jerry Hall, Fotomodell, langbeinig (Blonde sind immer langbeinig, merken!), und Cathérine Deneuve ist wieder da als schönste Frau der Welt, und überhaupt, Marilyn können wir eh alle nicht vergessen, und nur die blonden Frauen haben das gewisse Etwas. Ist ja gar nicht wahr! Die Dunklen sind es, die Sinnlichkeit und Sünde signalisieren, und der berühmte Filmproduzent mit den T-Shirts unter dem Jackett, der sie angeblich «alle haben kann» (Originalton!), erklärt in einer Umfrage, er wolle aber nur die Dunklen.

Obwohl wir ihn nicht wollen, meine Freundin und ich, lassen wir uns nach diesem Artikel natürlich sofort tiefschwarz umfärben, um nur ja im Trend zu liegen.

Ja, von wegen! Kurze Zeit später verraten uns die Modeschöpfer, daß sie all ihre neuen Kreationen auf Blond abstimmen würden, denn die blonden Frauen, ach!, die seien einfach ALLES, Göttin und Gretchen, Gift und Unschuld, Miss Ellie und Krystle Carrington, und wir dürfen auch Rapunzel und die Loreley nicht vergessen, wie sie ihr männermordendes goldenes Haar herunterließen: Klarer Fall, wenn uns etwas nachhaltig verwirrt, dann sind es die blonden Frauen. Also: bleichen lassen.

Und dann kommt Milva daher und ist der Inbegriff der Rasse, in Tizianrot! Und die Gorbatschowa hat einen Stich ins Erdbeerfarbene, der Nancy Reagan auf hinterste Ränge verweist. Oder ist es etwa so was wie der natürliche Charme der Gorbatschowa, der solches bewirkt? Da kommt ja ein ganz neuer Aspekt in die Diskussion!

Ist es vielleicht gar nicht nur die Haarfarbe, die uns Frauen wahlweise sinnlich oder göttlich, faszinierend oder kühl-interessant, erotisch oder verführerisch oder sonstwas macht? Sollten Geist, Witz, Charme, Ausstrahlung, Natürlichkeit auch noch eine Rolle spielen? Warum aber sind dann diese tollen Frauen in der Vorabendwerbung immer erst dann so von ganzem Herzen strahlend glücklich, wenn sie endlich ihr Haar richtig koloriert haben? Und was, nun traue ich mich, die Frage zu stellen, was sind denn dann um Gottes willen meine Freundin Gudrun und ich, beide aschblond, sie mit Locken, ich mit dünnen Strähnen? Sind wir sinnlich, sind wir verwegen? Wirken wir denn gar nicht erotisch? Sollen wir verzweifeln oder uns an die Stirn tippen, wenn wieder mal von verführerischen Schwarzen und liebreizenden Blonden die Rede ist?

Na klar. Wir tippen uns an die Stirn. Denn unser Geheimnis liegt dahinter.

5.2.86

Über eine nervtötende Frage

Also... ich habe eine neue Macke. Ich kann die einfachste und häufigste Frage der Welt nicht mehr ertragen, die Frage: «Wie geht's?» Am Telefon fragt Robert: «Grüß dich, wie geht's?», und im Fahrstuhl treffe ich den Typ aus der dritten Etage, der sich bemüßigt fühlt zu sagen: «Lange nicht gesehen, wie geht's denn so?» Auf der Straße begegnet mir Tante Kläre und sagt: «Wie geht es dir, Kind, du bist so blaß.»

Das beste ist natürlich immer, man sagt auf die Frage «Wie geht's»: «Gut.» Damit ist sie beantwortet und bleibt klassisch unbeantwortet, Floskel gegen Floskel. Auch, wenn du gerade ein Portemonnaie mit dreihundert Mark verloren hast, jemand dein Auto zu Schrott gefahren hat, auch wenn du spürst, daß dir eine Grippe in den Knochen steckt, und der Kerl, in den du dich so wahnsinnsmäßig verliebt hast, dir gestern abend gesagt hat, an die Liebe könne er schon seit fünfzehn Jahren nicht mehr glauben, das hielte er alles für Quatsch. Deine Mutter hat dir heute morgen einen dieser Briefe geschrieben, die wie ein Handkantenschlag im Genick landen, und deine Waschmaschine ist ausgelaufen, und du mußt die Wohnung unter deiner renovieren lassen – «Wie geht's?» – «Danke, gut.»

Du kannst ja mal versuchen, einem dieser Routinefrager ehrlich zu antworten; du kannst im Fahrstuhl anfangen und sagen: «Mir geht es ganz beschissen, weil ich mich gestern mit meinem Chef so gestritten habe, daß ich jetzt wahrscheinlich kündigen muß, und außerdem war ich beim Arzt, und mein Kreislauf ist das allerletzte, und ich habe sexuelle Probleme und...» Spätestens hier ist allen Mitfahrern im Fahrstuhl klar, daß du jetzt reif bist für einen längeren Aufenthalt in einem weit entfernten, möglichst geschlossenen Kurheim. Es will doch gar keiner wissen, wie es dir geht. Man sagt's halt so. Neulich habe ich es selbst in Gedanken mal wieder jemanden gefragt, so im Vorbeigehen, und da kam die traumschöne Antwort: «Es muß.» Wunderbar! Es muß! Mich hat was geritten, und ich hab weitergebohrt: «Wie, es muß?» – «Na ja, es muß halt gehen.» – «Demnach geht es Ihnen nicht gut?» – «Was heißt gut, es geht so.» – «Ja, geht es Ihnen schlecht?» – «Sagen wir mal, so schlecht und recht.» – «Was ist denn so schlecht, erzählen Sie doch mal.» – «Na ja, alles so.» – «Alles geht schlecht?» – «Gott, alles natürlich nicht, aber...» – «Also, einiges geht auch ganz gut, oder wie?» – «Na ja, es muß halt, nicht wahr.»

Man kann das auf die Spitze treiben und sich am Ende an die Gurgel gehen. Man kann es natürlich auch lassen und nur die Leute fragen, bei denen es einen wirklich interessiert, wie es ihnen geht. Man kann verunsichern, indem man zurückfragt: «Wollen Sie wirklich wissen, wie es mir geht? Wollen Sie's wissen? Wieviel Zeit haben Sie, wo soll ich anfangen?» Man kann es aber auch dabei lassen, wie es bisher gehandhabt wurde: «Wie geht's?» – «Danke, gut und selbst?» – «Oh, auch gut, danke.» – «Na, denn.» – «Wiedersehen. Bis bald!»

Um übrigens die Frage zu beantworten, die jetzt in Ihnen tobt, liebe Leserin: Danke, mir geht's wirklich gut. Doch, ja.

16. 4. 86

Über Aggressionen

Also... wir kennen ja das Wort von Martin Luther: Wenn er auch wüßte, daß morgen die Welt unterginge, würde er trotzdem heute noch ein Apfelbäumchen pflanzen. Das Prinzip Hoffnung. Wenn unsere heutige Welt unterginge in all den Feuerstürmen, die sich verfeindete Ideologen angeblich zur Verteidigung ausdenken, dann hätte ein Apfelbäumchen keine Überlebenschance. Ja, was würden wir tun, wenn wir wüßten, daß morgen die Welt unterginge? Der Lehrer Hiroshi Kusunoki ließ in Japan seine Schüler einen Aufsatz schreiben, der das Thema hatte: «Was würde ich tun, wenn ich nur noch fünf Tage zu leben hätte und in dieser Zeit alles machen könnte, was ich wollte?»

Ein elfjähriger Junge schrieb: «Den ersten Tag verbringe ich mit dem Genuß köstlicher Speisen. Am zweiten Tag gehe ich in einen Salon mit elektronischen Spielen und haue dabei mindestens hundert Mark auf den Kopf. Am dritten Tag besorge ich mir ein Schießeisen, am vierten Tag reise ich um die Welt und bade am Strand von Waikiki auf Hawaii. An dem Tag, an dem ich sterben werde, schlage ich meinen Vater zusammen, ich prügele ihn und trete ihn, und dann springe ich um 23 Uhr und 59 Minuten und 59 Sekunden auf den Zug zum Himmel.» Ein Zwölfjähriger wurde noch deutlicher: Er würde am ersten Tag alle Fensterscheiben einschlagen, dann eine Bank überfallen und alles Geld verbrennen, dann würde er einmal einen menschlichen Körper so schön zerstückeln, wie es gewisse Videofilme vormachen, dann ein Haus anzünden, dreihundert Leute mit einem Auto überfahren und dann – letzter Satz des Aufsatzes: «Wenn ich alle diese Dinge tun könnte, hätte ich kein Bedauern mehr, zu sterben.»

Der Lehrer Hiroshi Kusunoki las noch viele solcher Aufsätze, in denen gemordet und gewütet wurde. Da wurden Bomben geworfen und Eltern zerhackt, und er fragte sich im Land der Lotosblüte, woher denn soviel Aggression wohl käme, und trug das bestürzt auch in der Lehrerkonferenz vor. Die Antwort der Kollegen können wir uns ja schon vorstellen, der Zeitungsbericht, dem ich all dies entnehme, teilte sie auch mit: Das läge nun mal an der allgemeinen Entfremdung der Gesellschaft und an den Großstädten und am Schulsystem und am Streß und an den destruktiven Auswirkungen der Massengesellschaft und, und, und. Alles liegt ja immer an irgend etwas, am besten an «der» Gesellschaft, das ist immer so schön unverbindlich. Ich denke mir, daß es aber vielleicht auch an etwas liegt, das fehlt, das gar nicht da ist – an einem Mangel an... Wie heißt doch gleich das Wort? Ganz altmodisch: Zärtlichkeit. Wärme. Aber das sagen Sie mal der japanischen Lehrer- oder sonst einer Gewerkschaft oder irgendwem. Nicht gefragt, der Begriff. Wir glauben an Wachstum, Wende, Fortschritt, Profit. Wir bauen Eliteschulen und dressieren Papas Liebling für den Sessel in der Chefetage, und da sitzt er dann mit eiskaltem Herzen und träumt davon, Papa zu zerstückeln.

Wenn wir mal wirklich nur noch fünf Tage zu leben haben werden – hoffentlich sagt es uns keiner vorher.

30. 4. 86

Über Gettos für Frauen

Also... ich habe auch manchmal Angst, wenn ich nachts allein durch eine besonders finstere Straße gehen muß. Es kann auch vorkommen, daß ich mich fürchte, wenn ich allein im Hochhausfahrstuhl stehe und ein Mann steigt zu. Ganz schlimm war das Gefühl, als bei einer nächtlichen Zugfahrt ein nicht gerade angenehmer Typ zu mir ins sonst leere Abteil stieg und sofort das Licht ausschaltete.

Mir ist noch nie etwas passiert in solchen Situationen. Woher also die Angst? Als Erbübel der Frauen trage ich sie mit mir, genährt durch Zeitungsberichte über Verbrechen an Frauen. Das sitzt einfach tief. Ob eine Frau von 1,85 m eigentlich auch Angst hat? Und fürchtet sich ein zarter kleiner Mann nie, wenn ein paar Rocker hinter ihm herschlendern, nur, weil er eben ein Mann ist? Was empfindet der alte Herr, wenn ein trüber Kerl sich zu ihm ins Abteil setzt, wie ist dem Türken zumute, der im Kaufhaus mit zwei Skinheads im Fahrstuhl steht?

Wir leben in einer Gesellschaft, in der Gewalt rund um die Uhr und in jeder Form angesagt ist. Vom politischen Bereich geht es bis in den privaten – Krieg, Folter, Terrorismus, Mord auf offener Straße, Totschlag um ein paar Mark, Überfälle, Mißhandlungen, Vergewaltigungen. Im Grunde müßte man bei dieser Bilanz ununterbrochen Angst haben, Angst als Lebensgefühl, und das als Frau in besonderem Maße. Bloß: Kommt man mit Angst weiter? Hilft es, wenn man nur noch in Frauenkneipen geht? Brauchen wir wirklich das Frauentaxi in der Nacht? Muß es extra eine Frauen-Mitfahrer-Zentrale geben? Was mache ich denn mit der Frauen-Park-Etage, die die Stadt Aachen eingerichtet hat, extra gut bewacht, wenn ich weit weg von der Frauen-Garage am andern Ende der Stadt was vorhabe – muß ich in einem normalen Parkhaus wirklich sofort um mein Leben zittern? Über Frauenbuchhandlungen und das Frauenmusikfestival in München Anfang März, zu dem als Publikum nur Frauen zugelassen waren, mag ich kein Wort verlieren. So stelle ich mir die Gesellschaft nicht vor. Aber die Angst – zum Beispiel in nächtlichen Parkhäusern, die kenne ich natürlich. Ich wünschte mir die Parkhäuser generell besser bewacht und beleuchtet, schließlich sind sie meist teuer genug, warum ist nur die Sicherheit fürs heilige Auto garantiert und nicht für mich? Immer mehr Extra-Einrichtungen nur für Frauen schaffen gettoähnliche Zustände. Wir müssen das Übel doch vielmehr da packen, wo es seine Wurzel hat, und nicht Schonräume bauen. Solange Männer vor Gericht noch erfolgreich behaupten können, die Frau habe bei der Vergewaltigung ja auch ihren Spaß gehabt, so lange wird sie ein drohender Prozeß zu diesem Delikt nicht sonderlich schrecken.

Die gewaltfreie Paradiesgesellschaft gibt es nicht. Aber in lauter Schutzräumen will ich auch nicht leben, und ich will nicht zucken, wenn ich nachts bloß einen Kerl sehe. Fahre ich aber von meiner Frauenkneipe im Frauentaxi zur Frauen-Park-Etage, dann kann mir das irgendwann leicht passieren.

14.5.86

Über den Atomunfall

Also ... in den fünfziger Jahren wollten sie uns versichern, daß die Aktentasche über dem Kopf vor der Atombombe schützt. Heute möchten sie uns einreden, daß uns nichts passiert, wenn wir nur nicht mit Straßenschuhen ins Wohnzimmer gehen, den Salat gut waschen und mal eine Weile auf Frischmilch verzichten. Wer ist «sie»? Es sind zumeist Herren, die wir nur aus dem Fernsehen kennen und die uns allabendlich versichern, zwar läge die radioaktive Strahlung jetzt soundso viel über dem Normalwert (ach, einen Normalwert gab es auch schon immer?), aber das sei natürlich alles kein Grund zur ernsten Sorge, man gebe nur Warnungen heraus, und schwangere Frauen müssen ja eh immer ein bißchen vorsichtiger sein als andere. Alles in Ordnung, liebe Leute, keine Panik. Nein, keine Panik. Panik hat noch niemanden gerettet. Wohl aber nachdenken, handeln, Konsequenzen ziehen. Diese Konsequenzen können sein: Wirklich eine Weile keine Milch mehr zu trinken und bei Entwarnung dann zu denken, nun sei alles wieder gut. (30 Jahre etwa bleiben die Schadstoffe, die jetzt frei wurden, im Boden.) Eine Konsequenz könnte sein, eine Weile etwas vorsichtiger zu essen und dann – man sieht ja die Gefahr schließlich nicht – wieder weiter zu leben wie bisher, vielleicht noch mit dem Kalten-Krieg-Gedanken im Kopf, daß man mal wieder sieht: Vom Russen kommt nichts Gutes, und der hat die Technik einfach nicht in der Hand. Eine Weltatommacht sollte unsicherere Kraftwerke bauen als wir? Was will man uns eigentlich noch alles einlügen, damit wir unsere Energiepolitik hier weiter als harmlos hinnehmen?

Nein, es gibt nur eine einzige Konsequenz, und die ist, die Katastrophe von Tschernobyl als einen Warnschuß zu nehmen, bei dem noch nicht viel mehr passiert ist als eine weitere Verseuchung einer ohnehin zunehmend verseuchten Welt. Da ist er, der Unfall, der angeblich so gut wie ausgeschlossen ist, eins zu einer Million, jaja. Wie der Sechser im Lotto, aber den gewinnt auch jede Woche einer, und mit jedem Kernkraftwerk wird die Trefferrate höher. Und der Wind weht die radioaktiven Wolken dahin, wo er will, nämlich quer über die Welt, ohne Unterschied der Grenzen, an denen wir so viele Atomsprengköpfe stehen haben, um sie zu verteidigen. Vielleicht ist auch dem Unbedarftesten jetzt klar, daß es keine lokal begrenzbaren Atomschläge gibt. Wenn schon ein Unglück in der sogenannten «friedlichen» Atomnutzung solche verheerenden Folgen hat, dann ist ja wohl jede weitere Diskussion über Atomwaffen der Gipfel der Perversität. Und das endlich sollte uns mit großer Wut auf die erfüllen, die uns das alles einbrocken, uns im dunkeln tappen lassen, mit halben Informationen abspeisen und uns das wahre Ausmaß der diversen Pulverfässer nie mitteilen. Welche Arroganz, jetzt die verschleiernde Informationspolitik der Russen so anzugeifern. Hat uns Herr Reagan über den Schlag in Libyen etwa informiert, wußten wir alles über Harrisburg? Wird er uns fragen, wird uns irgend jemand in Ost oder West fragen, ehe die erste Bombe fliegt? Tschernobyl muß Anlaß sein, nachzudenken über den Abgrund, an dem wir herumturnen. Wenn uns irgendein Wissenschaftsonkel mitteilt, nun sei die Strahlung nicht mehr so schlimm, kann uns das nicht interessieren. Wir wissen, wie schnell sie wieder schlimm werden kann. Wir wissen, daß wir Leukämie und Knochenkrebs nicht von heute auf morgen kriegen. Sprechen wir uns doch in den neunziger Jahren wieder. Wir wissen jetzt, daß wir mit Technologien herummanövrieren, die wir nicht beherrschen. Weg damit. Opfern wir auf dem Altar unserer neu erwachten Steinzeitängste den Göttern diejenigen, die noch immer ihre Geschäfte mit Waffen und Kernenergie machen und unsere begründeten Ängste so hochmütig ignorieren. Wir leben im Westen. Da ist noch Demokratie. Und wir haben Wahlen.

28.5.86

Über Sport im Fernsehen

Also... da müssen wir einfach durch, bis zum 29. Juni gibt es weiterhin nur ein achtbares Thema: die Fußballweltmeisterschaft in Mexiko. Mögen Kriege ausbrechen, Demokratien verschwinden oder – was seltener ist – Diktatoren gestürzt werden, mögen Flugzeuge abstürzen und Hotels abbrennen, mögen Politiker die Hände nicht schnell genug aus Kassen herausziehen, in die sie nicht heingehören, mag auf der Welt passieren was will: Ab sofort ist alles nur eine hastige Meldung wert, denn Fußball, Fußball, das ist unser Leben. Und wenn das Spiel läuft und das große Elfmeterschießen in der Verlängerung angesagt ist, dann fällt die Tagesschau eben ganz aus oder rückt in späte Stunden. Denn ob Algerien gegen Nordirland gewinnt oder nicht, das ist ja nun wirklich wichtiger als das, was sonst in Nordirland los ist, das haben wir das ganze Jahr. Wir wollen Fußball, Fußball. Und wir kriegen Fußball, Fußball: morgens von sechs bis neun im Frühstücksfernsehen «Guten Morgen Mexiko!», dann kommen vier grauenhafte, fußballose Stunden, aber um 13.15 Uhr geht es weiter mit «Mexiko extra» im ZDF oder «Mexiko – gestern und heute» in der ARD. Mexiko morgen fällt unter den Tisch. Was nach dem Fußball kommt, interessiert uns nicht mehr, und dann kommt um 17.15 Uhr das Mexiko-Magazin und um 19.30 Uhr das Mexiko-WM-Studio, und natürlich wird jeder Schuß, den die deutsche Mannschaft tut, live übertragen. In der Informationsbroschüre von ARD und ZDF zur XIII. Fußball-WM steht's: «Alle Spiele, die live gesendet werden können, werden auch live gesendet.» (Soviel ich weiß, sind das 52.) Denn, merke: «Es ist garantiert: Fußball hat Vorrang!» Ist ja gut, Männer, ist ja gut. Sendet nur, sendet 172 Stunden in vier Wochen, was etwa der durchschnittlichen monatlichen Arbeitszeit entspricht, laßt Kultur ausfallen, drängt Spielfilme weg, reduziert Nachrichten. Fußball, Fußball – fast ist es ja schön, nach einem Bildschirm-Jahr mit Boris Becker mal wieder mehrere Herren in kurzen Hosen zu sehen und nicht immer nur denselben. Aber es mehren sich die erzürnten Stimmen, und meine gehört dazu: Ist das nicht ein bißchen viel an öffentlich-rechtlich verordnetem Sport? MUSS ich das wirklich alles in meinem Fernseher haben, auch wenn ich nicht will? Ihr verkabelt doch sonst so emsig! Warum gibt es nicht, verdammt noch mal, endlich einen Extra-Kanal, der nichts anderes als Sport sendet? Ich würde den auch mal einschalten, natürlich, aber ich könnte ihn auch wieder abschalten und hätte die anderen Kanäle frei mit anderen Programmen, und ich könnte mich darauf verlassen, daß mein programmierter Video auch wirklich zu der Zeit, für die es versprochen ist, den angekündigten Film aufnimmt und nicht den hundertzwanzigsten Satz von Boris Dingens gegen Ivan Soundso. Ich bin es leid, daß der Sport sich so frech breit macht. Jede 3. Frau und jeder 5. Mann sind, einer Umfrage zufolge, auch schon dieser Meinung. Aber man fragt ja immer nur um, man ändert nix. Also müssen wir, wie die arglose Oma, in den Fernsehladen gehen und fragen: «Haben Sie auch Geräte ohne Sportteil?»

11. 6. 86

Über modische Probleme

Also... mit großem Vergnügen durchblättere ich in jeder sogenannten neuen Saison die Modehefte und staune, was sich diese Schneider aus Mailand und Paris wieder alles ausgedacht haben. Und wenn manches auch so exotisch, wie es da über die Laufstege huscht, nie in meinem Kleiderschrank landen wird und sich allenfalls auf dem Rotkreuzball in Monaco, dem Ball der Ölbarone in Texas oder den Festen der Gloria von Thurn und Taxis zeigen wird, so gehen doch von jeder neuen Mode-Idee Impulse aus: verwegene Neuheiten, phantasievolle Details, die wir aufgreifen können. Also, nur her mit immer neuen Modemätzchen. Solange ich aussuchen kann, was mir gefällt, macht mir die Sache Spaß. Aber gerade da hört der Spaß für mich oft schon auf. Weil ich mich nicht gern bevormunden lasse, was MAN trägt und was nicht. Kennen Sie auch das fassungslose Gesicht der Verkäuferin, wenn Sie in der Saison mit den Sand- und Erdfarben nach Bordeauxrot fragen? Noch nie in ihrem Leben hat die so ein Ansinnen gehört. Bordeauxrot? Was soll das denn für eine Farbe sein? Na, Weinrot, sage ich, fast nach Lila hin. Ach, sagt sie, das wird aber nie verlangt, das trägt man ja gar nicht. Ich versichere Ihnen, die gleiche Verkäuferin wird mir in zwei Jahren ein Sortiment in Bordeaux vorlegen, und dann will ich sicher gerade Petrol, und sie wird mich traurig ansehen und sagen: Petrol? Nein, das haben wir nicht, das ist nicht gefragt.

Deshalb sehen wir, neue Mode-Ideen hin oder her, eben doch immer alle ziemlich gleich aus, denn wenn Rot angesagt ist, tragen wir Rot, und wenn jetzt die Pünktchen kommen, werden Sie keine Streifen kriegen, und die Hawaiiblusen, nach denen ich seit meiner Kindheit giere, schmeißt man uns jetzt in jedem Laden nach, und es ist nichts Besonderes mehr, eine zu tragen. Mode soll doch aber was über den Träger aussagen, eben das Besondere sein? Nichts zu machen. Ich mit meinem langen Hals liebe Rollkragenpullover, aber seit zwei, drei Jahren trägt man diese idiotischen U-Boot-Ausschnitte, bei denen immer alle Träger vorgucken, oder V-Ausschnitte, die den BH freilegen, und noch dazu friert man am Hals. Rollkragen?? Unmöglich, nicht auf Lager, wird nicht verlangt. (Jetzt gerade halten sie wieder ihren Siegeszug in die Läden, die so verachteten Rollkragen. Jetzt will ich nicht mehr. Jetzt suche ich Stehkragenblusen. Stehkragenblusen? Unmöglich, das war mal, ist aber ganz out.) Statt dessen soll ich mir diese Steghosen aus den 50er Jahren wieder anziehen. Wenn mir die nicht gefallen, bleibt mir die hüftenkaschierende Bundfaltenhose. Und wenn ich es dann ganz schmal will – schmal? Nein, dann trägt man das gerade überhaupt nicht. Ist ja klar. Erst nächste Saison wieder, dann wird es nur schmale Hosen geben, und wir werden mit Fingern auf die Tonnengewölbe in den Bundfaltenhosen zeigen und sagen: Ist das nicht unmöglich? Aufheben, bis etwas wieder modern wird, nützt übrigens nix. Das ist ja das Verwegene an der Mode: Nie kommt sie ganz genauso wieder.

Die machen's mit uns, was?

25. 6. 86

Über gutes Benehmen

Also... ich habe jahrelang Benimmbücher gesammelt, diese Ratgeber des sogenannten guten Tons, weil sie zumeist wundervolle Lachschlager waren. Vor allem, was das Benehmen der Dame betrifft. Ich weiß also, daß eine Dame grundsätzlich nie zur Toilette geht, sondern immer nur zum Händewaschen, daß sie sich keine Zigarette allein ansteckt, nicht zuerst das Lokal betritt, möglichst auch nicht allein ins Lokal geht. Und wenn es doch mal sein muß, soll sie sich still in eine Ecke setzen und nicht auch noch die Aufmerksamkeit auf sich lenken. Am meisten liebe ich die Broschüre der Stadtsparkasse für neue Lehrlinge. «Wissen was sich gehört», späte 60er Jahre. Daß ein junges Mädchen, wenn es einen Raum mit ihm unbekannten Personen betritt, unverzüglich zu sagen hat: «Guten Tag, ich bin Elfriede Stapel», war bei mir jahrelang ein beliebter Kalauer, wann immer ich eine neue Redaktion betrat. Noch in den 70er Jahren half laut Benimmfibel «das Töchterchen» der Mutter beim Auftragen der Speisen, während der «Herr Sohn» sich im Keller mit Vater um die Getränke kümmerte. Irgendwann waren dann Hinweise wie der, daß im «Lichtspieltheater» einfache Straßenbekleidung ausreiche, wirklich hinfällig. Aber jetzt, wo die Turnschuhgeneration unmerklich von nackenrasierten Schlipsträgern abgelöst wird, jetzt ist auf einmal Benimm wieder angesagt, und zwar nicht das ganz normale rücksichtsvolle Benehmen, ohne das menschliches Zusammenleben selbst im Atomzeitalter nicht möglich wäre, sondern der ganze verklemmte Unfug kommt wieder hoch: Daß eine Dame nicht selbst den Mantel anzieht, wenn ein Herr in der Nähe ist, der ihr bei dieser Schwerarbeit helfen kann, daß eine Dame nicht auf beiden Beinen dasteht – «Wie männlich! Wie ungraziös!» –, sondern sich das Stehen immer einzuteilen hat in Standbein/Spielbein, daß zwar nur Königinnen und Fürstinnen die Beine grundsätzlich nie übereinanderschlagen dürfen beim Sitzen, es aber natürlich besser wäre, das gälte für alle Damen. Läßt sich aber das Übereinanderschlagen mal nicht vermeiden, dann um Gottes willen wenigstens die Knie immer vom Herrn weg. Man kann das ernsthaft wieder nachlesen in neuen Büchern, man kann es vor allem auf Benimmschulen und in Wochenendkursen lernen, man übt da, wie das Handtäschchen vorteilhaft getragen wird, wie man «schreitet», statt zu gehen, und wie man nicht «Scheiße!» sagt, wenn einem ein Blödmann ein Glas Wein übers Kleid (Kleid muß sein!) kippt, sondern lächelnd «Das macht doch nichts» haucht.

Nix gegen ein paar nette Manieren, aber daß wir plötzlich allen Ernstes wieder Elfriede Stapel sein sollen, will mir nicht in den Kopf. Darf ich dann während des Brautstandes bald auch nur noch in Begleitung der mütterlichen Freundin mit IHM ausgehen? Gerade habe ich beegriffen, daß ich im Zeitalter der J. R.s noch viel rüder werden muß, will ich mir nicht die Augen dick heulen wie Sue Ellen, da kommen die alten Prophetinnen der neuen Dämlichkeit schon wieder aus dem Mief vergangener Zeiten. Ich warte auf den ersten Kerl, der bei der Begrüßung die Hakken mit einem Knall zusammenschlägt, weil ich als Dame auf so was schon wieder Anspruch habe. Dann – dann würde ich dem gerne... aber nein: «Eine Dame ist nur dann schön, wenn sie lächelt.» Cheese.

9. 7. 86

Über eine Jugendbroschüre

Also ... in einem Punkt sind die Leute, die uns von Bonn aus regieren, immer sehr emsig: im Herausgeben von netten, kleinen, bunten Broschüren, die wahlweise Müttern, Rentnern, Arbeitnehmern oder Jugendlichen sagen, wo's langgeht. Hier tobt sich der angesagte Optimismus vielfarbig aus, schlag-auf-sieh-nach-sieh da: alles halb so schlimm, jedes Problem läßt sich lösen, zumindest auf dem Papier.

Nehmen wir mal die Broschüre «Politik für junge Leute», schön bunt, Stichwortverzeichnis zum Ausklappen mit Stichworten von A (Abitur, Abrüstung, Adoption) bis Z (Zivildienst) und mit zwei leeren Seiten für eigene Notizen, ansonsten vollgeschrieben mit Tips wie: «Niemand muß sofort die erstbeste Lehrstelle nehmen, die sich bietet.»

Na, das ist ja mächtig fein, das wollen wir mal fix den Jugendlichen sagen, die Automechaniker werden wollen und nur was als Konditorlehrling finden. Nicht annehmen! Lieber noch drei Jahre auf der Straße liegen und auf die Hilfe des Arbeitsamtes fest vertrauen: «Nur keine Scheu: anrufen und notfalls hartnäckig um einen Termin bitten!» Ach, du liebes, fernes, ahnungsloses Presse- und Informationsamt der Bundesregierung, schau, der Termin ist gar nicht das größte Problem, sondern... richtig geraten! Noch immer gibt es nicht genügend Lehrstellen für alle, auch wenn du uns so liebevoll beruhigst: «Zur Panik besteht kein Anlaß.» Na ja, Panik ist es ja auch eigentlich nicht, die Willi dann eben doch Tortenmacher werden läßt, eher Resignation. Warum geht er nicht erst mal zur Bundeswehr, der dumme Junge? Auf acht Seiten erklärt ihm die Broschüre, wie schön es da ist und wie wichtig die Präsenz von Atomwaffen als notwendiges Mittel der Abschrekkung ist. «Der Dienst jedes Soldaten ist daher Friedensdienst.» Auf Wunsch, siehe Hinweis und Anschrift, kommen die Offiziere auch gern in die Schulen und erklären Näheres.

23 Zeilen erwähnen dann auch, daß es so was wie einen Zivildienst gibt, der muß, liebe Jugendliche, natürlich länger dauern als der Wehrdienst, denn die Verlängerung «ist die wichtigste Maßnahme, um den Zivildienst zur Probe auf die Ernsthaftigkeit der Gewissensentscheidung auszubauen».

Wir fassen zusammen: Für die Abschreckung mit Atomwaffen brauchen wir kein Gewissen, für Pflegearbeit im Altersheim hingegen schon. Die Broschüre hat das Zeug zum Lachschlager, wie wir sehen. Noch ein Witz gefällig? Gern, wir schlagen Seite 115 auf, Energie und Umwelt: «Man mag gegen Atomkraftwerke einwenden, was man will: Die Sicherheit der Kernkraftwerke ist garantiert», scherzt die Bundesregierung. Ja, ihr Schlingel, nun steht ihr ganz schön dumm da, was? Und die Umweltzerstörung und das Waldsterben und die kaputten Meere und die aussterbenden Tierarten, du liebe Zeit, «so weit wir die Geschichte zurückverfolgen können, hat es für alle Kulturen Gefahren und Bedrohungen gegeben». Na, dann ist ja alles gut. Dann wollen wir mal getrost damit leben, die andern mußten ja auch. Wenn wir immer schön das Altglas in den Container tun, wird schon alles gut. Und die Broschüre in den Spezialbehälter für Altpapier, aber schnell.

23. 7. 86

Über Fantasy-Filme

Also... früher haben wir staunend erfahren, wie viele Millionen Dollar Gage ein Glamourstar für eine Rolle in einem Film bekam. Heute erfahren wir, was der Film selbst kostet, und wenn es «nur» ein Fünf-Millionen-Dollar-Film ist, dann kann das schon nichts Rechtes sein. 25 Millionen Dollar hat z. B. Petersens «Enemy mine» gekostet, dieser gigantische Schinken über die Freundschaft zwischen einem Erdenmann und einem Reptilienkerl im All. Und «Momo», das neue deutsche Fantasy-Filmwerk nach Michael Endes Erfolgsroman, kam knapp mit 12 Millionen Mark aus. Technischer Aufwand verschlingt Unsummen, und das nennt man dann «Fantasy». Fantasy aber heißt doch nichts anderes als Phantasie, Einbildungskraft, Imagination – und kommt Phantasie nicht eigentlich auf leichten Flügeln des Geistes daher?

Die Phantasie kann uns für eine Weile aus dem Alltag wegtragen in das Traumland einer schöneren Welt, und auch die phantastische Literatur kann das. Der Fantasy-Film hat fast immer mit Kampf, mit Angst, oft mit Gewalt zu tun – er versetzt uns in der Regel in den Weltraum, auf eine feindliche Galaxis zu «Außerirdischen» und «Außergewöhnlichen», die uns gerade diesen Sommer wieder in die Kinos locken wollen. Muskelstarrende Kerle mit Superwaffen kämpfen gegen unheimliche Wesen und befreien notfalls Gefangene, manchmal auch herrschsüchtige Amazonen, die ihnen gern an die stahlgepanzerte Brust sinken. Ich gebe zu: Hier habe ich jetzt einige Klischees zusammengepappt, aber das genau tut der Fantasy-Film auch. Immer bleibt am Ende der Mensch die Krone der Schöpfung, nie wird in Frage gestellt, daß sein Geist es ist, der das Universum beherrscht, und wo dem

Menschen ein E. T. vielleicht doch mal überlegen ist, da scheidet das Männlein aus dem All mit Tränen, weil es unter diesen wundervollen Menschen so viele wundervolle Freunde gefunden hat. Gewiß ist es kein ideologischer Zufall, daß die meisten Fantasy-Produktionen aus den USA kommen – Fabelwesen kann man eher beeindrucken als irdische Völker; die Sehnsucht, der starke Mann zu sein, tobt durch viele Fantasy-Filme und macht sie, neben dem technischen Riesenaufwand, immer unerträglicher. Natürlich gibt es auch die märchenhaften Fantasys – hier ist die Bedrohung allenfalls ein feuerspeiender Drache, der sich hinterher als liebes Schoßtier herausstellt. Hier reden die Felsen, und kleine blonde Kinder regieren mit sanftem Blick Weltreiche. Ja, das bleibt uns, wenn alle Phantasie sich abnutzt und zerschellt an der Realität einer mit Waffen gespickten Welt voller Hunger, Krieg, Ungerechtigkeit, Folter. Dann retten wir uns in einen unverblümten Irrationalismus, in eine mythische Zauberwelt.

«Daß Genres wie Horror und Fantasy gerade in den letzten Jahren massenhafte Verbreitung fanden, läßt auf depravierte Lebensverhältnisse der Unterhaltungskonsumenten in unserer Gesellschaft schließen.»* Depraviert heißt: entwertet und verdorben.

6. 8. 86

---

* Aus: «Romantik und Gewalt», Lexikon der Unterhaltungsindustrie, Manz Verlag, München, 1973.

Über Literatur und Fensterputz

Also... wenn die Sonne so schräg durch die Fenster fällt, dann sieht man schon, daß die Fenster verdammt schmierig sind. Ich sehe hoch von meinem Buch und denke: Müßten dringend mal wieder geputzt werden, unbedingt. Ist ja völlig milchig alles! Man merkt überhaupt nicht, daß es Sommer ist. Ich les jetzt noch das Kapitel fertig, wo Madame Bovary so traurig ist, weil Leon nicht da ist, und wo sie immer an ihn denken muß, und dann putz ich die Fenster.

Ausgerechnet die Fenster! Da brauch ich ja die Leiter, und die steht im Keller, vollgepackt mit Klamotten, alte Schuhe, glaub ich. Oder so. Die räum ich nicht extra alle runter, dann putz ich die Fenster eben nicht. Ich kann ja auch woanders anfangen, staubsaugen müßte man nämlich auch mal, wenn ich ehrlich bin. Richtig muffig sieht der Teppich aus, Muff von tausend Jahren. Madame Bovary kauft sich neue Kleider, um sich aufzubauen, das muß ich schnell noch lesen – ein blaues Kaschmirkleid mit Schärpe! Toll. Frustkauf, typisch, aber ich kann sie so gut verstehen, so was hilft, wenn auch nur kurz. Übrigens habe ich gar keine Staubsaugertüten mehr, und das ist vielleicht immer ein Zirkus – die kann man nicht einfach so kaufen, nein, die muß man bei der hochheiligen Firma per Zettel bestellen, und den Zettel find ich nie im Leben, da brauch ich gar nicht erst mit Suchen anzufangen. Ich könnte ja die Möbel mal polieren, die sehen mächtig grau aus, und wenn die Möbel schön glänzen, das ist doch schon die halbe Miete – ich fang mit dem Gläserschrank an, gleich.

Emma Bovary lernt jetzt Italienisch, bloß, um mal was ganz anderes zu machen... Ich müßte auch dringend mal was anderes machen, so geht das nicht weiter, ewig der gleiche Trott, morgen kauf ich mir auch ein blaues Kleid und lern Italienisch, aber erst polier ich die Möbel, das ist beschlossen.

Obwohl – die Küche sieht furchtbar aus. Ich müßte in der Küche anfangen, ich müßte überhaupt irgendwo gezielt anfangen und mich dann durcharbeiten. Macht man erst die Fenster oder erst die Böden? Ich weiß schon, wenn ich hinten fertig bin, ist es vorn wieder dreckig, ich kenn doch diesen Haushalt – alles sinnlos. Dieser Haushalt ist gegen mich, ich kann machen, was ich will, der stellt selbsttätig Chaos her. Zu viele Bilder, zu viele Zeitungen, Krimskrams, Noten, Nippes – alles staubt ein. Man müßte rigoroser wegschmeißen. Überhaupt, das ist die Idee! Ich schmeiß alles weg. Ich brauch doch den ganzen Plunder gar nicht, morgen schmeiß ich alles weg, ein Tisch, ein Schrank, ein Bett, ein Stuhl, aus. Weg mit dem Teppich, nackter Boden, einmal die Woche fegen, fertig. Klare Linie, keine Putzerei, keinen Ärger, auf der Matratze sitzen und lesen, was aus Madame Bovary wird – in aller Ruhe.

Aber die Fenster! Ich kann doch die Fenster nicht rausreißen. Die Fenster sind und bleiben schmierig. Ich muß sie putzen, sonst kann ich bald am hellen Tag nicht mehr lesen. Er kriegt dich einfach klein, so ein Haushalt, immer.

Hat Madame Bovary nie putzen und spülen müssen? Die Literatur erzählt uns auch immer bloß die Hälfte!

Morgen fang ich mit den Fenstern an. Obwohl, die Leiter...

20. 8. 86

Über den Sinn des Lebens

Also... was ist denn nun der Sinn des Lebens? Gibt es einen immerwährenden, oder ändert er sich je nach Lebensalter? Vor einigen Jahren war die Midlife-Krise mächtig im Gespräch, jetzt ist plötzlich von der Sinnkrise die Rede – wo er ist, der Sinn des Lebens, in einer Zeit von Bomben, Kriegen, Rüstung? Außen in der bösen Welt kann er nicht liegen, also suchen wir doch mal im Privaten: trautes Heim, Glück allein, der ideale Lebenszweck-zweck-zweck ist Borstenvieh und Schweinespeck? Und wieder fühle ich mich an mein Lieblings-Kinderbuch erinnert vom reichen Hund, der auf Seidenkissen schlief und alles hatte und dennoch seinem Herrchen weglief, denn er wußte: «Es muß im Leben mehr als alles geben.» Dieses «Mehr als alles», das wäre er ja dann, der berühmte Sinn des Lebens. Also: nicht reich sein, sondern glücklich.

Ja, was ist denn aber Glück? Gute Frage! «Erbärmliches Behagen», sagt Nietzsche, und bei Behagen scheiden sich die Geister auch schon wieder, und überhaupt, ist denn das Glück des einzelnen dasselbe wie das Glück der Menschheit? Hätten wir also alle denselben Sinn des Lebens, wenn wir endlich wüßten, was das überhaupt ist? Ach, wie verzwickt. Meinungsforscher stellen alle Jahre wieder die «Sinnfrage» in Umfragen. Vielleicht kommen sie der Sache damit näher: «Worin sehen Sie den Sinn Ihres Lebens?» fragte das Allensbacher Institut für Demoskopie 1974 zum erstenmal, und jetzt wieder. 48 Prozent der Bundesbürger sahen den Sinn ihres Lebens vor zwölf Jahren darin, «glücklich zu sein», heute, im Jahr 1986, gilt das gleiche für 62 Prozent. Also: Das eigene Glück steht als Lebensorientierung ganz vorn. Dabei macht die Familie wieder Punkte.

Hatte die Familie in älteren Umfragen an Wertschätzung deutlich verloren, wird sie jetzt für die Deutschen wieder zum Bezugspunkt. Das Glück, das man sich wünscht, scheint etwas mit Kindern, mit Familie zu tun zu haben. Verständlich: Werden die Welt, die Gesellschaft immer unüberschaubarer, die Zusammenhänge immer komplizierter, anonyme Instanzen immer kälter und bedrohlicher, dann ist Wärme nur im privaten Rückzug, im vertrauten Nahbereich von Familie zu finden.

Notlösungsglück? Ich werde mich hüten zu werten. Glück ist sehr viel Verschiedenes und sicher mehr als bloße Abwesenheit von Unglück. Aber Glück ist bestimmt nicht der «Sinn» des Lebens, es ist eher eine schöne Zugabe. Und jetzt stehen wir schon wieder vor der verdammten Sinnfrage. DER SINN DES LEBENS! Am jüngsten Tag werden wir ihn wissen. Der allerjüngste Tag, den ich kenne, ist der heutige. Die Ewigkeit hat also schon angefangen. Kann es sein, daß der Sinn des Lebens das Leben selbst ist? Und kann es sein, daß Umfrager die Sinnfrage immer nur deshalb wieder aufwerfen, weil Regierungen das gern möchten, um zu sehen, ob das Eigenheim oder das 2. Kind als Glücksziel genannt werden und ob man also die Bausparverträge oder das Kindergeld zum Stimmenfang einsetzt? Es muß wohl so sein. Denn anders läßt sich die Torheit einer solchen Umfrage gar nicht begreifen.

3.9.86

Über das Telefonat einer Mutter

Also... Hannelore ruft Katrin an und will ihr was erzählen. «Hallo? Ja, ich bin's, Hannelore. Morgen, wie geht es dir?» – «Gut, und dir?»

«Auch gut. Moment mal – du, Bennylein, laß das jetzt mal, ja, Mami will telefonieren. Du?» – «Ja?»

«Ich wollt dir was erzählen, deshalb ruf ich auch an, stell dir vor: Ich hab heute nacht von dir geträumt.» – «Ach, ehrlich?!»

«Ja, paß auf – Benny! Laß es jetzt! Ja, stell dir vor, ich hab geträumt, daß du – Benny, laß jetzt sofort die Telefonschnur los! Also dieser Bengel macht mich noch verrückt. Bist du noch da?» – «Jaja.» «Was wollte ich?» – «Du hast von mir...»

«Ach ja, ich hab von dir geträumt, und zwar warst du ganz allein auf einem Boot und – warte, du, das hat keinen Sinn. Moment mal eben – Benny! Gleich knallt's aber mal, das sag ich dir. Du reißt bitte nicht an der Schnur vom Telefon! Das geht doch kaputt! Und ich will jetzt in Ruhe telefonieren, haben wir uns verstanden? Also, das ist vielleicht ein Satansbraten – Katrin? Bist du noch da?» – «Natürlich. Was war mit dem Boot?»

«Du warst allein auf dem Boot, und da war ein See, weißt du, hinten kam Sturm auf und – Walter! Walter! Kümmer dich doch bitte mal fünf Minuten um den Jungen!» – «Hör mal, sollen wir später...»

«Nein, nein, ich wollte dir das unbedingt erzählen, weil, vorgestern hab ich noch mit Walter über Träume gesprochen, und er sagte, er träumt oft, und ich hab gesagt, also, ich träum fast nie, und nun ausgerechnet heute nacht und ausgerechnet von dir, wo wir doch gestern abend – Benny! Ich warne dich noch einmal, und du fängst dir wirklich eine. Walter!!!» – «Hannelore?»

«Ja, Moment mal. Walter!!! Es ist zum Wahnsinnigwerden hier, glaubst du das – wo war ich?» – «Hannelore, wir können doch ein andermal telefonieren, ich meine...»

«Nee, nee, laß nur, jetzt hab ich grad mal fünf Minuten Zeit.» – «Ich kann doch am Nachmittag zurück...»

«Nein, nein, ist schon okay, sag ruhig jetzt, worum geht's, was wolltest du?» – «Ich?» – «Ja.» – «Du wolltest mir doch erzählen...» «Ich? Du hast doch angerufen, oder?»

«Ich doch nicht! Du hast mich angerufen und hast gesagt, daß du von mir...»

«Benny! Bist du verrückt! Reißt der die ganzen Bücher aus dem Regal! Das räumst du alles genauso wieder ein, das sag ich dir. Katrin?» – «Ja. Du wolltest mir erzählen, was du geträumt hast.»

«Ich träum doch fast nie. So, jetzt geht der endlich raus, verdammt noch mal. Ja, raus mit dir, Benny. Tür zu! Haaaa, jetzt ist Ruhe. Also, um was ging's?» – «Komm, laß uns ein andermal, hat ja keinen Sinn.»

«Nein, jetzt hab ich grade schön Zeit, komm, sag schon, weshalb hast du angerufen?» – «Du hast angerufen, Mensch! Du! Du!»

«Bist du sicher? Benny! Du, da scheppert was ganz fürchterlich in der Küche, ich leg mal auf, ja, ich ruf dich – Katrin? Hallo? Katrin? So 'ne Kuh. Ruft hier an, weiß nicht, was sie will, und legt dann auf. Und von so einer träum ich auch noch nachts.»

17. 9. 86

Über Sport und Fitness

Also... mit mir stimmt was nicht. Alle sind so durchtrainiert und sportlich, und ich will einfach keine Jazzgymnastik machen. Warum finde ich Aerobic so blöd? Weshalb fahre ich nicht Ski und schwimme nur höchst ungern? Ich meide Trimmpfade und weiche schnaubenden Joggern aus wie ansteckenden Kranken. Warum habe ich nie den Ehrgeiz verspürt, die Hände flach auf den Boden legen zu können und dabei die Knie durchzudrücken? Ach, wirklich, mit mir stimmt etwas nicht. Ich will auf keinem Pferd sitzen und in keinem Ruderboot, ich schnall mir keine Schlittschuhe unter und wollte noch nie ein Surfbrett haben, ich will nicht fit sein, das ist es wahrscheinlich. Darum werde ich – Strafe muß sein! – im Alter auch nicht so aussehen wie Nancy Reagan, die ist nämlich verdammt fit.

Alle tragen Legwarmers, Turnschuhe, Trainingsanzüge und Frotteebänder um die Stirn. Warum nicht ich? Warum besitze ich keine Kniebundhose, keinen Wanderanorak, keine roten Kniestrümpfe, auch kein gewürfeltes Hemd? Warum habe ich keine Muskeln an den Waden, was läuft da falsch? Angeblich ist es doch toll, in kurzen weißen Röckchen und Söckchen hinter einem Bällchen auf einem roten Platz herzulaufen und es pingpong, pongping so lange hin- und herzuschlagen, bis man schwitzt und einen Sonnenbrand hat? Pam Ewing und Krystle Carrington haben phantastische Rückenmuskeln, sie machen Bodybuilding und dürfen (deshalb?) ja auch in Dallas und Denver mitspielen, so eine wie ich niemals.

Ich gehe durch den Wald spazieren und benutze den Trimmpfad nicht, ich schwimme nur mal so aus Spaß, wenn es sehr heiß ist, ich fahre ein paarmal im Jahr mit dem Rad über Land, das ist alles.

Ich trimme mich nicht, ich stähle mich nicht, ich trainiere mich nicht, ich helfe weder Jane Fonda noch Sydne Rome zu mehr Geschäften, und wenn Monika Jazzgymnastik hat, sitze ich schon wieder im Kino.

Ich bin ein Außenseiter. Ich achte zwar darauf, einigermaßen gesund zu leben, aber eben nicht «fit». Ich hab Angst, wenn sie mich einfangen wollen mit ihren Trainingsprogrammen. In der Schule konnte ich mich vor dem Sportunterricht noch leicht drücken, aber wie lange werde ich mich in dieser fitnessverliebten Gesellschaft noch weigern können, einem Turnverein anzugehören? Immer neue Ausreden muß ich erfinden, wenn die Freunde wieder auf so eine tolle Skihütte fahren oder im Sommer auf die Berge wandern, die sie im Winter so gründlich zerstört haben. Immer schweigsamer muß ich werden, wenn sie von ihren Leistungen erzählen, vom Wildwasserfahren und Drachenfliegen. Da trau ich mich nicht, zu sagen, daß mir immer schon jeder Sport ein Greuel war, daß ich nicht weiß, wozu ich noch fitter werden soll (damit ich noch mehr leisten kann?) und daß ich einfach gern faul und unsportlich vor mich hinlebe, mich im Sessel lümmele, vielleicht gerade so ein bißchen Brecht lese und in Gesammelte Werke Band 20 den Satz finde: «Das Scheußlichste, was man sich ausdenken kann, ist Sport als Äquivalent.»

1.10.86

Über das Machbare

Also... machen KÖNNEN wir inzwischen eine ganze Menge. Ob wir das immer auch machen MÜSSEN, ist eine andere Frage. (Und warum vieles, was gemacht werden könnte, nicht gemacht wird, das wäre die dritte.) Bleiben wir bei Frage zwei: Müssen wir das Weltall mit Raketen vollrüsten? Müssen wir Kunstherzen verpflanzen, Schweine mit mehr Rippen züchten, Kühe mit Tomaten kreuzen, so daß zwar die Kuh nicht Tomatensaft gibt, aber die Tomate eine lederne Kuhhaut kriegt, die bei der Ernte nicht beschädigt wird? Müssen wir Leihmütter haben, müssen wir jetzt den schwangeren Mann (Eiverpflanzung in die Bauchhöhle, Geburt durch Kaiserschnitt) möglich machen, müssen wir das Gen für menschliche Wachstumshormone auf Rinder übertragen, damit sie in halber Zeit auf die Größe von Elefanten heranwachsen? Ich mache hier keine dummen Scherze, an all dem wird herumgedacht und -experimentiert. Der österreichische Glykolwein wird zur Zeit von einer Bakterienkultur rückstandslos vernichtet, eine Million Liter sind schon weg. Im Bereich Umwelttechnologie hat man Mikroorganismen entwickelt, die Öllachen wegputzen. Wer sagt mir, daß nicht ein Gläschen mit Pestbazillen von Terroristen gleich welcher Art ins Frankfurter oder Hamburger Trinkwasser geschummelt wird?

Wo alles geforscht wird, ist auch alles möglich. Die Vernichtung der Welt auf die brutale Art mit Waffen und Bomben ja sowieso, aber jetzt kommen sie uns sanft mit Genmanipulation und Molekularforschung durch die Hintertür. Und wer blickt durch, versteht, kontrolliert, was da gezüchtet wird? Hätten Menschen nicht zu allen Zeiten geforscht, säßen wir auf den Bäumen. (Wir hätten dann allerdings erheblich mehr Bäume.) Aber ich werde das Gefühl nicht los, daß Forscher früherer Jahrhunderte Universalgelehrte waren, die ein Ergebnis philosophisch von vielen Seiten betrachten konnten. Heute sitzen Superspezialisten in den Labors und kriegen Nobelpreise für Sachen, die kaum ein normaler Mensch begreift. Wo ist für uns die Möglichkeit, «Halt, ich will das nicht» zu rufen? Wo ist eine ethische, moralische Instanz, die nicht bevormundet, sondern prüft, welche Forschung dem Menschen schadet oder nützt? Wo war sie zur Zeit der Naziversuche? Wer garantiert uns, daß nicht im Sinne geldgebender Wirtschaftsgiganten geforscht wird wie bei der Atomlobby, sondern im Sinne einer Zukunft auch für die Generationen nach uns? Wo sind die Instanzen, die falsche Schritte erkennen und stopp sagen?

Ich will den schwangeren Mann nicht. Er ist so gräßlich überflüssig. Aber er ist mir lieber als der Kerl, der die Schallpistole erfunden hat, mit der man einen Menschen ohne Blut und Lärm töten kann, indem man mit Schallwellen sein Gehirn vernichtet. Ich will nicht, daß es alles gibt, was es geben kann. Ich halte uns nicht für mündig genug. Weil ich aber weiß, daß auch bisher immer alles gemacht wurde und sich immer sofort ein Markt dafür fand, habe ich wenig Hoffnung auf Vernunft und Ethik.

15.10.86

Über Müsli und Maschinen

Also ... sagt mein sogenannter Lebensgefährte, wir brauchen eine anständige Küchenwaage. Ich weiß nicht genau, was der Unterschied zwischen einer anständigen und einer unanständigen Küchenwaage ist, aber ich nehme an, die unanständige ist das Modell meiner Oma: aus Gußeisen, mit großen Zeigern und zwei Porzellanwaagschalen. Die anständige Küchenwaage, von der er träumt, wird so ein hochqualifizierter Wiegecomputer sein, der dir, wenn du drei Pfund Zwetschgen wiegst, das Gewicht der Kerne ausrechnet und sofort abzieht und außerdem auf einem Digitalanzeiger mitteilt, was diese Zwetschgen im freien Fall im Weltall wiegen würden.

Da wir neuerdings unsere Marmelade selber kochen, brauchen wir wohl das anständige Stück. Es könnte neben unserer Schrotmühle stehen, die so schlicht aussieht, aber innen einen raffinierten Elektromotor hat, der die Körner für das Brot, das wir jetzt selber backen, millimetergenau nach Wunsch zerkleinert. Auch die Nüsse fürs Müsli kommen in die Schrotmühle. Wir leben nämlich gesund. Wissen Sie, nach dem Tschernobyl-Schock wollen wir wenigstens an unserm mit Sand gescheuerten Holztisch sitzen und aus ganz einfachem Tongeschirr ganz irrsinnig gesunde Sachen essen, die wir in unserem vollautomatischen Herd mit Zeituhr backen und kochen und grillen. Der Maschinenpark wird, seit wir so gesund leben, zwar immer größer, aber dafür haben wir minutenschnell im Gemüsehacker zerkleinerte Möhrchen. Der einzige ungesunde Luxus ist der Espresso aus dieser wahnsinnig schrillen italienischen Espressomaschine, Chrom mit Hebeln vorn, aber sogar Espresso soll ja magenfreundlicher sein als deutscher Bohnenkaffee, und wir mahlen ihn jeweils ganz frisch und in kleinen Portionen in der hochempfindlichen elektrischen Kaffeemühle, die man je nach Wetter – feucht oder trocken – extra einstellen muß. Unsere Spülmaschine ist das neueste Modell mit Schonwaschgang. Und wo früher dieser eine scharfe Reiniger stand, der alles schaffte, zeugen jetzt ganze Batterien freundlicher Bio-Fläschchen vom neuen Bewußtsein für die Umwelt. Auch da, wo mal ein Abfalleimer war, stehen nun drei bis vier: für Blech und Batterien, organische Abfälle, Altpapier und Altglas, nach Farben geordnet natürlich. Wir geben uns Mühe. Und dann sitzt dieser junge, unbekümmerte Ingenieurstudent, Fachgebiet Müllbeseitigung, bei uns in der Küche und grinst: Das, sagt er, könnt ihr euch alles sparen, in eurer ländlichen Gegend hier kommt sowieso alles auf dieselbe Kippe, die haben nicht damit gerechnet, wieviel Leute das konsequent machen, so viel Glas und Papier können die gar nicht recyclen. So viele Glas- und Papierfabriken gibt's in der ganzen Umgebung nicht. Die sammeln das doch nur noch getrennt ein, um den Bürger zu beruhigen.

Erbost will ich etwas sagen. Aber dann starre ich auf unsern Maschinenpark, der das gesunde Leben erst schönmacht, und habe sowieso das Gefühl, daß da schon lange etwas schiefläuft. Und nun auch noch eine anständige Küchenwaage...

29.10.86

Über die Qual des Bebilderns

Also... der Unterschied zwischen Radiohören und Fernsehen liegt, wenn ich mich nicht irre, darin, daß man beim Radio nur etwas hört, während man beim Fernsehen auch etwas sieht. Beispiel: Ich höre in den Nachrichten, daß sich Kohl und Mitterrand zu Gesprächen in Paris getroffen haben, Punkt. Im Fernsehen sehe ich, wie Kohl aus dem Flugzeug steigt und Herren begrüßt, die alle genauso angezogen sind wie er, und dann fahren sie mit schwarzen Limousinen in die Stadt, und später sehe ich, wie Kohl und Mitterand lächeln und sich die Hände schütteln. Höchst fesselnd, das. Als Genscher neulich nach irgendwo fuhr, um sich mit irgendwem zu treffen, sah ich Genscher aus dem Flugzeug steigen, begrüßt von täuschend ähnlichen Herren, und dann fuhren sie alle in schwarzen Limousinen zum Rathaus, und später schüttelte Genscher irgendwem kräftig die Hand, das war vielleicht aufregend!

Jaja, die Welt der schönen Bilder. Ganz spannend wird es, wenn unser Korrespondent aus Dingsbums berichtet, übers Telefon, und ich darf drei Minuten sein Standbild mit Telefon sehen, da feiert das Fernsehen Triumphe der Ästhetik, der Aussagekraft des Bildes, der Phantasie, der, ach, ich weiß nicht. Ganz begeistert bin ich auch immer, wenn jemand einfach nur dasitzt, in die Kamera starrt und auf mich einredet. Da ist Leben! Da ist Bewegung! Das kann das Radio nicht, mir zeigen, wie korrekt die Krawatte sitzt. Heute versteh ich, warum Grzimek, das schlaue Schlitzohr, immer wahlweise possierliche Äffchen oder heimelige Murmeltiere oder irgendwelche Würgeschlangen an sich herumturnen ließ – er wollte ablenken von dem, was er sagte, und vertraute voll auf die Macht bewegter und bewegender Bilder. Deshalb wohl auch hat die liebenswerte Dame, die mir das Dritte Programm ansagt, ein verführerisches Strohblumengesteck vor sich auf dem Tischchen. Wir sind ja im Fernsehen, da muß, da soll es schön sein, da soll die Optik uns fesseln!

Ach. Da kommt er nun, der Mann, der mir das Wort zum Sonntag spricht, und er weiß nicht, wie er das Medium Fernsehen nutzen kann. Und niemand scheint darüber nachzudenken, wie man die Pein des Bebilderns lösen, lindern könnte. Da ging im Schweizer Fernsehen einmal in derselben Sendereihe ein Pastor in Stiefeln und Strickjacke über ein Feld, und während er davon sprach, wie lieblos Menschen oft miteinander umgehen, nahm er einen Salatkopf hoch, blätterte ihn verschmitzt auf und sagte: Der hat es gut, der hat das Herz direkt im Kopf. Ein andermal hing er während des Wortes zum Sonntag am Reck, erklärte bei Auf- und Abschwüngen das Auf und Ab des Lebens und die Notwendigkeit, sein Gleichgewicht dabei zu finden. Er sprach nicht nur wunderbar, dieser Pastor Sieber aus Zürich, er hatte auch Bilder dazu erfunden. Und über die hatte er sicher zuvor nachgedacht – das ist natürlich Arbeit. Kann man ja nicht von jedem verlangen. Also: Händeschütteln, Limousinen, Telefon, guten Abend, meine Damen und Herren. Enorm faszinierend, nicht?

12.11.86

Über ein Versicherungsproblem

Also... ich möchte meine Phantasie versichern lassen, sage ich zu dem Versicherungsvertreter, der laut Werbung immer Zeit und Rat für mich hat. Machen wir, sagt er, ich komme vorbei. Er kam. Was ist sie denn wert, Ihre Phantasie, fragte er. Das weiß ich nicht, mußte ich ihm antworten.

Er lächelte milde. Wissen Sie, sagte er wie zu einem kranken Kind, wir können nur Dinge versichern, die einen definierbaren, schätzbaren Wert haben. Na, sagte ich, dann lassen Sie meine Phantasie doch mal schätzen. Er sah mich mit diesem Lächeln an, das nur durch langen Umgang mit schwierigen Klienten entstehen kann. Sie wollen sich einen Spaß mit mir machen, ja? Ich kenne Sie doch, Sie und Ihre Kollegen! Nein, nein, habe ich ihm geantwortet, sehen Sie, ich meine das ganz ernst. Ich habe Phantasie, und ich brauche sie, täglich, denn ich lebe davon. Ich schreibe Geschichten, Glossen, Kolumnen. Sehen Sie, mein Haus hier – das ist alles aus Wörtern erbaut, aus Phantasie.

Ich verstehe, sagte er, und verstand nun gar nichts mehr.

Ich möchte, fuhr ich fort, meine Phantasie deshalb unbedingt versichern lassen. Sie darf mir nie versiegen. Wenn ich eines Tages krank werde...

Er strahlte: Wir machen eine Ia Krankenversicherung für Sie! Wenn Sie krank sind, lassen Sie sich krank schreiben, wir zahlen Krankentagegeld, der Fall ist geritzt. Nein, sagte ich, das war nur ein Beispiel – ich muß nicht krank sein, um keine Phantasie zu haben, manchmal habe ich sogar erst recht welche, wenn ich krank bin. Aber um zu arbeiten... Ich hab's rief er. Verdienstausfallversicherung, das ist es. Gut, was? Nein, sagte ich. Sie verkennen das Problem. Das Verdienen ist mir nicht so wichtig wie meine Phantasie, wenn das eine auch oft erst das andere bedingt. Aber gegen Verdienstausfall will ich nicht versichert werden, sondern gegen Phantasieausfall. Wenn ich phantasielos schreibe, kauft man mir meine Geschichten nicht mehr ab. So einen Fall, murmelte er, haben wir an und für sich noch nicht gehabt. Sehen Sie, sagte ich, es gibt Leute, die haben mehr Phantasie als andere. Die schreiben immer etwas Neues, da kommt unsereins nicht mehr nach. Peter Härtling zum Beispiel... Kenn ich nicht, sagte er, ist bei uns nicht versichert. Auch nur ein Beispiel, versuchte ich es noch mal. Härtling hat einfach mehr Phantasie als ich, und ich...

Da müßten Sie mal rauskriegen, was der so ungefähr verdient, sagte er, dann könnten wir dementsprechend... Nein! schrie ich, ich will nicht so viel verdienen wie Härtling, ich will nicht mal soviel Phantasie haben wie er, ich will nur die Phantasie, die ich habe, versichern lassen. Ich denke, Sie versichern alles?

Er will auf der nächsten Versammlung das Problem zur Sprache bringen. Das Thema, sagt er, sei interessant, das habe ihn gepackt, diese Lücke im Versicherungswesen, was die Phantasie beträfe, müsse geschlossen werden. Jetzt grübele ich, ob ich recht daran tue, mit meiner Phantasie eine Lücke im Versicherungswesen zu schließen!

26.11.86

Über weggeworfene Erinnerungen

Also... jetzt begehe ich eine Riesendummheit: Ich werde versuchen, den 14- bis 16jährigen etwas aus dem reichen Schatz meiner Erfahrungen mitzugeben, und das hätte mit mir mal einer wagen sollen in dem Alter. Aber laßt es mich wenigstens versuchen.

Ich war schon immer Weltmeister im Wegwerfen: Was ich nicht mehr trage, nicht mehr leiden kann, überflüssig finde – weg damit. Briefe von verflossenen Lieben – bloß weg damit. Tagebücher, vollgeschrieben mit Seufzern und höchst erregenden Bekenntnissen: ja nicht verwahren! Erstens könnte jemand das lesen, zweitens ist ja heute schon alles nicht mehr wahr. Kaum war ich verliebt, flogen die Puppen in die Mülltonne; blöder Kinderkram, aus den Augen damit, aber schnell. Der Teddybär hielt sich am längsten. Und eines Tages holte ihn meine Mutter, von der ich diese Wegwerfneigung geerbt habe, unterm Bett hervor, wo er sich versteckt gehalten hatte, und sagte: Bah, ist der dreckig, und dafür bist du schon zu groß. Weg war er. Ich gestehe, in diesem Moment hatte ich ein wehes Gefühl von Verrat. Ich hab's verdrängt.

Und vor ein paar Tagen stand ich im Spielwarenladen, um den ersten Teddy für das erste Kind einer Freundin zu kaufen. (Wußten Sie, daß ein guter Teddy, mittelgroß und nicht aus Plastik, unter hundert Mark kaum zu kriegen ist? Das nur nebenbei.)

Da war es plötzlich wieder: dieses Gefühl von Verrat, die Erinnerung an all die Tränen, die der Teddy mir mal getrocknet hatte, an alle Nächte, die er in meinem Arm gelegen hatte, ach, seien wir ruhig mal sentimental: die Erinnerung an das verlorene Kind in mir. Will ich heute wissen, wie ich früher war, gibt es kaum noch

Also, wie ist das nun ...

... mit dem Sparen? Soll man immer nur sparen und sich möglichst viel versagen, oder darf es auch mal ein sündhaft teures Extra sein, das eigentlich über die Verhältnisse geht?

Alles gleichzeitig kann man bekanntlich nicht haben, aber vieles nacheinander, wenn man konsequent spart. Dann bleibt auch die spontane Ausgabe eine ungetrübte Freude – weil man sie sich leisten kann.

Pfandbrief und Kommunalobligation

Meistgekaufte deutsche Wertpapiere - hoher Zinsertrag - bei allen Banken und Sparkassen

Verbriefte Sicherheit

Fotos. Es gibt keine Kinderbücher (wo ist «Die grüne Schule»?), es gibt kein Spielzeug und kein Poesiealbum, keine Kinderbriefe, keine frühen Gedichte, nicht mal mehr den Teddy. Alles weg. Und ich gäb was drum, wenn...

In meinem Regal stehen Bücher, die ich nie wieder lese. Die stehen und stehen, ich bringe es kaum je fertig, eins wegzuwerfen – angelernte Pietät der ehemaligen Studentin gegenüber dem Heiligtum Buch. Aber wehe, ich wachse über eine Liebe hinaus – schwupp, schon sind Briefe, Fotos, Geschenke im Müll, und jedesmal tut es mir – irgendwann – bitter leid. Ja, was will uns die Schreiberin eigentlich damit sagen? Sie weiß es ja selber nicht. Sie wollte im Grunde nur das wehe Verlustgefühl beim Anblick eines Teddys, mittelgroß, Glasaugen, Charakter, 51% Wolle, 49% Baumwolle, schildern. Und vorsichtig darauf hinweisen, daß man vielleicht doch nicht alles vernichten sollte, was daran erinnert, daß man gestern kleiner war als heute.

Ich werde aufpassen, was das Kind mit dem Teddy macht, den ich ihm geschenkt habe. Ich werde ihn und das Kind vor einem elenden Trennungsschicksal bewahren, wenn die Mutter sagt: Den brauchst du ja nicht mehr. Den braucht man immer!

Auf meinem Sofa sitzt jetzt auch wieder einer. Es wird lange dauern, bis er richtig lebendig aussieht, aber wir haben ja Zeit, der Bär und ich.

10.12.86

Über das ganz Coole

Also... wir leben in einer irrsinnig coolen Zeit, das ist schon irgendwie toll ist das. Lächeln ist nicht angesagt, höchstens die Politfuzzis im Fernsehen grinsen sich einen ab, aber wir stehen gelangweilt an der Bar, wenn wir unsern Gimlet trinken, mein Gott, wir sind mehr für Null-Konversation. Wir haben doch alles schon erlebt. Wir sind doch schließlich schon 40!

Wo wir nicht cool sind, da sind wir flott und lässig. Wie dieser dynamische Redakteur, der eben mal anrief – «Du, wir machen da so 'ne rot-grüne Sendung, und für die letzten drei Minuten wollten wir 'n Kabarettisten einkaufen, damit die Post abgeht, wir dachten da an dich, du machst das doch so easy». Klaro, Mann. Ich kann mir dich so richtig vorstellen in deinen lässigen Bundfaltenhosen und deiner Jacke aus italienischem Knitterleinen und dem Dreitagebart, wie du gerade eine echte Havanna rauchst, wenn ich komme. Dann gehen wir ins Studio, und du sagst: «So, laß uns mal 'n Happen warmquatschen, und dann gehen wir gleich auf Rille, und in fünf Minuten hast du das schon easy runtergerissen.» Sag ich doch. Immer easy.

Wir sind 40! Wir müssen uns verdammt bemühen, irgendwo dazuzugehören. Bei der Jugend sind wir nicht mehr so ganz gefragt, zu den Alten gehören wir auch noch nicht, aber wir erinnern uns doch noch an «All you need is love», da-doo-ron-ron machen wir, wenn wir die Beatles im Radio hören, und auf Partys stehen wir nebeneinander und schauen durch die Panoramascheibe in den Park und haben dieses wehe Gefühl in der Brust, «sentiments of a lost generation», irgendwie verloren. Nicht mehr jung und noch nicht alt, die meisten Illusionen gestutzt, viele Träume begraben, um drei Kilo Hoffnungen ärmer, um zehn Sack Erfahrungen reicher. Wir stehen in der Mitte des Lebens und reden grinsend über unsere, haha, Lebensmittelkrise, aber hinten kriecht was den Nacken hoch, und wir denken an das Bild, das Opa mal gemalt hat, «bis vierzig, mein Kind, geht es aufwärts, dann stehst du oben und siehst erstmals den Weg abwärts vor dir, der Abstieg beginnt». Komisch, wir haben nicht mal panische Angst vorm Älterwerden, bloß dieses bodenlose Gefühl unter den Füßen, wozu wir denn jetzt (jetzt!) gehören. Klar, die Jeans passen noch, aber auf einmal können wir auch das kleine schwarze Kostüm und das Hütchen mit dem Schleier tragen, und es ist auch schon recht lange her, daß wir im Geschäft geduzt wurden.

Das macht cool. Wer friert, der hängt sich halt ein Mäntelchen um, ein superlässiges. Es muß ja keiner wissen, daß man darunter zitternd auf den Briefträger wartet oder auf einen Rosenstrauß. Wir möchten ganz gern statt «ciao» mal wieder «auf Wiedersehen» sagen und statt «so long» «behalt mich lieb», aber wie hört sich das denn an, bloß weg mit diesem Seelenschrott – kann ich noch einen Gin-Tonic haben? Ohne Eis bitte.

Dabei hätte ich so gern eine heiße Milch mit Honig, ans Bett gebracht, und jemanden, der zu mir sagt: «Gott schütze dich.» Ich sag's aber keinem. Macht so alt. Da-doo-ron-ron.

29.12.86

Übers Autofahren

Also... Großvater war um die Jahrhundertwende Chauffeur bei ganz feinen Leuten, und er soll gesagt haben, daß dazu Intelligenz, Feingefühl, geradezu philosophische Gelassenheit und Sachverstand gepaart mit Charakterstärke einfach unerläßlich seien – nicht etwa bei der Behandlung der ganz feinen Leute, sondern zum Führen eines Motorkraftwagens.

Ach, Großvater, wie sehne ich mich nach deinen Eigenschaften, wenn ich die schneidigen Sportfahrer durch unsere stille Wohnstraße brettern sehe, als gälte es für Formel I in Monte Carlo zu üben. Die dritte Katze haben sie uns nun schon totgefahren, eine davon, wie ich vom Fenster aus mit ansehen mußte, ganz absichtlich. Es muß sich doch lohnen, so viel geballte Kraft unter dem Hintern zu haben.

Im Kino nehmen sie das Auto schon längst als Tatwaffe: Da säbelt Steve McQueen in Peckinpahs «Getaway» tragende Säulen von Häusern um, krachbumm, egal, wer unter den Trümmern begraben wird, wenn nur unser Held der Polizei entkommt. Da donnert in Hitchcocks «Familiengrab» ein sympathisches junges Paar eine steile Bergstraße runter und drängt alles in die Schlucht, was und wer da so entgegenkommt. Den Schrott brauchen wir ja für den Fortgang der Geschichte eh nicht mehr, wenn nur das sympathische junge Paar durchkommt. Und James Bonds Autos sind wahre Kriegsmaschinen. Die Bremse als Angstschrei. Der Verfolger klebt am Baum, und 007 strahlt: Gut gemacht, Wägelchen!

In Steven Spielbergs «Duell» ist nicht mal mehr der Mensch als Führer der Maschine zu sehen: Da wird ein Autofahrer von einem wildgewordenen Lastwagen kilometerlang über die Highways gejagt. In John Carpenters «Christine» ist das Auto die Geliebte, die nur den Herrn und Meister schützt und alles, was ihr sonst zu nahe kommt, zermalmt.

Früher ritten sich die Westernhelden mit der Hand am Colt auf der Dorfstraße entgegen, heute siegt der mit dem stärksten Auto. Und irgendwas von dieser Mentalität sickert durch ins Fahrverhalten des normalen Autofahrers. Wie ein dressierter Schäferhund sitzt er da mit seiner geballten Kraft, und plötzlich dreht er durch und hängt dir blinkend, hupend, gestikulierend an der Stoßstange. Er hat all diese Filme gesehen und will dir jetzt zeigen, was eine Harke ist, und wehe, du gehst nicht sofort rechts rüber.

Ganz klar, das Auto ist aus unserem Leben nicht mehr wegzudenken. Aber Mensch und Maschine sind keine gute Allianz eingegangen. Ach, Großvater, ich denke so oft an dich, denke an Eigenschaften wie Klugheit, Einfühlungsvermögen, philosophische Gelassenheit, Charakterstärke und an die Lust am Autofahren. Der Spaß am Steuer bleibt so kläglich auf der Strecke, wenn einen die blassen Wichtelmännchen in den blitzenden Chrompanzern vor sich herjagen und denken, sie wären James Dean. Dächten sie es doch wenigstens zu Ende... wie ist James Dean noch gleich gestorben? Richtig! Aber im Film kommen die Guten ja immer durch.

14.1.87

Über zuviel Kommerz und zuwenig Pietät

Also... wir wissen aus Kino und Fernsehen, daß Tote keine Karos tragen, daß der Tod um Mitternacht kommt, daß er keine Wiederkehr kennt, daß er im Orientexpreß und in den Wolken lauert, und nicht nur auf Handlungsreisende. Wir haben erstaunt gesehen, daß Tote wiederkehren und dann – etwa in Denver oder Dallas – ganz anders aussehen (schwerer Unfall! Schönheitsoperation! Er war gar nicht wirklich tot!). Nur wir armen Normalmenschen müssen eines Tages dran glauben und kommen nicht mit neuer Nase in der nächsten Folge wieder.

Das Thema ist tabu – allenfalls in Satiren darf darüber gescherzt werden, ansonsten fällt es unter die Rubrik Pietät und Takt und entzieht sich dem Zugriff kecken Unternehmergeistes. Von wegen: Immer mehr clevere Geschäftsleute kommen auf neue Ideen in puncto Bestattung. Kommerz war das eh schon immer, der teure Eichensarg, der Extrablumenschmuck, die Kerzen, der Orgelklang, da wurde und wird tüchtig kassiert, Trauernde fragen nicht nach so was Banalem wie Geld. Aber das Geschäft weicht auf – da bietet z. B. ein Mann in Amerika seine Dienste für das Do-it-yourself-Begräbnis an: Für eine im Rahmen gehaltene Bezahlung verleiht er, was man braucht – Schaufel, Leichenwagen, Seile zum Herablassen des Sarges, er gibt Ratschläge und steht diskret zur Seite, bis wir Tante Helen so unter die Erde gebracht haben, wie wir das nett finden. Eben in aller Ruhe, und sie darf die grüne Strickjacke anlassen, die sie immer so liebte. Kein Bestattungsunternehmen treibt zur Eile, weil der nächste liebe Tote schon wartet. In Amerika gibt es für Eilige die Schnelltrauer: Stirbt wieder jemand aus der Firma und man kann und will sich das lange Herumstehen auf dem Friedhof nicht leisten, dann wird der Sarg am

Friedhofseingang aufgebaut, man fährt kurz mit dem Auto dran vorbei, stilles Gedenken, und ab an den Schreibtisch, das Leben geht weiter, und für Mr. Miller von Feuer/Unfall kann man nicht den ganzen Vormittag opfern, der war sowieso nie ein besonders angenehmer Kollege. Wer zum Himmel blicken und sich vorstellen möchte: «Da oben schwebt Opa!», der kann das haben: Für tüchtig Dollars füllen die Amerikaner Opas Asche in ein lippenstiftgroßes Blechgefäß – und hoch damit ins Weltall, da kann Granddaddy kreisen und nächtens mild herunterleuchten. Ob sich der clevere Leichenbestatter mit seiner Idee durchsetzt, bei der Einäscherung die kalte Leichenhalle mit dem teuren Verblichenen selbst (wo der doch sowieso verbrannt werden wollte) zu erwärmen – um Energie zu sparen und damit die Angehörigen nicht frieren –, das wage ich zu bezweifeln.

Lehnt man alle Neuerungen ab und will bei der herkömmlichen Bestattung bleiben, ist zumindest Vorsicht empfohlen. Arbeitet doch ein Bestattungsunternehmer in New York mit der Mafia zusammen – in jedem Sarg braver Kunden lag zugleich auch ein neues Opfer der Mafia.

Wir sehen: Man lebt unter Umständen nicht nur zweimal, man kann auch doppelt begraben werden!

28. 1. 87

Über Briefe

Also... wenn ich auch mal keck etwas auf Häuserwände sprühen würde, dann die Botschaft: «Es lebe der Brief, nieder mit dem Telefon!» Wie schön, wenn dieses Telefon endlich mal nicht klingelt, wie grauenhaft aber, wenn der Briefträger nicht kommt! Zugegeben, er bringt auch viel dummes Zeug, aber letztlich ist er immer noch ein ersehnter Bote. In meinem Zimmer hängt ein gestickter Haussegen der Jahrhundertwende – er zeigt auf vergilbtem Foto einen ernsten Briefträger, umstickt mit dem Vers: «Der treue Bote bringet gern/ die Nachricht uns aus nah und fern. / Im Sturm und Wetter, Freud und Leid/ der Segen Gottes ihn begleit'.»

Außer dem Briefträger ist auch noch der Mann wichtig, der den Briefkasten leert – dank der Rationalisierungswut der Post geschieht das ja leider immer seltener. Kennen Sie die Dramatik der vor so einem Kasten verbrachten Stunden, wenn man wieder mal zu schnell und zu gründlich die Macht der Liebe geleugnet oder sonst irgendeinen Unfug geschrieben hat, der auf keinen Fall je aus diesem Kasten heraus in die Welt reisen darf? Endlich kommt um 18.45 Uhr der Mann mit dem Schlüssel und dem Postsack, und nun heißt es flehen und schluchzen, damit er jenen länglichen Brief mit der braunen Tinte an den Herrn in F. unbedingt sofort wieder herausrückt, sonst... sonst... Er tut es, und man kann selig das böse Machwerk in tausend kleine Schnitzel reißen.

Der Kenner schreibt mit Tinte, echte Briefschreiber haben das Wort «Kugelschreiber» noch nie gehört, sie benutzen das köstliche Schreibgerät, das 1883 von einem Herrn Louis Waterman erfunden und Füllfederhalter genannt wurde. Der Füllfederhalter hat etwa auszusehen wie eine gute Havanna-Zigarre und ist mit echter Tinte zu füllen. Echte Freunde schreiben mit echter Tinte. Echte Freunde telefonieren nicht miteinander. Sie setzen sich hin, denken nach, bringen etwas zu Papier, ziehen den warmen Mantel an, gehen zum Briefkasten. Sie haben das Vertrauen, etwas so Persönliches wie einen Brief aus der Hand zu geben. Das Telefonieren kann jeder, das Briefeschreiben, das früher mal so selbstverständlich war, müssen viele Leute erst wieder lernen. Ach, lernten sie es doch! Ich bilde mir ein, die Welt wäre mit mehr Briefen etwas freundlicher, obwohl natürlich auch in Briefen unglaubliche Dinge stehen können. Das sind dann nicht die, die man mit Seidenbändchen umwickelt und ganz hinten im Schrank verwahrt, damit sie noch den Enkeln Kunde geben von der Leidenschaft der Großmutter. Natürlich sind Liebesbriefe die wichtigsten Briefe überhaupt, geschrieben in diesem Zustand unnatürlicher Hitze, voll mit Sätzen, auf die man an einem normalen Donnerstag nie gekommen wäre, aber heute...! (Kann es sein, daß ich mich zuweilen nur verliebe, um wieder solche Briefe schreiben zu können?) Ist es schöner, Briefe zu schreiben oder zu bekommen? Das läßt sich nur von Fall zu Fall beantworten. Sicher ist, daß man überhaupt nur welche bekommt, wenn man welche schreibt. Also dann, worauf warten Sie noch?

11.2.87

Über den Sinn im Unsinn

Also... da lese ich doch in einer ernstgemeinten Broschüre tatsächlich die Aufforderung: «Fällen Sie (quasi zur Übung) jede Woche mit stumpfen Äxten fünf größere Ölbäume im verwilderten Labyrinth am Park.»

Der Satz erbost mich und gibt mir sehr zu denken. Daß ich mich körperlich mehr ertüchtigen müßte – gut, geschenkt. Aber gleich Bäume fällen? In dieser Zeit des Baumsterbens? Die sind ja wohl verrückt. Und das soll ich auch noch jede Woche machen, und nicht nur einen, nein! Gleich fünf Bäume sollen dran glauben, nur so, quasi zur Übung: Das bedeutet, in einem Jahr muß ich 52 × 5 = 260 Bäume fällen, aus Jux und Dollerei! Und wenn ich es täte, angenommen, ich wäre so skrupellos – können Sie mir sagen, wohin ich mit 260 Bäumen soll? Wer zersägt die? Aber ich fälle ja nicht. Und schon gar nicht mit stumpfen Äxten. Soll ich mir Schwielen an den Händen holen und ein kaputtes Kreuz und wie ein Idiot dastehen mit meiner stumpfen Axt? Und dann soll ich gleich fünf...

Aber daß diese Leute nicht ganz dicht sind, die mir solche Vorschläge machen, das sieht man schon daran, daß ich ausgerechnet Ölbäume fällen soll. Glauben die, ich fahre wegen ihrer blödsinnigen Übung extra in die Toskana, um auf die letzten Olivenhaine einzuhauen, die noch nicht zu Baugrund für die Villen naturhungriger Berliner Schickeria wurden? Aber wenigstens gibt es ja einen Hinweis, wenn auch noch so sparsam: Im verwilderten Labyrinth am Park soll ich mein Zerstörungswerk tun – wo? An welchem Park? Ich gehe in kein Labyrinth, ich bin doch nicht lebensmüde, nachher irre ich da Jahr um Jahr mit diesen blödsinnigen stumpfen Äxten herum und komme wirklich erst wieder heraus, wenn ich jede Woche fünf Ölbäume umhaue, nein, der ganze Ratschlag ist zu verwerfen. Wer sich so was auch bloß immer ausdenkt, aber heutzutage drucken sie ja alles. Wo man über glühende Kohlen gehen muß, um zu sich selbst zu finden, oder den Urschrei üben, da hilft es vielleicht auch, in irgendeinem Labyrinth an irgendeinem Park mit irgendwelchen Billigäxten arme Ölbäume abzuhauen, nur um ein Ich-Erlebnis zu haben. Ach was. Alles dummes Zeug. Vor Jahren, als ich meine erste gute Schreibmaschine kaufte, gab es in der beiliegenden Übungsbroschüre schon mal so einen schönen Satz. Er hieß: «Zwölf Boxkämpfer jagen Victor quer über den großen Sylter Deich», und auch darüber habe ich lange gegrübelt – armer Victor! Warum? Und gleich zwölf! Und wieso denn quer? Jetzt, bei der zweiten Schreibmaschine, werden halt (wieder laut Übungsbroschüre) mit stumpfen Äxten Ölbäume in verwilderten Labyrinthen gefällt, und alles nur, um sämtliche Buchstaben des Alphabets in einem einzigen Satz zu üben und so das Schriftbild der Maschine ganz und gar zu sehen. Und so widme ich denn diese blödsinnige Betrachtung allen, die meinen, Politik und Welt und Zeit hätten in einer Frauenzeitschrift nichts zu suchen. Dies ist einfach nur – dummes Zeug. Helau.

25. 2. 87

Über Wohnungen

Also... wenn ich mich nicht verzählt habe, dann ziehe ich in diesen Tagen zum 17. Mal in meinem Leben um (diverse Studentenbuden, mit- und vorübergehende Aufenthalte in den Wohnungen vorübergehender Herren abgerechnet). Und wieder ändert und reduziert sich der Haushalt total. Nie passen die alten Möbel in die neue Wohnung. Wieder fängt man an, Regale auseinanderzusägen oder anzustückeln. Und weil sich ja auch der Geschmack ab und zu ändert, ist ein Umzug willkommener Anlaß für ein neues Wohngesicht. Beim Plänezeichnen dachte ich eben darüber nach, wie sehr man die Lebenssituation an der Wohnsituation ablesen kann...

Als Kinder wohnen wir so, wie unsere Eltern es schön finden. Stil und Geschmack kriegen den ersten Schubs, die Weichen sind gestellt: So, wie es zu Hause aussieht, so ist zu Hause. Dann in der Pubertät das erste eigene Zimmer, um Gottes willen alles anders als bei Papa und Mama. Die Matratze muß auf dem Boden liegen, ja kein Schrank! Ein Schrank ist das Allerspießigste, die Kleider liegen im Koffer oder hängen an ein paar Haken, man hat ja eh nur ganz wenig. Jeans, ein paar schwarze Pullover, einen Flohmarktfummel, Kaninchenpelz, Muff, Lederjacke, zwei Paar Ballerinas, Turnschuhe, Westernstiefel, aus. Bloß keine Gardinen! Und an den Wänden Poster, möglichst Frank Zappa mit heruntergelassener Hose auf dem Klo, damit Papa und Mama das Zimmer auch wirklich nicht mehr betreten. Dann, nach der Schule, die erste eigene Bude – bei mir war es ein möbliertes Zimmer bei einer alten Dame. Da fand ich mich im Sperrmüll der 50er Jahre wieder, den ich bei den Eltern so verabscheut hatte. Alle meine möblierten Zimmer waren Ansammlungen schaurigster Betten, polierter

Anrichten, Gardinen- und Lampenmonster. Übermächtig wuchs der Wunsch nach einem eigenen leeren Zimmer. Dann endlich – die erste leere Wohnung, bloß ein Flokati kam auf den Boden, wieder die alte Matratze, die runde Papierlampe aus Japan, Apfelsinenkisten als Regal. Später lieferte das berühmte schwedische Möbelhaus die ersten Billigsessel, ein Hauch Chrom kam in die Küche. Dann die erste Wohnung zusammen mit Mann: Plötzlich mußten die Sessel dicker sein, die Stereoanlage wurde wichtiger als die Spüle, die ersten festen Bücherregale wurden installiert, ein Kleiderschrank angeschafft. Mit den Jahren wuchs sich das alles immer mehr aus, die Wohnungen wurden größer, das Improvisierte verschwand, eines Tages stand die erste «richtige» Küche da, das Sofa paßte zum Sessel. Und dann, wenn man Glück hat, ein eigenes Haus, und nun kann man auch Mutter zu sich nehmen, die kann ja in den Möbeln wohnen, die man nicht mehr braucht. Plötzlich ist Mutter in der Situation, in der man selbst als Kind war: aufgehoben in einem Zuhause zwar, aber das Zuhause ist geprägt vom Geschmack eines anderen Menschen, und man fügt sich halt rein. Eines Tages bin auch ich alt und ziehe in irgendein Zimmer, statt mit Matratze mit Gesundheitsbett, ohne Zappa, aber mit Opa im Goldrahmen und mit Mutters alten geerbten Möbeln, zur Erinnerung. Wieder Kind in dem, was man vor sechzig Jahren so verächtlich verlassen hat. Und dafür zieht man bis zu 20mal um, vom Alt- in den Neubau, vom Parterre unters Dach und zurück. Viel Arbeit, so ein Leben...

11.3.87

Über ein Katalysator-Erlebnis

Also... mal wieder eine Geschichte direkt aus dem Leben. Wir haben uns einen praktischen Kleinwagen zugelegt, gebraucht, mit prima Ladefläche für den ganzen Krempel, den wir immer so durch die Gegend fahren. Merkwürdigerweise war es, obwohl Baujahr 1985, kein schadstoffarmes Auto. «Kein Problem», sagt der Verkäufer, «das läßt sich natürlich umrüsten, und Sie wissen ja, die enorme Steuerersparnis, wenn Sie es bis zum 12. Januar anmelden!» Ja, wir wußten. Wir kauften, meldeten «erst mal so» an, fuhren auch «erst mal so», denn der Händler hatte gerade keinen Katalysator auf Lager, «ich ruf Sie dann an».

Wir haben schon mal unser Radio einbauen lassen und ein Netz, damit der Hund nicht nach vorn springt. Dann haben wir die Schienen von den Sitzen umschweißen lassen, denn mein Freund ist ziemlich groß und muß den Sitz ganz nach hinten... ist ja auch egal, jedenfalls wurde das Auto «eingewohnt», bei dem Umzug für Freunde kriegte es auch schon die ersten Blessuren, aber pingelig sind wir nicht. Der Händler rief und rief nicht an. Also, wieder in die Werkstatt: «Tja, die haben wohl furchtbare Lieferschwierigkeiten, alle Welt will Katalysatoren, im Januar wird es nun wohl doch nix mehr.» Gut, Steuerersparnis ade, aber wir wollen trotzdem ein schadstoffarmes Auto. Also weiterfahren «erst mal so», und geduldig warten. Ist ja auch schön, wenn die Leute sich nach Katalysatoren so drängeln. Eines Tages meldet sich der Autohändler. «Tja», sagt er, «das ist mir nun wirklich ziemlich peinlich, aber Ihr Wagen läßt sich doch nicht umrüsten.» «Was? 1985 erst gebaut, und läßt sich nicht umrüsten? Das kann ja wohl nicht wahr sein?» Es ist aber leider wahr. «Bei diesem Modell», sagt er, «geht das nicht. Die Firma baut das deshalb auch nicht mehr. Was machen wir denn jetzt?»

Was machen wir jetzt? Bezahlt ist, angemeldet ist, ein paar hundert Kilometer wurden gefahren, ein paar Kratzer sind dran, die Schiene müßte umgeschweißt, das Radio ausgebaut werden, das umgerüstete Modell ist noch nicht lieferbar, schon gar nicht mit Schiebedach, wir fluchen. Rüsten Sie ihn um, egal, was es kostet, alles neu! Nein, er bedauert, bei dem Modell geht das ü-ber-haupt nicht, das habe er vorher auch nicht gewußt. Wer ist denn nun das schwarze Schaf in der Geschichte? Wir, weil wir immer noch kein schadstoffarmes Auto fahren? Die Firma, weil sie so stur weiterbaut wie immer? Der Händler, der uns – ahnungslos oder wissentlich – den Ladenhüter aufgeschwatzt hat? Wo könnte man jetzt protestieren, bei wem? Wieviel Zeit, Geld und Nerven müßte man investieren? Was käme günstigstenfalls am Ende dabei heraus? Und wer fährt dann unsere stinkige Kiste? Denn auf dem Mist landet sie ja wohl kaum. Die Kopfstützen sind übrigens, wie wir jetzt merken, zu tief angebracht und fest verschweißt, nicht zu ändern. Ideal für den glatten Genickbruch bei Auffahrunfall. Ja, die Firma bedauert, das war auch so ein Konstruktionsfehler. Wird bei dem neuen Typ geändert. Na dann.

25.3.87

Über Anrufbeantworter

Also... sie sind nun wirklich die Pest der Neuzeit, diese verfluchten Anrufbeantworter. Ich ginge gern mit einem großen Hammer von Haus zu Haus und schlüge einen nach dem andern in Stücke, und wer weiß, ob ich das nicht eines Tages auch wirklich tu und ganz berühmt damit werde. Dann darf ich auch in Robert Lembkes Rätselsendung und die typische Handbewegung machen, hoch den Hammer!

Du rufst jemanden an, und dann geht es schon los: «Hier ist der automatische Anrufbeantworter von Karlheinz Unverstand, Telefon 07221/98563. Ich bin im Moment nicht zu Hause, aber...» Ja verdammt noch mal, wenn der Kerl nicht zu Hause ist, dann kann ich doch später noch mal anrufen! Das merke ich doch selbst! Und warum erklärt er mir lang und breit seine Telefonnummer, die ich doch gerade gewählt habe, hält er mich für schwachsinnig? Das kann er haben. Nach dem berühmten Pfeifton spreche ich ihm eine Unverschämtheit aufs Band und sage ihm nicht meine Nummer. Noch schlimmer sind die, die inzwischen überhaupt nichts mehr mitteilen – da kommt bloß eine Sphärenmusik vom Band und dann der berühmte Pfeifton, und dafür rasseln von Hamburg bis München die Gebühren. Ämter sind am unverschämtesten: Im Moment sei leider alles besetzt, flötet der Automat, but please listen and enjoy the music, ich soll mir die Musik reinziehen, diesen Einheitsbrei, der uns von Hotelfahrstühlen bis Fluglinien umspült und wahnsinnig macht, nun auch noch für mein Geld am Telefon, nix da, sofort auflegen, für 80 Pfennig böse Briefe schreiben, dann müssen sie antworten.

Die Witzbolde am Anrufbeantworter machen mich vollends rasend. Ich rufe keinen Menschen nur so aus Jux und Dollerei an, ich weiß, wie gräßlich es ist, wenn man liest, Musik hört oder arbeitet, und dann schrillt dieses Marterinstrument dazwischen, und in acht von zehn Fällen wär es nicht mal nötig gewesen. Nein, ich rufe nur an, wenn es wirklich sein muß, und dann raste ich aus, wenn der Scherzkeks am andern Ende erst mal seinen Hund per Band bellen läßt, mir dann mitteilt, er sei jetzt mit Monika frühstücken, aber später irgendwann wieder da, und ich könnte entweder was hinterlassen (nach dem Pfeifton) oder ihn bei Jupp anrufen, und der hätte folgende Nummer...

Besonders schön ist auch, wenn einem jemand alles so vage wie möglich erzählt: «Hallo, hier ist Ulli, ich bin aber jetzt nicht da, ich glaub, ich geh in die Stadt und komm vielleicht so gegen zehn zurück, kann aber auch später werden.» Wo ist der Hammer? Am schlimmsten treibt es jener Typ in Köln, der sich mit vollem Namen meldet. Du meldest dich auch, fängst an zu sagen, was du willst – er antwortet mit «Hm» und «Ach ja» und «Soso», und wenn er plötzlich sagt: «Nee, du, da kann ich nicht», und du hast ihn gerade gefragt, ob er dir Ellis Adresse geben kann, dann merkst du, daß da was nicht stimmen kann. Und plötzlich nölt der Typ dann tatsächlich los, «Weil, hier ist nämlich der Automat, ey, du kannst aber...» Du kannst mich aber auch mal. Den tollsten Trick hab ich neuerdings selbst. Wenn bei mir das Telefon klingelt, geh ich dran und leier das Übliche herunter: «Hier spricht der Automat, Sie können aber nach dem Pfeifton...» und dann pfeif ich und hör mir an, was kommt. Ein einziges Gestotter, wie üblich. Ich ruf danach auch nie zurück.

8.4.87

Über Radfahrer

Also... Radfahrer sind doch wirklich die besten Menschen, die es gibt.

So ein Autofahrer verpestet die Luft, macht Krach, verstopft die Städte. Autofahrer bringen den Wald und die Fußgänger um, kommen dir als Geisterfahrer entgegen, zerstören die Landschaft durch immer neue Forderungen nach immer breiteren Straßen. Fußgänger sind lahm, fett und faul, erhöhen die Krankenkassenbeiträge durch Herzinfarkte, tun nichts für ihre Gesundheit, gehen mit ausgestrecktem Schirm über Zebrastreifen und halten den Verkehr auf. Aber die Radfahrer! In frischer Luft sitzen sie auf ihrem Gefährt, das sie durch eigene Energie antreiben, sie tun etwas für die Umwelt und die eigene Gesundheit, sie entlasten den Straßenverkehr und die Natur, sie schauen offenen Auges ringsum in die Welt, die sich dem Autofahrer so wenig erschließt wie dem müden Fußgänger zwischen Supermarkt und Heim.

Radfahrer sind die rücksichtslosesten Menschen, die es gibt.

Radfahrer kommen dir in Einbahnstraßen entgegen und erschrecken dich ohne Licht in der Nacht, sie klingeln dich von Gehwegen herunter, wenn du Fußgänger bist, und nehmen dir die letzte Parklücke weg, wenn du Autofahrer bist. Du kannst ihr Rad nicht beiseite stellen, es ist mit einer dicken Eisenkette an den Laternenmast gefesselt. Radfahrer überholen rechts, fahren bei Rot über jede Kreuzung und machen Parkwege zu Rennstrecken. Sie tragen scheußliche Plastikkleidung in grellen Farben und überfahren deinen Dackel. Sie machen Fußgängerzonen unsicher, beschimpfen dich unflätig, wenn du dich beklagst, und sausen dann davon, ohne das Echo abzuwarten.

Radfahrer sind doch wirklich die ärmsten Menschen, die es gibt.

Da sind sie – aus Umweltbewußtsein, Gesundheits- oder Kostengründen – aufs Fahrrad gekommen, und was ist? Die Autos drängen sie an den äußersten Straßenrand und spritzen sie voll Dreck. Lastwagenfahrer walzen sie beim Rechtsabbiegen einfach platt, weil sie sie chronisch übersehen. Auf ihren Radwegen parken Autos, auf den Gehwegen werden sie von Fußgängern angepöbelt. Der Radfahrer ist schutzlos dem Wetter ausgeliefert und muß sich noch dumm anreden lassen, wenn er triefnaß mit Hosenklammern ein bürgerliches Gasthaus betritt. Man klaut ihm die Pumpe und das Einkaufskörbchen vom Gepäckträger, man zwingt ihn zu immer neuen Reflektorgläsern und schlitzt ihm den Sattel auf. Die Klingel rostet, das Ventil entläßt Luft, er muß ständig warten und pflegen und darf sein Rad nicht mal im Hausflur des Wohnblocks abstellen, weil da schon zwei Kinderwagen stehen. Ist der Radfahrer nun a) Held, b) Täter oder c) Opfer? Sollen wir ihn verachten oder bewundern oder links liegenlassen? Sollen wir ihm Reißnägel auf den Radweg streuen? Ihn mit unserm Schäferhund hetzen oder bravo, bravo rufen, wenn er neben uns bergauf keucht? Ist der Radfahrer eigentlich ein Mensch wie du und ich oder ein unheimliches Fabelwesen, das sich rätselhaft vermehrt? Bringt er Pest oder Leben? Eine Studie, an der Kölner Universität erstellt, beschäftigt sich mit dem Seelenleben des Radfahrers. Ergebnis: Der Radler ist Dr. Jekyll und Mr. Hyde in einer Person. Friedlich kann er durch die Wiesen dahinfahren, aber wehe, etwas reizt ihn, dann wird er zum wilden Stier und kennt kein Erbarmen. Er schwankt zwischen tiefer Verzweiflung, wenn er in Abgaswolken an Ampeln steht, und grenzenlosem Hochmut, wenn er sich an der Kreuzung an die Spitze einer hupenden Autoschlange setzt. Er empfindet Hindernisse als Herausforderungen, an denen er wächst. Er fühlt sich frei, aber eben auch als Verkehrsanarchist. Er hält sich für ein Vorbild und ist wie alle solche gefährlich. Er ist tatsächlich ein Mensch wie du und ich.

22.4.87

Über Probleme in der Kneipe

Also... ich sitze mit Robert in der Kneipe, und wir fangen gerade mit der Rinderkraftbrühe (mit Markklößchen) an, als der Freak mit der Szenenzeitung an unsern Tisch kommt. Na, warum nicht, ab und zu ist das ja ganz witzig zu lesen, ich kram ein paar Mark raus, kauf eine, die umständliche Wechselei geht los, ich ahne, daß die Rinderkraftbrühe darüber kalt werden wird, und sage deshalb großzügig: «Laß nur.» Warum soll der Freak nicht ein bißchen Trinkgeld von mir kriegen.

Kaum ist er weg, kommt der todtraurig aussehende Pakistani mit den Rosen, die er uns stumm hinstreckt. Es gibt keinen Grund, daß Robert mir Rosen kauft, wir essen hier zusammen, um darüber zu reden, warum wir in der Redaktion dauernd aneinandergeraten. Und ehe ich ihm eine Rose kaufe, hacke ich mir ja wohl lieber die Hand ab. Nun könnte ich natürlich für mich selbst eine kaufen, aber erstens sitz ich hier mit dem alten Langweiler bestimmt noch drei Stunden, zweitens bin ich zu Fuß gekommen und muß dann durch die Nacht mit Schirm und Rose – nein. Der Pakistani schiebt ab, Robert grinst blöde, die Suppe wird abgeräumt, der Sauerbraten mit Apfelmus kommt. Wir wollen gerade damit anfangen, da bauen sich zwei Typen mit Gitarren im Gastraum auf und spielen Flamenco. Wenigstens können wir in der Zeit nicht reden, sondern dürfen essen, aber Sauerbraten mit Flamenco ist eine harte Übung, und als sie endlich fertiggeschrammelt haben, kommen sie natürlich zum Geldsammeln an den Tisch. «Laß man,» sagt Robert, «das mach ich», und er gibt ihnen ein paar Mark.

«Schmeckt's?» fragt die nette Bedienung, als die sogenannten Musiker wieder weg sind, und die Dicke am Nebentisch beugt sich rüber, tippt mir so energisch auf die Schulter, daß mir der Bissen von der Gabel fällt, und fragt: «Was issen das, was du da hast, is das der Sauerbraten?»

Ich fühle mich an eine Szene von Loriot erinnert, in der der Gast vor lauter Störungen der netten Art auch nie zum Essen kam. Robert und ich sind jetzt bei unsern Problemen angelangt, wir stochern im Apfelmus und bestellen gerade noch ein Pils, da kommt die Zeitungsfrau mit der druckfrischen Zeitung von morgen, was will man machen, die braucht man ja nun wirklich. Zum Nachtisch stellt sich dann der große Schwarze ein, der kein Wort spricht und uns einen Arm voller Ketten aus Elfenbein hinhält, bis wir lange und deutlich genug den Kopf geschüttelt haben.

Während des Kaffees bin ich ganz unruhig und schiele immer zur Tür, wo denn die Truppe von der Heilsarmee bleibt, die in meiner Jugend fast jedes Gasthausessen mit frommen Gesängen würzte, aber das hat man wohl heute nicht mehr so sehr. Statt dessen kommt der geschäftige Geschäftsführer mit dem Gästebuch und sagt schelmisch: «Gell, Sie sind es doch? Meine Frau hat Sie erkannt, weil sie immer Brigitte liest, aber auf dem Foto sehen Sie ganz anders aus!» Also schreibe ich was Nettes ins Gästebuch über ein ruhiges, schönes Essen in diesem Lokal. Und mit Robert rede ich halt ein andermal.

6. 5. 87

Über Sieger und Verlierer

Also... ich bin immer ganz begeistert, wenn es in einer Fernseh-Unterhaltungsshow darum geht, daß Kandidaten sich gegenseitig beweisen, wer der Allerbeste ist. Uns allen wollen sie es beweisen, dem Showmaster, dem Publikum, dem Fernsehen, der Nation, sich selbst: Ich bin besser, ich bin der Beste, der Sieger, ich hab's geschafft, und darum krieg ich auch die Siegerprämie.

Das Leistungs- und Konkurrenzdenken, das uns den ganzen Tag umtreibt, verfolgt uns bis in unsere Abendunterhaltung. Ob es TV-Rate- oder Spielshows sind, ob es Sport ist, the winner takes it all, der Gewinner kriegt Preise, Ruhm, Rampenlicht, Ehre, die Schlagzeile, das lange Interview, und wir waren dabei. Ich plädiere ja nun nicht dafür, daß man die Verlierer feiert. Möge er nur erhalten bleiben, der uralte Wettkampfgedanke. Aber er hat zunehmend so was Krankes. Wer nicht sofort gut ist, ist sofort weg. Verliert ein Verein, wird der Trainer weggejagt, versagt ein Kandidat, muß er die Bühne mit dem kostbaren Rampenlicht sofort verlassen. Macht jemand, der gewöhnlich als Sieger gefeiert wird, erste Fehler, kriegt er gnadenlos eins drübergedroschen von allen, die glauben, mitreden zu können. Mein Held, mein Boris hat mich enttäuscht! Da ist er so reich geworden, nur weil wir ihm zugejubelt haben, und was macht er? Nimmt sich eine Freundin und verliert – wir hätten es wissen müssen, Rothaarigen ist nicht zu trauen!

Das Sieger-, Wettkampf-, Leistungs- und Konkurrenzdenken führt zu solchen Blüten. Es ist ein Mist, auf dem Häme wächst und der wahnwitzige Beurteilungskriterien hervorbringt, und wer nicht der Beste, Größte, Schönste, Reichste ist, ist sofort der

Allerletzte, der Betrüger, Versager, der, der uns um unsere Illusionen gebracht hat. Stellvertretend sollte er doch unsere Träume leben, und nun diese Enttäuschung. Verachtung ist dem Verlierer sicher. Und wir strengen uns am nächsten Tag bei der Arbeit an, selbst endlich der Beste zu sein, denn alles andere zählt nicht. Gestern abend im Fernsehen haben wir es ja wieder mal gesehen. Den Ärmelkanal durchschwommen? Na und? Drei Sekunden langsamer als der Rekord, darauf ist doch gepfiffen! Haarscharf daneben ist auch daneben, und nur der Beste zählt. Am schlimmsten sind die, die sich selbst für die Besten halten, die in Disziplinen oder Berufen arbeiten, die ihnen den Zugang zu Massenblättern und Fernsehen bringen, wo sie ihre einzige maßgebliche wahre Wahrheit vorstellen dürfen, und der unsichere Leser/Zuschauer denkt sich: na ja, der/die ist ja so berühmt, der/die wird's wissen, wenn der/die es sagt, dann muß es wohl so und doch nicht anders sein.

Konkurrenzdenken, Wettbewerbsdenken, Siegerverehrung, Obrigkeitshörigkeit – lauter schleichende Gifte. Sie untergraben das Selbstbewußtsein und verschleiern den klaren Blick. Unsere Manager machen Führungskurse und trainieren Härte, unsere Hunde werden zu Siegern ausgebildet, unsere Kinder durch die Leistungskurse gepaukt, am Ende sind wir dann ein Volk von Allerbesten, werden alle Bundeskanzler, und morgen gehört uns die ganze Welt.

Laßt uns endlich die Drittbesten sein! Auf dem zweiten Platz kriegst du noch die Verliererhäme ab, es hat eben nicht gereicht. Auf dem dritten kannst du wunderbar leben und arbeiten, ungestört und unbelastet. Bronze für alle!

20. 5. 87

Über die Psychosprache

Also... ganze Partygesellschaften, die sich gegenseitig Geschichten von ihren Analytikern und von Erlebnissen auf der Couch erzählen, kannte ich bisher eigentlich nur aus Romanen (Erica Jong und so) oder aus Woody Allens Filmen. Aber Vorsicht, die Welle ist kaum herbeigeschwappt, und schon sagt man zu jemandem, den man nicht mag, nicht mehr: «Ich mag dich nicht», sondern: «Du solltest mal darüber nachdenken, ob du nicht irgendwie gestört bist.» So ist man fein aus der Sache raus, und der andere weiß: Er muß jetzt auf das Sofa und die frühkindlichen Blessuren erarbeiten. Das Verhältnis von wirklich psychisch Kranken zu modisch auf den neuen Trendzug springenden Psycho-Freaks dürfte dem Verhältnis von wirklich physisch Kranken zu leidenschaftlichen Tablettenschluckern gleichen. Neuerdings hat man einfach einen Analytiker oder wenigstens eine mehrjährige Analyse gerade beendet, die einen dazu berechtigt, zu sagen: «Weißt du, ich komm dir vielleicht schwierig vor, aber das ist gar nicht so, das siehst du nur so, ich hatte sechs Jahre Analyse, ich weiß über mich Bescheid, aber DU solltest vielleicht mal... ich geb dir hier mal die Adresse.»

Konflikte werden beim Analytiker ausgepackt, nicht da, wo sie auf den Tisch gehört hätten – im Familien- oder Freundeskreis. Da redet man in der Sprache der Lehr-(Leer-?)bücher etwa so: Man habe Probleme im emotionalen Bereich, man sei irgendwie bindungsunfähig, und das Kind sei auch schon lerngestört, aber da blocke Rolf ja total ab, der habe ja seine Mutterbindung auch noch nicht aufgearbeitet, und langsam sei das schon echt schizoid mit dem, und irgendwie ist Marieluise auch nicht mehr primär motiviert, noch länger mit Rolf zusammenzubleiben, sie kriegt in dieser Beziehung einfach kein Feedback, und das sagt ihr Analytiker auch. Ist ja gut! Man ist nicht mehr traurig, sondern gleich depressiv, aus Wünschen und Sehnsüchten werden Motive, aus Enttäuschungen Frustrationen, aus Einsamkeit ein Defizit an emotionaler Zuwendung – nur keine einfachen Wörter, nur schön alles wissenschaftlich pseudoverbrämen, damit der Abstand von Mensch zu Mensch noch größer wird. Oder ist es gerade auch wieder Flucht, in diesem Fall in eine abweisende Sprache? Die Leute, die tatsächlich zum Analytiker gehen, werden ihre Gründe haben. Welche Gründe Menschen bewegen, psychomäßig zu sprechen, weiß ich nicht. Es muß eine Art Selbstbetrug sein: Wenn man die Begriffe kennt und nennt, entsteht vielleicht das vage Gefühl, damit auch die Probleme be-griffen, im Griff zu haben. Aber wo immer pompöse Sprache herhalten muß, ist Vorsicht angeraten. Hier wird versteckt und verdeckt. Es mag wie mit manchem Selbstmordversuch sein – man will nicht wirklich sterben, nur hilferufend zeigen: So kann ich nicht mehr weiterleben. Und seine Seele will man auch nicht wirklich aufklappen, aber mit großem Vokabular darüber sprechen, daß da echt irgendwie im emotionalen Bereich nix läuft, sprich: Ich bin so traurig, Hilfe.

Es einfach zu sagen, ist offenbar zu schwierig.

3. 6. 87

Über unerwünschte Werbebroschüren

Also... da hab ich extra einen Zettel auf meinen Briefkasten geklebt, auf dem ich in netter Form darum bitte, hier nicht jede Reklame hineinzustopfen – und tatsächlich lassen mich die Verteiler reichbebilderter Flugblätter mit leckeren Sonderangeboten seither unbehelligt. Aber sie erreichen mich doch, die Nachrichten aus der bunten Welt der Waren. Aus jeder Zeitung flattern mir an jedem – wirklich an jedem! – Morgen drei bis vier mehrseitige Broschüren entgegen. Broschüren, die teuer in der Herstellung sind, kostbar im Druck, kaum als Altpapier zu recyclen, idiotisch zu lesen, schwer wieder loszuwerden, denn sie bilden in kürzester Zeit bedrohlich rutschende Stapel. Ich werde Sie jetzt nur mit den Informationen der Broschüren unterhalten, die in der letzten Woche, Montag bis Freitag, in den drei Tageszeitungen lagen, die ich lese, denn was der Brigitte beigelegt ist, haben Sie ja selbst!

Am Montag werde ich aufgefordert, sofort die Orientteppichschau zu besichtigen, sonst ist es mit fabelhaften Sonderangeboten aus Turkmenistan ein für allemal Essig, und ich hab das Nachsehen. Unter der Überschrift «Der Sommer führt Regie» muß ich mir Bikinis ansehen, von denen mir kein einziger passen würde. Die wollen mich schon beim Frühstück demoralisieren, und die riesigen Saftschinken, die mir mein Supermarkt abbildet, verderben mir um acht Uhr früh auch den Appetit.

Dienstag lerne ich wieder mal, daß Deutschland durchgehend gemustert ist – sowohl der Katalog «Schöne Frotteemode für ihn und sie» als auch der Prospekt vom Möbelcenter mit üppig gestreiften Sitzmöbeln beweisen das. Mittwoch kommt gleich der nächste Hochglanz-Prospekt – «Klasse statt Masse» wird angeboten, und wir sehen eine Schrankwand, rustikal. Außerdem heißt es am Mittwoch: «Mit schönen Schuhen in den Sommer.» Sucht sich irgendwer Schuhe nach Prospekt aus? Oder soll das Ganze nur die Kauflust schüren, damit dann irgendwer mit der Broschüre in der Hand in den Laden geht und sagt: «Ich hätte gern die attraktive Sandalette mit den raffinierten Applikationen für neununddreißig Mark und fünfzig von Seite vier»?

Ich weiß nichts über die tatsächliche Marktwirksamkeit solcher Faltblattpest. Wo sind die Fleißigen, die sonst immer alles erforschen? Hier wäre ein Gebiet! Aber ich muß ja noch rasch fertig aufzählen: Am Donnerstag Sommermode für sie und ihn, Freizeitkleidung, Sportartikel, Preisneuheiten aus dem Bereich «Neue Männerfreiheit in der Mode», Freitag «Kleine Preise voll im Bild», ein zehnseitiger Ausflug in die faszinierende Welt der Fotoapparate, tausend lustige Küchenideen und «Die Goldgrube – jedes Schmuckstück nur 399 Mark». Am Samstag kommt es dann ganz dick, noch dazu, weil langer Samstag ist: «Gerne Brillen tragen – die Sommerkollektion», der Baumarkt bietet tolle Tips für Hobby und Freizeit, ein Kaufhaus will Saftpressen loswerden, Gartenmöbel gibt es jetzt zu Sonnenscheinpreisen, der Drogeriemarkt lockt (Sommer!) mit Deos, und ein Möbelcenter bietet Ledergarnituren an. Sie glauben es mir ja doch nicht: Ich habe noch acht Prospekte weggelassen, damit es nicht übertrieben klingt. Macht zusammen 29. In sechs Tagen.

16.6.87

Über Leihmütter

Also... nun soll sie – zumindest bei uns – verboten werden, die Vermittlung von Leihmutterschaften. Sowohl die Zahlung als auch die Annahme von Geld in solchen Fällen soll unter Strafe gestellt werden. Das bedeutet, daß Leihmutterverträge von vornherein nicht rechtsgültig sind. Als sittenwidrig gelten sie ohnehin.

Ich versuche mir redlich vorzustellen, wie das eventuell eine Frau betreffen könnte, die nicht Mutter werden kann und hier ihre letzte Chance sieht. In doppelter Hinsicht fällt es mir schwer, mich in diese Art Verzweiflung hineinzuversetzen. Erstens vermag ich einfach nicht zu glauben, daß man einem Leben ohne Kind absolut gar keinen Sinn abgewinnen kann, daß man alles täte, um dem abzuhelfen. Und zweitens, daß man DAS täte – daß man einer fremden Frau Geld dafür gibt, daß sie mit dem Samen des eigenen Mannes neun Monate lang ein Kind austrägt, das man ihr dann abkauft und als eigenes großzieht. Frankenstein ist nichts dagegen. Frankenstein war ein zusammengeschustertes Gliedermonster aus Resten – hier müssen Seelenmonster am Werk sein. Die «Mutter» ist nicht die Mutter. Die «Leihmutter» ist die leibliche Mutter, aber ihr liegt nichts an dem Kind. Der Vater fungiert klinisch zu Zuchtzwecken. Und das Kind? Wie wächst es heran? Was sagt man ihm? Wem wird es ähnlich sehen, bekommt es das rote Haar der Leihmutter? Von seiner «Mutter», soviel steht fest, wird es nichts haben, nur eine überbordende Liebe, die ich in diesem Fall höchst fragwürdig finde. Wird es am Muttertag beide Mütter beschenken? Kauft sich die Leihmutter von den 20000 Mark eine neue Wohnungseinrichtung und sagt: «Guck mal, Jürgen, das hast du bezahlt»?

Der Lebensborn im Tausendjährigen war schon eine tolle Idee – deutsche Mädels züchteten mit deutschen Männern neue deutsche blonde Soldaten. Aber die Leihmutter-Mode kommt mir noch perverser vor. Wer fühlt sich da eigentlich zu wem gehörig, wenn die drei am Frühstückstisch sitzen? Gibt es nicht Kinder in Heimen, bereits da, bereits geboren, bereits im Elend, bereits ohne Chancen, die Liebe und ein Zuhause brauchen könnten? Nein, es muß ja eigen Fleisch und Blut sein, wenn auch nur zur Hälfte und bezahlt, und eine Leihmutter kann man ja vorher prüfen: Ist sie gesund? War die Familie unbescholten? Hat sie Abitur? Ist sie musikalisch? Dann ist sie ihr Geld wert. Bei Heimkindern weiß man ja überhaupt nicht, was man kriegt.

Es ist selten genug, daß in unserm Land nicht jede neue amerikanische Schrulle nachgemacht wird. In den USA gibt es Vermittleragenturen für Leihmütter. Daß so etwas bei uns gar nicht erst aufkommen soll, läßt mich ja dann doch wieder hoffen. Bleibt die künstliche Zeugung, die Reagenzglasbefruchtung, die Hormonbehandlung, die dann gleich Vierlinge beschert – darüber will ich mir kein Urteil erlauben. Der Leidensdruck bei gewissen kinderlosen Paaren muß sehr groß sein, wenn sie sich und ihrem Kind all dies zumuten. Der Leidensdruck bei Kindern, die niemanden haben, ist aber auch groß. Und ich denke irgendwie an den kaukasischen Kreidekreis. Wer liebt das Kind mehr? Wer liebt sich selbst im Kind? Tief drin muß das jeder selbst wissen.

30. 6. 87

Übers Sparen

Also... ich kann, wenn ich es habe, das Geld leicht ausgeben. Ich lade gern Freunde ein, ich schenke gern, ich habe kein Problem, mir leichtsinnigerweise ein besonders blödsinnig teures Kleid zu kaufen, weil mich gerade der Hafer sticht. Ich bin zur Zeit in der glücklichen Lage, mir das leisten zu können. (Das war nicht immer so. Darum genieße ich es auch.) Und mitten im Geldausgeben ertappe ich mich – wobei? Ich glätte und falte schönes Geschenkpapier, um es noch mal zu benutzen. Ich verwahre Paketkordeln, die sich ohne Zerschneiden lösen ließen. Ich plätte Seidenbändchen und tu sie in eine besondere Schublade. Ich mache das Licht im Flur aus, wenn ich ins Wohnzimmer gehe. Ich bin verschwenderisch im großen und geizig im kleinen. Woher kommt das?

Das kommt von Mutter. Das kommt aus den 50er Jahren, als noch alles wichtig und wertvoll war, als man sparen mußte, als es keine Wegwerftaschentücher gab und die Pfandflasche obligatorisch war. Nie wurde zu Hause das Wohnzimmer geheizt, wenn man doch eh in der Küche saß. Es gab ja auch noch Sonntagskleider, die Sachen wurden geschont, und natürlich brannte nur da Licht, wo gelesen, gegessen, gearbeitet wurde. Reste von alldem sind lebenslang in mir drin. Und wenn ich mir den teuren Jil-Sander-Pullover kaufe, so gehe ich doch im Supermarkt mit strengem Auge an den Regalen entlang, mache Preisvergleiche bei Tütensuppen und triumphiere, wenn es halbe Pfirsiche in Dosen als Sonderangebot gibt. Aber abends kann ich dann in einer dieser ekligen teuren In-Kneipen sitzen, in der der Wirt mit bodenlanger weißer Schürze an den Tisch kommt – Speisekarten gibt es nicht – und näselt: «Du, die Champignons mit Brunnenkresse und

Crème fraîche mußt du unbedingt essen», dann esse ich sie, und sie kosten ein Schweinegeld, aber zu Hause hab ich ja die billigen Tütensuppen! Ich hab sogar das Licht angelassen, für die Katzen, die sollen auch was vom Luxus abkriegen. Wenn das meine Mutter sähe. Ich gehe schlampig um mit meinem Auto, ich pflege, wasche, wachse und poliere es nicht, es gammelt vor sich hin. Das kostet mich auf die Jahre gerechnet viel Geld. Aber tagsüber ein Ferngespräch – da rechne ich noch immer mit, weil ich fühle, daß Mutter danebensteht und flüstert: «Hör auf! Ist doch viel zu teuer! Du kannst doch auch heute abend anrufen!» Entsprechend entsetzt schreit sie auch auf, wenn ich – als liebe Tochter – einfach mal so an einem Nachmittag anrufe, um zu fragen, wie es ihr geht. «Was ist los?» ruft sie in panischem Entsetzen, denn wenn nicht Todesfälle angesagt sind, tut man so was einfach nicht tagsüber zu unverbilligtem Tarif.

Entsprechend schizophren habe ich mich verhalten, als ich neulich das Portemonnaie mit sehr viel Geld verlor – ganz fatalistisch habe ich gedacht: Verdammt, hoffentlich hat es wenigstens ein armer Teufel gefunden, der was damit anfangen kann. Aber als mir bei der Post eine Mark hinfiel, bin ich minutenlang auf dem Boden rumgekrochen, krank vor Wut, sie nicht zu finden. Und 2,20 Mark Paketzustellgebühr bringen mich noch zur Raserei. Ich ticke nicht richtig, ich gebe es zu. Und jetzt ruf ich meine Mutter an. Es ist 16.10 Uhr.

15.7.87

Aids haben immer nur die anderen

Also... das wissen wir ja: Es sinken immer die Fähren, auf denen gerade die anderen sind. Es stürzen nur die Flugzeuge ab, in denen wir nicht sitzen, und wir fahren schreckensbleich an den Autounfällen anderer vorbei. Uns hat es mal wieder verschont, und Krebs kriegen auch nur fremde Leute. Aber wehe, die Gefahren rücken näher – jetzt haben wir einen Freund in unserem Alter an Krebs sterben sehen. Ist es denn möglich, so dicht neben uns? Wenn wir nun auch? Kurze Zeit hält die Angst an. Wir ernähren uns gesünder, stellen das Rauchen ein, gehen zur Vorsorge. Dann, als gerade wieder alles beim alten ist: die ersten beiden Aidsfälle, in unserer Bekanntschaft. In einem Fall ist es ein enger Freund, der zu einer der sogenannten Risikogruppen gehört, im andern eine gute Bekannte. Beide sind genauso fassungslos wie wir darüber. Aber sie arrangieren sich – irgendwie – mit ihrer Krankheit, und wir sind ratlos und unsicher. Wie verhält man sich denn jetzt? Wenn es uns nicht mehr recht wäre, sagt der Freund, sollen wir es sagen – er würde uns dann natürlich nicht mehr besuchen. Wir haben entsetzt abgewehrt, reagieren aber trotzdem fast schon hysterisch. Wir trinken jetzt nicht mehr aus seinem Glas, die Umarmung wurde verklemmter. Er spürt das auch, das Mäuerchen wächst, obwohl wir es alle nicht wollen. Unser Freund ist sehr religiös, er geht auch zur Beichte. Was wird der Pfarrer sagen, wenn er hört, daß sein Gemeindekind Aids hat, daß es weiterhin mit einem Mann zusammenlebt? Kann der Pfarrer zu Kondomen guten Gewissens raten? Wir trauen uns nicht, danach zu fragen.

«Gott schickt das als Strafe gegen Unmoral», sagt eine ältere Ärztin, und: «Hoffentlich kommt kein Aidspatient zu mir in die Klinik – ich wüßte nicht, was ich täte.» Für sie ist diese Krankheit die natürliche Auslese sexuell abartiger Menschen – willkommen im Mittelalter.

Unser Freund redet über seine Krankheit, will sein Geld in eine schöne, letzte Reise stecken. «Stell dir vor, du kommst in ein Hotel, und da wohnt dann so einer, und man weiß es nicht», murmeln Bekannte erschrocken. Alte Ängste, Vorurteile, Abneigungen blühen auf zu neuen Sträußen der Hysterie und Diffamierung, wir, ohnmächtig, ratlos, mittendrin. Bis in die Regenbogenpresse ist das Thema gedrungen – da soll Prinz Albert etwas mit einem Callgirl gehabt haben – hoffentlich war die gesund! Nicht auszudenken, wenn ein Prinz... aber nein, es trifft ja immer nur die anderen.

«Krankheit ist die Nachtseite des Lebens», schreibt Susan Sontag in «Krankheit als Metapher», «eine eher lästige Staatsbürgerschaft. Jeder besitzt zwei Staatsbürgerschaften, eine im Reich der Gesunden und eine im Reich der Kranken. Und wenn wir es auch alle vorziehen, nur den guten Ruf zu benutzen, früher oder später ist doch jeder von uns gezwungen, wenigstens für eine Weile, sich als Bürger jenes andern Ortes auszuweisen.»

Jeder. Weil eben Krankheit nicht Schuld, Opfer, Strafe ist, sondern zum Leben gehört wie Tod und Gesundheit. Ob uns das hilft, damit zurechtzukommen?

29. 7. 87

Über anstrengenden Besuch

Also... was ist schlimmer: irgendwo zu Besuch sein oder Besuch bei sich zu Hause haben? Wenn das Ganze nur einen Abend dauert, na, das geht ja noch. Die erste halbe Stunde kann ganz lustig sein, und möglicherweise gibt es ja auch wirklich was zu sagen. Dann kommt das Essen auf den Tisch – wenn man Glück hat. Es gibt auch diese Schreckenseinladungen, bei denen «wir jetzt alle zusammen» den Salat machen, und man kommt um acht und ißt um elf und muß dann noch bis mindestens eins herumsitzen. Was hätte man alles lesen können in der Zeit! Schreiben! Mit den Katzen auf dem Schoß einfach nur dasitzen! Statt dessen trinkt man diesen selbstaufgesetzten Johannisbeerlikör und hört zum drittenmal, wie Ute und Thomas sich kennengelernt haben. Hat man die Gäste bei sich selbst zu Hause, ist es nicht ganz so schlimm – man kann ihnen die eigenen Geschichten aufzwingen, darf aber nicht allzu witzig und unterhaltend sein, dann wollen sie nicht mehr gehen.

Aber diese fürchterlichen Abende finden allemal ein Ende. Schlimm wird es bei Übernachtungsbesuchen. Wieder mal ist man, statt ins Hotel zu gehen, auf das Angebot irgendwelcher freundlicher Menschen hereingefallen, man könne doch bei ihnen, und sie hätten auch ein Gästezimmer, und es wäre doch wirklich nett, wenn...

Und natürlich ist es grauenhaft. Mit dem Einheitsschrecken der Hotels hat man sich im Laufe der Jahre arrangiert – aber die Gästezimmer netter Menschen! Da liegen die selbstgehäkelten Decken, die nur der Gast noch ertragen muß, die Familie schon längst nicht mehr. Da steht das Bügelbrett, und die Zeichnungen der Kinder hängen unter Glas an den Wänden. Morgens wird man gefragt, ob man Kaffee oder Tee will, Brot oder Brötchen, wenn Brötchen: Sesam oder Mohn? Und wie soll das Ei sein? Und man ist erschöpft vom Auskunftgeben, eh das Früchstück losgeht, und dann ist doch alles falsch, und der Hausherr sitzt da im Bademantel, und die Kinder essen Joghurt, was einem selbst morgens widerstrebt, und am liebsten wäre man tot.

Hat man selbst Übernachtungsgäste (dieser Aufwand! Kochwäsche, schleudern, für eine Nacht! Alles aufräumen! Fremde im Bad, grauenvoll!), kann man wenigstens rücksichtslos alles selbst bestimmen: Es gibt Tee, und aus. Leider muß man sich unterhalten und darf nicht Zeitung lesen, aber dafür geht der Zug (hoffentlich) auch schon um 10 Uhr. Wir sind lauter Individualisten. Wir haben unsere festen Lebensrituale, gelegentliches Über-die-Stränge-Schlagen mit eingerechnet. Aber das Talent zum Gast oder zum großherzigen Gastgeber – das kommt abhanden. Die Wohnung ist durchgestylt auf die eigenen Bedürfnisse – alles, was von außen dazukommt, stört. Und noch entsetzlicher ist es, selbst dazuzukommen in einen festgefügten Familienkosmos. Nur mit wirklichen Freunden kann das funktionieren – also mit ein bis zwei Menschen pro Person und Welt. Alles andere: lächelnd absolvierte Qual der Anpassung, Schluß damit. Ich werde auf keinem Gästesofa mehr schlafen. Und wenn mich wer besuchen will, bitte! Dann fahre ich eben so lange weg.

12. 8. 87

Über Gerüchte

Also... sagt ein Kollege mittags in der Kantine, paß auf, jetzt lancieren wir in diesem blöden Betrieb mal ganz gezielt ein Gerücht. Und dann warten wir mal ab, wann und wie es wieder bei uns landet. Wir denken uns aus, daß Barbara nach dem Urlaub wahrscheinlich nicht mehr zu uns zurückkäme. Irgendwie soll sie geäußert haben, nicht mehr arbeiten zu müssen oder zu wollen oder zu können oder so...

Auf die Plätze, fertig, los. Wir fangen an verschiedenen Ecken an. Er erzählt es W.: «Barbara werden wir wohl nicht mehr wiedersehen.» «Wieso denn das?» «Ich hab gehört, daß sie irgendwie Geld kriegt, und sie will dann nicht mehr arbeiten. Sag's aber noch nicht weiter.»

Ich erzähl es R., Garantin für Klatsch und Tratsch in Windeseile: «Du, rede noch nicht drüber, aber ich glaub, Barbara kündigt, sie soll was geerbt haben oder so.» Am nächsten Tag schon wissen es alle. Barbara hat bereits gekündigt, Barbara pfeift auf uns, Barbara hat im Lotto gewonnen. Nein, auf Weltreise ist sie, weil sie tierisch viel Kohle geerbt hat, von einem Onkel. Onkel? Ha, den Onkel kann ich mir schon vorstellen, ausgerechnet Barbara, das wird schon so ein Onkel sein... Wie redet ihr denn, das mit dem Geld, das ist doch nur ein Vorwand, in Wirklichkeit hört Barbara auf, weil es ihr so schlecht geht, aber darüber will man lieber nichts Genaueres sagen...

Im Laufe der Woche war Barbara immer schon steinreich und hat bei uns sowieso nur aus Jux gearbeitet, nein, sie hat Krebs und muß aufhören, ach was. Häuser im Ausland hat sie, und nie was gesagt. Der Ballon, einmal aufgeblasen, fliegt weiter. Und auch wenn alles nicht stimmt, «semper aliquid haeret», spricht der

Dichter Plutarch, immer bleibt irgendwas hängen. In «Über den Schmeichler und den Freund» läßt er einen Herrn Medius auftreten, der den guten Rat gibt, «kühn mit Verleumdungen zu packen und zu beißen, damit, wenn auch des Gebissenen Wunde heilt, doch die Narbe der Verleumdung bleibe.»

Eine gewisse Presse lebt nur von dergleichen: Die Mutter muß die Mörderin sein, sie hatte ja schließlich auch einen Geliebten; der Prinz hat Aids, weil er was mit dem Callgirl hatte; zwischen Charles und Diana kann es gar nicht stimmen, weil sie in getrennten Zimmern schlafen; und wenn es in der Zeitung steht, muß ja irgendwas dran sein, sonst stünde es da nicht. Manchmal erscheinen in Illustrierten – kleingedruckt und weit hinten abgeschlagen – Gegendarstellungen zu solchen deformierten Gerüchten, aus denen Behauptungen wurden. Aber wer liest schon Gegendarstellungen? Betroffene können sich durch Leserbriefe, Gespräche, Rechtfertigungen verteidigen gegen diese Heißluftballons mit dem stinkenden Gas der Gerüchteküche. Aber das hieße, einer Sache nur noch mehr Gewicht geben – die, die bisher noch nichts gehört oder gelesen haben, kommen dann bloß auch noch drauf, daß da was war. War denn da was? Ach ja, irgendwann mal, am Anfang, ein kleines Gerücht, nicht weitersagen, bitte.

26. 8. '87

Man muß eben diplomatisch sein. Muß man?

Also... mit allen Türen ganz direkt in alle Häuser zu fallen, das bringt's ja auch nicht, oder? Bei manchen Sachen muß man schon mal so ein bißchen drum rumreden, man muß sich dem Ziel auf Schleichwegen nähern, muß vielleicht, na ja, auch schon mal ein bißchen lügen. Oder nicht alles sagen, was man weiß. Wenn's dann dem Seelenfrieden oder dem gewünschten Erfolg dient... man nennt das: diplomatisch sein. Man muß diplomatisch sein in der Liebe, um zum Ziel zu kommen. (Muß man?) Ist der berühmte Satz «Gehn wir doch noch auf einen Kaffee zu mir» in diesem Zusammenhang Diplomatie oder bloß ein blöder Trick? Ist man in der Ehe diplomatisch, geht's in der Regel ums Vertuschen. Da muß man dann schon mal was erfinden, um unnötige Gewitter bei gewissen Krisen abzublocken. (Muß man?)

Im Beruf hat das System Ellbogen ausgedient. Wer Karriere machen will, muß vor allem diplomatisch sein. Immer auf gewundenem Pfad nach oben! Und wenn man irgendwem irgendwo irgendwas Kritisches sagt, muß man sich vorher umdrehen und vergewissern, daß es niemand hört. (Muß man?)

Am wichtigsten ist natürlich Diplomatie in der Politik. Da gibt es gleich einen ganzen Berufszweig: den Diplomaten. Er hat eine Aktentasche voller Vorschläge für alle Gelegenheiten ständig bei sich, so ein Diplomat. Er beherrscht Lächeln in sämtlichen Varianten, und ehe er sich zu irgend etwas, was auch immer, öffentlich äußert, nimmt er zunächst Rücksprache. Was er dann sagt, ist eine «Note», eine diplomatische Note. Wenn er – nur mal so ein Beispiel – irgendwo Unrecht sieht, es aber gewissen Geschäften gerade schaden würde, dieses Unrecht zu benennen, dann muß der Diplomat die Augen zukneifen und Nutzen gegen Moral aufrechnen. Wobei ganz klar ist: Der Nutzen hat in dieser unserer Welt zu siegen.

Da fährt so ein kleiner Minister, mit so einer komischen Brille, in ein langes schmales Land weit weg und stellt fest: Hier geht es nicht mit rechten Dingen zu, hier wird gefoltert, hier herrscht Diktatur, hier kann man das Wort Menschenrechte nicht mal in der Landessprache buchstabieren. Und was macht er, obwohl er doch Minister eines an wirtschaftlicher Verbandelung stark interessierten Landes ist? Er macht seinen Mund auf und sagt ehrlich, was er sieht und was er denkt! Ist der Mann verrückt? Hat er noch nichts von Diplomatie gehört? Diplomatie ist nicht, das Richtige zur falschen Zeit zu sagen, sondern das Falsche allenfalls zur richtigen, wo kommen wir denn sonst hin. Wenn da jeder... Ja, was wäre, wenn da jeder pfeifen würde auf das diplomatische Scharwenzeln um sieben Ecken herum? Bräche alles sofort zusammen, weil die Geradeaushaltung unerträglich geworden ist? Muß man pokern und immer noch eine Karte im Ärmel haben, für alle Fälle? Ist das ein Spiel, Diplomatie, oder tödlicher Ernst?

Es hat sich so fatal verselbständigt, das Diplomatische. Der klare Satz geradeheraus scheint nicht mehr gefragt zu sein. Die Relationen haben sich verschoben. Wie gut kann Diplomatie sein bei Konflikten, die auf dünnem Eis ausgetragen werden müssen! Wenn Diplomatie geschickt zum Nutzen aller und nicht auf Kosten anderer geschieht, ja, warum denn nicht. Hohe Kunst berühmter Staatsmänner. Aber dieses ständige diplomatische Getue in allen Bereichen des Privatlebens, des Berufs, auch der Politik, da, wo ersichtlich etwas faul ist, das schafft lauter Duckmäuser und eine Rundum-Atmosphäre von öliger Ungewißheit. Man muß nicht. Laßt uns wieder undiplomatisch sein! Es geht sich gerader.

9.9.87

Mein erster war ein richtiger Herr...

Also... ich möchte unbedingt eine Liebesgeschichte loswerden, eigentlich sind es drei Liebesgeschichten. Mein erster zum Beispiel – der war ein richtiger Herr. Er war schon etwas älter, er kannte das Leben, er wußte immer, was sich gehört – gut, er war ein bißchen füllig, aber er strahlte eine gewisse Würde aus, das verfehlte seine Wirkung auf mich nicht. Er war immer pünktlich, allerdings kam ich nie so richtig dahinter, was er trieb und wo er war, wenn er nicht zu Hause war – kontrollieren ließ er sich nicht. Eine Nachbarin sagte mal, als sie mich suchend am Gartentor sah: « Suchen Sie ihn? Dann gehen Sie mal zu Frau Jungblut, da hab ich ihn gesehen!» Ich lege noch heute meine Hand dafür ins Feuer, daß er nie bei Frau Jungblut war – im Gegenteil, der von Frau Jungblut war mal bei mir, aber das wäre jetzt schon wieder eine andere Geschichte.

Ich gebe es zu: Er war auch ein bißchen zu bieder für solche Abenteuer. Schließlich: Er war ein Schwabe. Häuslich, bürgerlich, und wenn nicht alles am gewohnten Platz in Ordnung war, konnte er stundenlang beleidigt sein. Anfangs hatten wir getrennte Schlafzimmer – er war so eigen! (Aber ein guter Esser.) Und als wir uns etwas nähergekommen waren – da war unser kurzes Glück auch schon vorbei. Ich habe ihm sehr nachgeweint.

Der zweite war bedeutend jünger, schlank, ein richtiger Freak. Er ging wie ein Matrose, der nach vier Monaten auf See endlich an Land kommt, wiegend, und er trug auch gestreift. Er war wendig und – ich gebe es zu – auch ein bißchen windig, so ein Luftikus: immer gut gelaunt, raffiniert, ein Charmeur, der das ganze Viertel beflirtete. Und doch kam er immer wieder zu mir zurück und gab mir mit unnachahmlichem Augenzwinkern zu verstehen: Du bist die tollste Frau der Welt! Ich war sehr glücklich mit ihm – aber dann kam mein dritter.

Das war ein Kerl! Rothaarig, wild, unberechenbar, so einen habe ich nie wieder gehabt. Der hatte Vergangenheit, das sah man – aber solche haben keine Zukunft, sie leben zu exzessiv. Er paßte sich an gar nichts an, hielt sich an keine Uhrzeiten, keine Gebräuche, an keine guten Sitten. Ich wußte es sofort, als er in mein Leben trat: Das ist ein Pirat, ein Abenteurer, ein Routinier der Liebe, den hast du nicht lange! Er nistete sich sofort bei mir ein, rücksichtslos, egoistisch, selbstbewußt. Er wußte, wie schön er war, ach, und er war so leidenschaftlich! Keiner konnte so zuschlagen wie er, wenn ihm was nicht paßte, und meine Freundin zeigte entsetzt auf meine Wunden und sagte: «Wie siehst du denn aus?» «Das war er!» strahlte ich, und alles war schon längst verziehen, denn von ihm bekam ich nicht nur Hiebe, sondern auch tüchtig Liebe. Ihm hätte ich so sehr ein langes Leben gegönnt, er hat alles so genossen – die Sonne, das Leben, die Mahlzeiten –, aber er wurde überfahren, wie die beiden anderen auch.

Jetzt lebe ich mit zwei Mädchen. Die eine ist ziemlich dick, ein bißchen doof und unendlich gründlich, die andere ist kokett, frech und übermütig. Aber: sie sind häuslich. Es sind eben Katzen und keine wilden Kater. Und es ist ja der Mann, den es ins feindliche Leben zieht. Die Mädels bleiben daheim und wundern sich, daß es kaum noch Kater gibt, die mal eben vorbeischauen.

23.9.87

Wer soll bloß all die neuen Bücher lesen?

Also... wieder mal Buchmesse, wieder mal Neuerscheinungen, die in die Hunderttausende gehen, wieder einmal die Frage: «Und wer soll das alles lesen?» Interessant wäre ja auch mal die Frage: «Um Gottes willen, wer hat denn das alles geschrieben? Haben wir unter uns wirklich so viele Dichter? Ist denn die Geschichte Mann liebt Frau / oder Frau liebt Mann / oder Frau liebt Mann, der aber andere Frau liebt / oder Frau liebt Frau, die aber Mann liebt, tatsächlich immer wieder zu erzählen? Oder was haben uns die Dichter – ha? Da kommt sie aus der Tiefe hervor, die Frage aus dem Deutschunterricht: «WAS WILL UNS DER DICHTER DAMIT SAGEN?» Will uns denn der Dichter überhaupt etwas sagen? Oder will er einfach nur schreiben? Und brauchen wir das, was er schreibt, im Videozeitalter noch, wo die Geschichten elektronisch erzählt werden?

Umfragen beweisen ja immer wieder, daß kein Mensch mehr liest. «Dramatischer Verfall der Lesekultur!» ist die Botschaft, die aus Statistiken und Tabellen herausklingt. Und trotzdem hüten wir unsere Dichter wie zarte Lämmlein und denken uns die komischsten Schongebiete aus, in denen sie auf nicht gerade fetten, aber doch grünen Weiden das tägliche Gras rupfen und abends dann sorgenfrei dichten können.

Da gibt es Stadtschreiber und Dichtertelefone, Städte bieten Sommer- oder auch Winteraufenthalte in heimeligen Dachwohnungen an, Miete und Heizung frei, kleines Taschengeld, nur eine Bitte: Der Dichter soll ein-, zweimal den Bürgern etwas vorlesen. Bei Dichterlesungen ist immer Publikum: Warum? Können die Leute nicht selbst lesen? Wollen sie einen lebenden Dichter, dieses Fossil, einmal aus der Nähe sehen?

Die Dichter, die ich kenne, lesen alle gern vor. Freiwillig fahren sie in die entlegensten Stadtbüchereien, schlafen in kleinen Muffelhotels und lesen vor zwanzig Deutschlehrern, Bibliothekaren, Germanisten, Schülern und Rentnern ihre Verse vor – weil Resonanz kommt, sagen sie, die sie in ihren stillen Stuben sonst nicht haben. Weil die Leute Fragen stellen, vom Dichter etwas wissen wollen («Schreiben Sie mehr morgens oder abends?» «Können Sie denn davon leben?»).

Davon leben können die wenigsten Dichter, und darum hat man wohl auch den Kurgastdichter erfunden – der soll sich mal so richtig erholen und auch die Kurgäste glücklich machen: Angebot eines Luftkurortes im Teutoburger Wald, da darf der Dichter kuren, durch den Kurpark wandeln und abends manchmal ein bißchen zur Erbauung beitragen.

Irgendwas muß also doch dran sein an den Dichtern. Sie haben uns etwas zu sagen. Und die Mächtigen fürchten das Dichterwort so sehr, daß immer die Schreibenden als erste die Kerker füllen in Diktaturen. Wird man ihrer nicht habhaft, verbrennt man die Bücher, aber wir trösten uns mit Wielands Wort: «Ihr werdet auch in den zerstückelten Gliedern den Dichter wiederfinden.»

Ich glaube ganz einfach nicht an das Wehgeschrei vom Nichtmehr-Lesen. Die Buchmesse ist ja nicht nur Selbstzweck, nicht nur Ausstellung für die Macher, nicht nur Handelstreffpunkt. Wer einmal die Massen Mensch gesehen hat, die sich da durch die Gänge der Messehallen wälzen, der weiß: Es wird immer gelesen werden. Dichter, dichtet weiter! Wir brauchen euch, und dichtet auch Drehbücher fürs Fernsehen, damit es nicht immer nur die Flachsten tun.

7. 10. 87

Eigentlich sind wir Frauen doch immer schlecht drauf!

Also... das weiß man ja: Wenn wir Mädels unsere Tage haben, dann sind wir schlecht drauf. Ist alles erforscht: an diesen gewissen Tagen (Kopfweh, Bauchweh, niedriger Blutdruck) neigen wir zu Unfällen im Haushalt, wir fahren mit Vatis Wagen direkt vor die nächste Straßenlaterne, und wir würgen unsere Oma. Alles psychisch, weil...

Wenn Vollmond ist, ist auch nichts mit uns anzufangen. Schon der Tag davor und noch der Tag danach findet uns kribbelig und fahrig, und am Vollmondtag selbst ist nichts vernünftig, was wir tun, und mitten in der Arbeit brechen wir in Brunft- oder Sehnsuchtschreie aus. Kommt ein Wettertief gezogen, nehmen wir an aus der Biskaya, dann ist absolut nichts mit uns anzufangen, und bei Wetterumschlag liegen wir völlig darnieder: Das Wolkentief löst in uns ein fatales Seelentief aus, am liebsten legten wir den Kopf auf die heiße Herdplatte oder den Fön in die Wanne, es hat ja alles eh keinen Sinn.

Und bitte, bedenkt die Biokurve! Die geht rauf und runter, und sehr oft geht sie runter, und dann haben wir absolut keine Energie, sind matt, glanzlos und trübsinnig. An solchen Tagen zerbrechen hundertjährige Ehen.

Diese Tage muß man überhaupt auch noch mitrechnen: die Tage natürlichen Elends, wenn ER nicht anruft, wenn ein blöder Brief kommt, wenn Kränkungen das Gemüt jäh verdüstern. Wir möchten uns ins Bett legen, die Decke übern Kopf ziehen und nie mehr auftauchen.

So, Schwestern, und jetzt addieren wir das mal fix: Das berühmte Frauenleiden nimmt uns jeden Monat, na, seien wir mal großzügig, insgesamt drei Tage die Zurechnungsfähigkeit. (Sogar Gerichtsurteile fallen milder aus, wenn wir diesen Zustand leichten Wahnsinns nachweisen können!) Plus drei Tage Vor-, Nach- und Vollmond, da ist die eine Woche schon unter ferner liefen gelaufen. Das Wetter spielt mit seinen Tiefs und diversen Umschwüngen mindestens auch eine Woche pro Monat verrückt, bleiben uns noch vierzehn normale Tage, bei denen wir mindestens sechs abzurechnen haben für das Durchhängen der Biokurve und noch mal drei bis vier Tage für Liebeskummer, blöde Briefe, dämliche Anrufe, Kränkungen diverser Kategorien, bescheuerte Vorgesetzte und, und... Merkt ihr was?

Wir Frauen sind einfach toll. Obwohl wir die Hälfte der Zeit ausfallen wg. Periode und Mond und Biorhythmus, die andere Hälfte fast ganz wg. Liebe und Wetter, obwohl nur ganz wenige Tage pro Monat bleiben, an denen wir im Vollbesitz geistiger und seelischer und körperlicher Kräfte sind – wir schaffen alles! Wir kriegen und erziehen Kinder, sind berufstätig, malen Bilder, komponieren Musik, wir schreiben nicht nur Kolumnen, sondern ganze Brigitten voll – in diesen paar normalen Funktionstagen, die uns bleiben...

Wir sind einfach wunderbar. Das soll uns doch erst einmal einer von den Kerlen nachmachen.

21.10.87

Wie süß sind kleine Kinder?

Also... Hand aufs Herz: Sind kleine Kinder automatisch süüüüß, lieb, wonnig, niedlich, goldig, entzückend, nur weil sie kleine Kinder sind? Ich nehme jetzt mal an, es ist selbstverständlich, daß jede Mutter ihr kleines Kind hinreißend findet. Von den Vätern weiß ich das nicht so genau, aber bei Müttern habe ich es selbst beim quengeligsten Balg immer wieder erlebt: «Ist der nicht süß?» Gut. Mag er süß sein. Aber: Muß ich ihn süß finden? Bin ich als Frau und Mensch verpflichtet, jedes kleine Kind niedlich zu finden? Muß ich mich freuen, wenn die Bekannten androhen: «Ich komm mal vorbei, du kennst ja unsere Patrizia noch gar nicht», oder darf ich einfach freiweg sagen: «Komm doch bitte vorbei mit ihr, wenn sie zehn Jahre alt ist»?

Also, nur Mut, mitten ins Zentrum des Problems, meines Problems, das da lautet: Darf ich sagen, habe ich ein Recht auszusprechen, ohne sofort geviertelt zu werden, daß ich kleine Kinder höchst selten, fast gar nicht, eigentlich überhaupt nicht süß finde? Daß es mich stört, wenn ich mit ihren Müttern nichts mehr reden kann, weil sie immer dazwischenplappern? Daß ich verrückt werde bei Gesprächen, die sich nur ums Kind drehen? Daß ich es nicht ausstehen kann, wenn erwachsene Menschen plötzlich umflorte Augen kriegen und aus ihrer Brieftasche Fotos ziehen, in Gesellschaft herumreichen und auf ein dickes Baby deuten, das aussieht wie Millionen andere dicke Babys, und alle schreien: «Gott, ist das niedlich!» Und ich empfinde rein gar nichts – was muß ich tun, um Mitglied der menschlichen Gesellschaft zu bleiben? Muß ich schweigen, was als Kränkung ausgelegt wird? Soll ich heucheln und auch begeistert ausrufen: «Gott wie niedlich»? Je älter ich werde, desto weniger Lust habe ich auf Höflichkeitsfloskeln.

Natürlich geht es überhaupt nicht an, einfach zu sagen: «Also, ich finde es nicht besonders niedlich.» Es ist niedlich! Kleine Hunde und kleine Katzen sind schließlich auch niedlich, wie sehr also erst kleine Kinder! Nur, wer keine hat, sieht nicht den überwältigenden Zauber dieser putzigen kleinen Wonneproppen, dududu, wo isses denn? Da isses ja. Das allgemeine Kleinkinderbewunderungsprogramm läuft ab wie die ewig alte Leier, daß Eltern immer nur das Beste wollen und daß man als Kind seine Eltern zu lieben hat, koste es, was es wolle. Es gibt da so eiserne Regeln, die gipfeln in Miss Ellies Satz: «Eine Mutter liebt all ihre Kinder gleich.» (Miss Ellie ist die Dame mit dem Hängerkleidchen aus Dallas, und sie liebt Bobby genausosehr wie J. R., denn beide waren auch mal so süüüüße kleine Babys, drum!)

Ich will jetzt gar nicht so weit gehen und behaupten, daß es J. R.s auch schon unter kleinen Kindern gibt. Aber ich behaupte, daß nicht alle kleinen Kinder entzückend sind und daß ich das Recht habe, das so zu empfinden. Soeben schüttet Patrizia das Glas Orangensaft über den Teppich, räumt die drei unteren Reihen des Bücherregals aus und quengelt dann: «Mama! Langweilig! Gehen!», und Mama sagt zu meinem Entsetzen: «Aber Schatz, wir sind doch eben erst gekommen, da können wir doch nicht schon wieder gehen.» Könnt ihr natürlich nicht, weil die Tante ja Patrizia einfach süüüüß findet, was denn auch sonst?

4. 11. 87

Wenn Freundschaft einfach einschläft

Also... Freunde sollte der Mensch schon haben, sonst wird es wirklich kalt in der Welt. Irgendein weiser Mann hat gesagt, das Traurigste unter der Sonne wäre ein Mann ohne Freunde – von uns Frauen war da nicht die Rede, aber ohne DIE wirklich gute enge Herzensfreundin, die alles versteht, über Jahre alles mitkriegt, alles erzählt und tröstet und getröstet wird, ohne diese Freundin ist das Leben trübe. Wenn sich nun aber zwei zusammentun, zwecks Ehe oder gemeinsamen Lebens, dann wird die Sache mit den Freunden ganz heikel: Im Idealfall sind deine Freunde auch meine Freunde und umgekehrt. Was aber, wenn deine Freunde meine Freunde nicht mögen oder, noch schlimmer, wenn du sagst: «Weißt du was, wenn H. kommt, geh ich einfach solange spazieren, ist ja doch mehr dein Freund...?» Gar nicht so einfach, an einer Freundschaft festzuhalten, die der Lebensmensch, der wichtigste, nur mit gesträubtem Nackenhaar ertragen kann. Manchmal zerbricht eine Freundschaft, die Jahre überdauert hat, an so einer Abwehr.

Wenn Freundschaften zerbrechen, tut das weh. Sie tun es entweder mit einem Knall, weil irgend etwas Fürchterliches gesagt oder angetan wurde, oder sie tun es schleichend – sie sind einfach irgendwann nicht mehr so wichtig, und dann fragt man sich schuldbewußt: Was hab ich falsch gemacht? Oder: Konnte ich mich denn so irren? Und das Günstigste ist noch, wenn so eine Freundschaft auf beiden Seiten gleichzeitig einschläft. Wehe, einer leidet, ruft an, fragt, schreibt Briefe, will wissen warum, schickt Geburtstagsgrüße – wie mache ich klar, daß mir das alles nichts mehr bedeutet? Und warum eigentlich? Es ist doch eh nur so ein vages Gefühl... Entsetzlich ist auch, wenn Freunde, die man liebt, etwas Blödes tun – wenn sie sich irgendwie unmöglich machen oder einen ganz schlechten Artikel schreiben (vielleicht finden nur wir ihn schlecht!) oder sich sonstwie eine Blöße geben, die dann Leuten, die auf diese Freundschaft immer schon neidisch oder argwöhnisch blickten, das Recht gibt, zu sagen: «Na, hast du gelesen? Soooo ein Quatsch! Ich denke, das ist dein Freund?», und man fühlt sich immer ein bißchen mitschuldig.

Meiden sollte man die «Freunde», die sich Küßchen rechts, Küßchen links, Champagnerflasche unterm Arm immer mal wieder einschleichen, intimste Vertrautheit vortäuschen und allen Klatsch der Welt ins Heim tragen, vornehmlich Klatsch, der einen selbst betrifft – «Ich war ja so empört, aber stell dir vor, die Soundso hat doch tatsächlich über dich gesagt... Ich wollte nur, daß du es weißt, auf alle Fälle.» Ja und? Jetzt weiß ich's, und es ärgert mich: Raus mit solchen Freundschaftsschmarotzern, mehr als, na, sagen wir zwei (allenfalls drei) wirklich enge Freunde sollte man gar nicht haben, alles andere ist Seelengeldverschleuderung, Zeitverschwendung, frißt auf, statt aufzubauen.

In einem langen Fernsehinterview wurde Max Frisch zu seiner – nun beendeten – Freundschaft mit Friedrich Dürrenmatt gefragt: Warum ist es vorbei? Er überlegte lange und formulierte es dann sehr schön und sehr vorsichtig: daß auch Freundschaften ihre Zeit haben, nicht auf ewig gelten, daß es auch auf die Dauer eigentlich gar nicht ankomme, sondern auf die Intensität. Und die kann man ja nicht immer auf dem gleichen hohen Niveau halten. Dürrenmatt und Frisch haben sich, alter Freundschaft erinnernd, etwas fest versprochen, als letzten Freundschaftsdienst: Wer immer zuerst stirbt, der andere redet NICHT an seinem Grab. Das ist doch auch was!

17.11.87

Alles schon reserviert!

Also... das kann ich schon leiden. Man kennt das ja vom Strand: Zehn Liegestühle sind besetzt, in dreißig weiteren liegen Zeitungen, Badmäntel, Kulturbeutel (Kulturbeutel! – auch mal ein schönes Thema!) und deuten an: BESETZT. Das vornehme Wort für BESETZT, das an so einen eindeutigen Ort erinnert, ist: RESERVIERT. Wer kennt sie nicht, die einladenden Tische am Fenster im erst halbvollen Restaurant! Da steuerst du hin mit deinem Herzallerliebsten, das ist genau die lauschige Ecke, die ihr nach den krisengeschüttelten letzten Tagen für ein versöhnliches Abendessen, Blick auf den See, jetzt braucht. Und was sagt das kleine Kärtchen unter dem kleinen Blumensträußchen? RESERVIERT. Der Ober mustert euch. Gefällt ihr ihm nicht (keine edlen Klamotten, keine Aussicht auf große Zeche oder großes Trinkgeld), dann bleibt der Platz reserviert, und ihr müßt euch vorne neben die Schwingtür zur Küche setzen, und die Krisen schütteln weiter. Irgendwann im Laufe des Abends wird seine Hoheit der Oberkellner das Reserviert-Schildchen dann diskret verschwinden und ein Paar Platz nehmen lassen, das auch nicht besser aussieht als ihr. Gefällt ihr ihm, ist das alles sofort geregelt, Schildchen weg, und da steht auch schon das gute Pizzabrot kostenlos auf dem Tisch.

Du kommst ins Kabarett, pro Reihe sitzt ein Typ, der Rest: Mäntel und Schals – alles reserviert, durch die Bank. Irgendwo liegt ein Schal nur halb auf dem Stuhl – «Ist da noch frei?» Muffiges Nicken, ja setz dich her, du Trampel, eigentlich hätte ich lieber allein gesessen, aber nun ist eben nichts daraus geworden. Du setzt dich neben eine nunmehr reservierte Nachbarin.

Am schönsten ist es, wenn du in der Stadt bei der Parkplatzsuche eine Lücke entdeckst und sie glücklich ansteuerst. Nix da! Wedelnd springt dir ein Knabe entgegen und bedeutet: Besetzt! Seine Mutter erledigt nur noch was da vorne am Drive-in-Sparkassenschalter, und Heinzi hält tapfer hier den Platz frei. Darf der das? Wo ist die Obrigkeit, die solches klärt? Sonnenschirme sind reserviert und Kirchenbänke, die Salzburger Festspiele sind durchweg reserviert für Honoratioren, und an Karten in Bayreuth kommt auch nicht jeder – reserviert. Man kann nicht mehr einfach abends in ein gutes Lokal zum Essen gehen – schon an der Tür wird man abgefertigt: «Sie haben nicht reserviert? Bedaure.» Ja, wann hätte ich denn reservieren sollen: Vor zwei Stunden wußte ich doch noch gar nicht, daß mir heute nach diesem Essen und just hier zumute sein würde!

So geht's aber nicht mehr. Wir sind so um die fünf Milliarden auf der Welt, Herrschaften, da muß, wer zum Zuge kommen will, alles überall immer reservieren lassen: vom Sitzplatz im Zug über die Theaterkarte und den Studienplatz bis zum Altersheimplatz und natürlich bis hin zum Grab. Auch Friedhöfe haben nur begrenzt Platz. Lassen Sie es sich bitte nicht einfallen, einfach so zu sterben, plötzlich. Wo soll man denn mit Ihnen hin? Alles reserviert! Hier liegen schon die, die im Lokal den Fensterplatz hatten, im Kabarett Reihe drei und jedes Jahr den «Ring» in Bayreuth. Reserve hat Ruh.

2.12.87

Noch mal Glück gehabt!

Also... wenn man von jemandem sagt: «Da hat er aber noch mal Glück gehabt!», dann heißt das doch eigentlich nichts anderes als: Dem ist etwas ganz entsetzlich schiefgegangen, aber er ist noch mal gerade so davongekommen, vielleicht mit dem berühmten blauen Auge. Noch mal Glück gehabt zu haben setzt gehabtes Unglück voraus – man ist bei einem Unfall, einer Krankheit «dem Tod von der Schippe gesprungen», wie meine ostpreußische Großmutter Elise das drastisch nannte. Man war eben «noch nicht dran», man hat noch einmal Glück gehabt. Verdientes Glück? Zufälliges Glück? Gibt es den Zufall überhaupt? Und kann man Glück verdienen? Und ist Unglück eine Art Strafe? Wofür? Manche Menschen ziehen das Unglück geradezu an. Ihnen passiert alles: Der Blumentopf fällt ausgerechnet auf ihren Kopf, nur in ihre Wohnung wird eingebrochen, immer fahren ihnen Züge und Bahnen vor der Nase weg, und jede Krankheit erwischt sie. Andere haben das Glück gepachtet, und wenn sie doch mal Pech haben – dann haben sie mit Sicherheit gerade noch mal «Glück gehabt». Was denn nun – ist jeder seines Glückes Schmied, oder ist Fortuna launisch und gießt ihr Füllhorn aus, wo, wie und über wen sie will? Haben wir einen Anspruch auf Glück? Ist denn Glück machbar, für den einzelnen, für die Gesellschaft? Und haben Weise, Philosophen eine Gelassenheit erreicht, die Glück und Unglück neutralisiert?

Keine dieser Fragen läßt sich beantworten, Glück ist für jeden Menschen etwas anderes, und die Freiheit gehört immer unabdingbar dazu – ohne die Freiheit, sich bewegen zu können, uneingeschränkt, kann es kein Glück geben.

Aber: «Glück gehabt» – das ist für jeden dasselbe, das bedeutet, einer Beinahe-Katastrophe entronnen zu sein. Glück gehabt verzögert für eine Sekunde den Herzschlag; Glück gehabt rückt allen kleinlichen Ärger ins rechte Maß zurück; Glück gehabt gemahnt an die Begrenztheit des Lebens, an den winzigen Schritt, der zwischen Jetzt und Aus zu tun ist; Glück gehabt macht ein anderes Gesicht; Glück gehabt ist ein Moment, der noch nach Jahren frisch und brennend plötzlich spürbar wird – die Erinnerung an die Sekunden im splitternden Auto, und plötzlich steht man daneben, unversehrt. Daneben wird alles andere klein und bedeutungslos. Die Narkose, aus der man nach der Operation erwacht, und es beugt sich jemand über einen und flüstert: «Glück gehabt!» Diesen Augenblick habe ich erlebt. Er war unbeschreiblich, er war der eigentliche Anfang meines Lebens, denn über «Leben» hatte ich bis dahin nicht so richtig nachgedacht, außer, daß ich bei jedem Liebeskummer sofort am liebsten tot gewesen wäre. Wer «Glück gehabt» hat, spielt mit solchen Gedanken, glaube ich, nicht mehr. Der Schreck sitzt zu tief. Daß einer, der das Glück gehabt hat, einen Flugzeugabsturz zu überleben, im selben Jahr seinem Leben ein Ende setzt, weil er vielleicht Fehler nicht eingestehen kann und einen Karrierebruch nicht ertragen, das ist an der zurückliegenden Affäre Barschel für mich die unbegreiflichste Seite gewesen. Wer das Glück hatte, «dem Tod von der Schippe zu springen» – liebt der das Leben nicht mit jeder Faser?

16.12.87

Frauen, überall Frauen!

Also... schon bemerkt? Überall ist DIE FRAU im Kommen! Ich erinnere mich an eine Woche, da forderte zunächst das Festkomitee für den Kölner Karneval: Mehr Frauen in die Bütt! Und schon zog die SPD nach und wollte sofort 40 Prozent aller Parteiämter mit Frauen besetzen, und Heiner Geißler witterte Widerstandsnester gegen die Emanzipation in seiner Partei, und die wollte er unverzüglich – na, bis Mitte der 90er Jahre – ausräuchern und Rita Süssmuth auf jeden 4. Posten der CDU setzen. Dann kam die Nürnberger Erfindermesse mit einer Sonderabteilung Frauen, und so geht das immer weiter, Schwestern, ich sage euch: Morgen gehört uns die Welt. Ich glaube, daß die Welt schlechthin jetzt endgültig so versiebt ist, daß sie uns Mädels brauchen, um alles wieder rauszureißen, oder wenigstens sollen wir am Weltuntergang Mitschuld tragen. Aber das Problem ist: Solche Posten wollen wir gar nicht haben. Wir wollen nicht so machtgeil werden oder uns Vermummungsverbote ausdenken.

Es wäre schön, wenn ganz einfach Frauen, die was KÖNNEN, auch was werden können – ohne großartige Quotierungen. Wer es will und wer es kann, soll es werden können: Kanzlerin, Intendantin, Ministerin. Wir Frauen brauchen kein Artenschutzabkommen, wir brauchen höchstens jemanden, der uns hilft, unsere Männer zu gelassener Toleranz zu erziehen, wenn wir hinausstürmen auf die sogenannte Karriereleiter. Ich will nämlich auch nicht den Hausmann in Latzhose und Schlappen haben, während ich in der Welt herumwurschtele.

Nein, das Thema ist verdammt noch mal nicht so neckisch, daß es irgendwelche SPD- und CDU-Onkels in schöner Regelmäßigkeit als 40-Prozent-Angebot wieder in die Zeitung bringen könnten, wenn ihnen sonst nichts mehr einfällt. Und die Grünen, die Mann raus- und Frau reinzwingen, die passen mir mit dieser Methode auch nicht. Wenn Frauen nach oben (was immer das ist) wollen, müssen sie – daran führt kein Weg vorbei – dafür einen Preis bezahlen, einen höheren als die Männer. Dazu sind viele Frauen nicht bereit, und das kann ich sehr gut verstehen – nur: die will ich dann auch nicht ewig jammern hören über Unterdrückung. Entweder – oder. Sind sie aber bereit, auf Familie, Kinder, gemütliches Zuhause weitgehend zu verzichten oder sich in der Doppel- und Dreifachrolle halbtot zu hetzen, dann ist es doch wohl selbstverständlich, daß sie ÜBERALL die gleichen Chancen kriegen wie die Männer, wozu dann diese lächerliche Almosenquotierung?

Gut – mehr Frauen in die Bütt: Da will ich die Quotierung einsehen. Fasching oder Karneval ist ja viel, viel ernster als Politik, noch ehrgeiziger, noch humorloser, eine absolute Männerdomäne. Da muß man ganz klein und bescheiden anfangen, damit endlich Frauen auch öffentlich Witze über Schwule und Neger machen dürfen, helau! Und schnell noch ein Wort zur Erfindermesse: Da hatten die Frauen in diesem Jahr erstmals ihr Eckchen – und was haben sie erfunden? Weltveränderndes? Ach was. Blumenvase mit Heizung, Teigrandfixierer, Tortenbodenschneideschablone. Dazu brauchen wir kein Erfinderinnenreservat. Wir brauchen überhaupt kein Reservat. Wir brauchen kluge und mutige Köpfe auf beiden Seiten. Es ist mir egal, ob mich Männer oder Frauen regieren und ob Männer oder Frauen erfinden, predigen, managen oder sonstwas – wichtig ist, ob sie es GUT machen. Die Quotenregelung betrachte ich ab sofort als persönliche Beleidigung – wie gesagt: außer in der Bütt.

30.12.87

Machen Kleider Leute?

Also... seit die Sache mit des Kaisers neuen Kleidern so ein peinlicher Flop war, sind zum Beispiel Kanzler mit ihren Kleidern ganz vorsichtig. Sie lassen sich da nichts Extravagantes aufschwatzen – ringsum dasselbe graue oder blaue Tuch. Deutschlands Wähler haben nur zu korrekt gekleideten Herren und zu Damen im Kostüm mit Schleifenbluse Vertrauen. Eine Zeitlang schien es so, als würden künftige Kriege danach entschieden, ob die Gorbatschowa oder Mrs. Reagan besser gekleidet wäre.

Aus der Werbung blickt mich eine kühle Blonde mit Fliege an und überlegt, welche Bluse sie auf dem Weg nach oben anziehen soll – die konferenzweiße, die unterschriftsblaue, die umsatzschwarze, die reisegrüne, die terminrote, die vertragsgelbe oder die telefongraue? Die mit den Karriere-Streifen oder die mit den Aufsteiger-Karos? Die Tante hat den Durchblick, denn sie wird tatsächlich danach beurteilt, was sie anhat. Psychologen haben für ein entsprechendes Forschungsobjekt Testpersonen auf die Straße geschickt – die elegante Dame bekam sofort Telefongroschen geschenkt, der schlumpfige Freak nicht. Schreiende Ungerechtigkeit! Die Elegante hat doch eh schon genug Kohle auf dem Konto, während sie dem Freak vielleicht gerade sein Fahrrad geklaut haben, und nun kann er nicht mal seine WG anrufen, damit Dörte ihn mit dem Tandem holt...

Im Extremfall, so wurde herausgefunden, sprechen die Leute einem Menschen je nach Jacke und Hose sogar den Verstand zu oder ab: Eine Testperson wurde mit korrektem Nadelstreifen, Hemd, Krawatte losgeschickt und mußte geschäftliche Entschlüsse mit astrologischen Vorhersagen begründen. Man hielt den Mann für bekloppt. Als derselbe Typ daherkam als Späthippie in Flattermontur und für dieselben Geschäfte dieselben Begründungen abgab – ja, da glaubte man ihm, denn diese Blumenkinder, die haben ja eh so ein besonderes Verhältnis zum Kosmischen, warum soll der nicht...

Ja, ihr Lieben in Bonn, wenn ihr immer beklagt, daß die Jugend so politikmüde ist und daß der Wähler euch so parteiverdrossen erscheint – vielleicht ist es ja gar nicht eure Politik! Vielleicht verkaufen sich Sozialkürzungsprogramme besser in nietenbesetzten Jeansanzügen und weißen Lederjacken? Daß eine Novelle zum Tierschutzgesetz besser ankommt, wenn Annemarie Renger mal die Pelzmäntel wegläßt, das mag jedem einleuchten. Aber wenn der Blüm vor den Stahlkochern mal ein bißchen flotter aussähe – Hawaiihemd, Bermudas, Bananenschlips –, vielleicht würden sie ihn dann nicht so ausbuhen? Aber ich glaub's nicht – das sähe dann nach Urlaub und Nichtstun aus und wär auch wieder falsch. Darum setzen sich ja Politiker gern den Malocherhelm aufs Denkerhaupt – seht, ich bin einer von euch – und werden trotzdem ausgebuht. Margaret Thatcher ist einer der ganz wenigen Fälle, scheint mir, wo Form und Inhalt absolut übereinstimmen – Stahlbeton außen, Stahlbeton innen. Die Mafia dagegen täuscht in Kamelhaarmänteln den Ehrenmann vor und straft ihn durch Brillantine im Haar wieder Lügen, und die Terroristen haben längst nicht mehr lange Haare und Bärte, sondern schmale Koffer und dunkle Anzüge. Gut: Kleider machen Leute. Aber nur, weil wir uns angewöhnt haben, die Kleider aufmerksamer zu betrachten als die Leute.

13.1.88

Alles nur Kleinigkeiten!

Also... zählen wir doch mal eben rasch auf: daß die Autofahrer nachts in den Wohnstraßen Formel 1 spielen, und wenn dabei unsere Katzen überfahren werden – na und? Daß es kaum möglich ist, in einem Lokal ein Gericht ohne Fleisch zu bekommen, wenn man nun mal kein Fleisch mehr essen will; daß es unbedingt erforderlich ist, jeden im Fernsehen auftretenden Popsänger in wallenden Nebel aus der Trockeneismaschine zu hüllen, was einmal galt, muß immer gelten, bloß nichts Neues; daß Tapeten, Pantoffeln, Handtücher, Gardinen immer und immer gemustert sein müssen, daß überhaupt alles gemustert ist; daß die Werbung den Hausfrauen immer noch erzählen darf, nur mit Weichspüler würde alles kuschelig und schön, obwohl unsere Gewässer daran kaputtgehen; daß mit Ausländern Idiotendeutsch gesprochen wird; daß man Kinder automatisch – «Nein, wie süß! Wo isser denn, dz dz dz?» – anfaßt und betätschelt; daß man Leute, die man aus dem Fernsehen kennt, anfaßt, anglotzt, ihnen ihren Namen hinterherschreit und sie duzt; die Küßchengeberei von Leuten, deren Freund man nicht ist und nicht werden will; daß unsere Politiker von politischer Kultur immer dann reden, wenn gerade wieder eine besondere Schweinerei passiert ist und man das Gefühl hat, die einzige Kultur, die die kennen, ist der Kulturbeutel; daß die zwei Stunden Kinobesuch von vielen Leuten ausschließlich zum Essen benutzt werden; daß Männer auf privaten Klos immer noch im Stehen pinkeln und die Hausfrauen ihr Gespritze wegputzen lassen; daß Wasch- und Spülbecken in fast allen Wohnungen zu tief angebracht sind, weil Architekten nicht mitkriegen, daß die Menschen heute etwas größer sind als zu der Zeit, da sie Opas Normen studierten; daß man sich in Flugzeugen vor dem Start und nach der Landung und in Hotelaufzügen mit Musik der Sorte akustische Umweltverschmutzung verblöden lassen muß; daß es Leute gibt, die sich in Jogginghosen so schön finden, daß sie diesen Anblick auch außerhalb der Piste anderen Menschen zumuten; daß die Nachbarn alle drei Tage mit einer Knattermaschine ihren Rasen lautstark kleinhalten, weil es die Nagelschere allein halt doch nicht so akkurat schafft, wie Natur gefälligst zu sein hat; daß auf der Autobahn im Stau schon wieder ein paar Anhänger mit Pferden drin in der Hitze stehen, Pferde, die wir dann am nächsten Tag gegen ihren Willen und ihre Veranlagung zwei Meter hohe Hindernisse im Fernsehen überspringen sehen können, in Sendungen, die sich angeblich mit Sport befassen; daß sich, wenn kein Stau auf der Autobahn ist, immer sofort jemand findet, der dich Stoßstange an Stoßstange jagt, weil er vermutlich mit dir zusammen sterben will; daß auf der Wiese, über die du spazierengehst, vom letzten Picknick irgendwelcher Zeitgenossen leere Mayonnaisetöpfe, Chipstüten, Coladosen und die metallenen Bierverschlüsse liegen, an denen die Kühe eingehen, wenn sie sie fressen.

Das alles. Und es sind alles nur Kleinigkeiten. Kein Wort von Krieg, Not, Krankheit, Raketen. Das kommt später. Das kommt dann, wenn ich von den Kleinigkeiten schon so genervt und zerbröselt bin, daß ich für das große Elend kaum noch Kraftreserven habe.

27.1.88

Wie lebt ein Milliardär?

Also... so ganz, ganz steinreiche Leute, wie leben die eigentlich? Essen die schon morgens goldene Eier? (Nein, aber abends legen sie vermutlich welche.) Haben die eigentlich noch Spaß daran, sich etwas zu kaufen, zu reisen, schön zu essen? «Wer jeden Tag Pasteten frißt, der weiß ja nicht, wann Sonntag ist», sagte Tante Anna. Weiß ein Milliardär, wann Sonntag ist? Hat er vielleicht überhaupt nur noch Sonntage, oder hat er lauter Alltage, weil er ja die Börse und den Stahl beobachten muß? Fragen über Fragen.

Ich habe das erste Mal Reichtum gesehen, als ich als Kind die Villa Hügel besichtigte – Stammsitz der Krupps. Solche Treppenhäuser! Solche Räume! Solche Teppiche, Lampen, Gemälde – unvorstellbar, daß hier Kinder hatten aufwachsen dürfen. (Armer toter Arndt Krupp, später war ich nie mehr neidisch, und heute weiß ich, daß es in unsern zwei Zimmern ohne Bad und mit Kohleofen menschlicher und lustiger zuging als in seinem Palast.) Inzwischen kenne ich sogenannte «reiche» Leute. Die meisten wirken eher gestreßt als glücklich. Sie müssen Alarmanlagen haben und Scheinwerfer im Garten, sie haben zwar Personal «fürs Grobe», aber der Seelenpreis, den sie dafür zahlen – nie allein, immer Leute im Haus, die alles mitkriegen! –, ist hoch, wäre mir zu hoch. Ich bin also – ich schwöre es – nicht mehr neidisch. Aber ich bin neugierig: Wie leben die wirklich, die ganz, ganz Reichen? Was bedeutet ihnen noch etwas, worüber können sie sich freuen? Was um alles in der Welt macht Herr Yoshiaki Tsutsumi, reichster Mann der Welt, mit seinen 21 Milliarden? Und wird Herr Taikichiro Hori, zweitreichster Mann der Welt, von Verzweiflung zernagt, weil er bloß 16 Milliarden (Dollar natürlich) besitzt? Können sich die Herren die Milliarden noch vorstellen? Wenn sie ein Fünfzig-Pfennig-Stück auf der Straße finden, bücken sie sich danach? Gehen sie je über Straßen? Macht es Spaß, sich alles kaufen zu können? Oder wollen so reiche Leute gar nichts kaufen, wollen sie nur denken und arbeiten und anlegen und – womöglich – auch ausbeuten, und was ist Glück für sie?

Hach! Ich höre Sie, geschätzte Leserin dieser Zeilen, schon rufen: Wenn ich die Milliarden hätte, ich wüßte schon, was ich damit täte... Wetten, daß nicht? (Außer, sie für eine vernünftige Sache sofort wieder loszuwerden.) Einen Milliardär kenne ich schon sehr lange und sehr gut, er ist nun wirklich der absolut reichste der Welt, aber er kommt nicht aus Japan, sondern aus Entenhausen und heißt Dagobert Duck. Er besitzt – akribische Fans haben das nachgerechnet – 714 285 Milliarden Ententaler, bei weitem mehr als der entenschnäbelige Maharadscha von Zasterabad. Und was hat Onkel Dagobert von seinem Zaster? Immer neue Geldspeicher verschandeln die Entenhausener Tiefebene, tagein, tagaus Ärger mit den berüchtigten Panzerknackern, rastloses Schaffen, keine Freude, keine Freunde, keine Zeit. Sein einziges Vergnügen: im Geld zu schwimmen, von einem Turm einzutauchen in seine goldenen Taler und sie sich auf den Kopf prasseln zu lassen. Und was ist die Folge? Matt, müde, krank – denn: «Alle Poren mit Goldstaub verstopft», sagt der Doktor. «Es ist nicht gesund, Herr Duck, im Geld zu schwimmen.»

Na bitte. Wir haben es schon immer geahnt.

10.2.88

Von der Schönheit des Reisens

Also... liebe Freundin, diese Kolumne schreibe ich für dich, die du immer denkst, ich hätte so ein faszinierendes Leben, weil ich ab und zu nach Hamburg oder Berlin oder München fliege, um da zu arbeiten. Andere Leute reisen in andere Kontinente, aber da mir ja, wie hinreichend bekannt ist, jede Art von Reisen verhaßt ist und ich schon genug damit zu tun habe, die täglichen Eindrücke vor meiner Haustür zu verarbeiten, habe ich das Reisen aus meinem Lebensplan gestrichen. Aber: Um gewisse Arbeitsreisen im heimatlichen Land komme ich nicht herum, und die findest du schon beneidenswert, liebe Freundin... na, laß dir erzählen, was du versäumst: zunächst die Fahrt im Taxi zum Flughafen. Jedem Wahnsinnigen hast du dich dabei anzuvertrauen, ohne daß du wieder aussteigen könntest, wenn er mit 200 Stundenkilometern über die Autobahn brettert, dicht auffährt, seine Aggressionen gegen alle Autofahrer dieser Welt am Steuer austobt. Du sitzt hinten und betest. Einmal habe ich gebeten, er solle langsamer fahren – erspar mir, zu schildern, was da los war. Wenn sie nicht rasen, reden sie dich voll oder rauchen dicke Zigarren oder fahren so ruckartig, daß dir schlecht wird. Es ist jedenfalls kein Vergnügen, sich morgens um sechs Uhr einem wildfremden Menschen auszuliefern, der einen mit schlechter Laune durch die Gegend karrt.

Dann steigst du in eines dieser wundervollen Flugzeuge. Da hast du die Knie auf der Brust zu falten, da würdest du tausend Mark für etwas frische Luft bezahlen, da mußt du dir, ohne daß du irgendeinen Einfluß darauf hättest, das Musikberieselungsprogramm vom Band anhören, und wenn du gerade ein bißchen eingenickt bist, erklärt dir die Stewardeß, wo die Schwimmwesten sind, und dann begrüßt dich Käpt'n Fischer an Bord seines Jets und sagt dir, wie hoch du fliegst und wie das Wetter in München sein wird, als könnte das irgend etwas daran ändern, daß du da ja aussteigen mußt, ob es nun schneit oder nicht. Gut, dafür reichen sie dir jetzt einen Pulverkaffee und vielleicht ein weiches Brötchen mit Wurst und diesem Salatblatt, ohne das in der deutschen Gastronomie nichts geht, nicht mal in der Luft. Also, du bist deprimiert, blaß und verkrampft, wenn du endlich aussteigst, und daß Fliegen schön ist, kann nur ein Sadist behaupten. Wieder ein Taxi – diesmal erwischst du den Asiaten, der für seinen kranken Freund fährt und dir den Stadtplan auf den Schoß legt: «Du gucken – ich fahren.» Und er fährt dich in eines dieser Hotels, in denen kein Fenster zu öffnen ist, weil sonst die Klimaanlage nicht funktionieren würde, die nur leider im Moment gerade kaputt ist, und wo im Fahrstuhl dasselbe Musikband wie im Flugzeug leise weitersäuselt (Parlez moi d'amour, Schicksalsmelodie, Wenn ich einmal reich wär, Yesterday, Filmmusik aus «Ein Mann und eine Frau», dabbadabbada, alles auf Geigen gekratzt vom Kurorchester Windig-Gladbeck an der Luhe, das habe ich jetzt erfunden, damit mir nicht so viele Kurgeiger schreiben). Dann das durchgelegene Bett, das Frühstücksbüfett zu 25 Mark, auch wenn du nur ein Ei und einen Kaffee willst, dann die Arbeit – gut, die macht Spaß. Aber deine Arbeit macht dir auch Spaß, liebe Freundin, und du mußt dafür nicht so viele faszinierende Reisen machen wie ich. Ach ja, zurück noch mal dasselbe. Aber ich krieg's hin. Ich krieg's hin, daß ich – außer zum Einkaufen – nie mehr aus dem Haus muß! Doch worüber schreibe ich dann, verdammt?!

24.2.88

Wo, bitte, geht's zum Paradies?

Also... gestern abend waren wir bei Tiziana und Giambattista. Tiziana ist Friseuse, Giambattista ist Busfahrer. Sie leben in einem kleinen Ort in Norditalien und haben vor einigen Monaten geheiratet. Als erstes müssen wir die ganze Wohnung ansehen. Alles ist bereits jetzt perfekt. Die Wohnung war ja auch schon ein ganzes Jahr vor der Hochzeit angemietet und Stück für Stück, Zentimeter für Zentimeter nach Maß eingerichtet worden: die Schrankwand im Wohnzimmer, die schweren Gardinen, die den Blick auf die Landschaft zuhängen, die Polstergarnitur, die komplette Einbauküche, das Schlafzimmer – ein Traum in Gold und Rosa, das riesige Bett, in dem sie wirklich erst in der Hochzeitsnacht zusammen schliefen – vorher lebten beide bei ihren Eltern.

Dann müssen wir die Fotoalben von der Hochzeit ansehen, das Brautkleid, die Geschenke. Von Rossana ist die Espressomaschine, was hat sie gekostet, Rossana? 325 000 Lire! Donnerwetter. Und das ist Tante Simonetta, die am Hochzeitsabend ein Gedicht vorgetragen hat – hinten im Album ist es eingeklebt, wir müssen es sogleich anhören, abwechselnd, von Tiziana und Giambattista vorgetragen, die es auswendig können. Alle kleinen Anekdoten der Hochzeit werden uns erzählt. Und beim Abendessen, mit liebevollem Aufwand für uns gekocht, und am Tisch, auf dem zum erstenmal noch ganz steif und neu das weiße Tischtuch mit den Veilchen liegt, dazu passende Servietten, Geschenk von Luisa, während wir essen vom neuen Goldrandgeschirr, Geschenk von Roberto und Carla, trinken aus den hochbeinigen Gläsern, Geschenk von der Nonna, währenddessen läuft natürlich, wie in allen italienischen Familien bis zum Zubettgehen, der Fernseher direkt neben dem Tisch, aber diesmal nicht mit Pippo

Baudo, Adriano Celentano oder einem B-Western, sondern mit der Filmkassette von der Hochzeit, hat Sandro aufgenommen, ein bißchen verwackelt, aber, da! Da sieht man, wie Tiziana den Ring nicht über Giambattistas Finger kriegt, und das Jawort ist so schön, das spulen wir zurück und sehen es uns gleich dreimal an. Das Abendessen für alle im Restaurant Bellavista hat sehr viel gekostet, Giambattista zeigt die Quittung, und die Möbel sind auch noch nicht bezahlt, und die Ringe funkeln dick und golden.

Ich höre und sehe all das mit einer Mischung aus Rührung und Entsetzen und versuche, nur ja keinen großstädtischen Hochmut, keine Besserwisserei aufkommen zu lassen. Gegen die Coolheit «meiner» Kreise ist all dies ganz und gar unmöglich, aber ländliches Glück, verwurzeltes Brauchtum ist es auch schon nicht mehr. Gleichzeitig beneide ich Tiziana und Giambattista um ihre Fähigkeit, durch eine tadellose Einrichtung und eine prunkvolle Hochzeit glücklich zu sein, und ich denke mir, daß sie sich etwas vormachen, einen Traum träumen, dem kein Alltag standhält, denn so gestärkt wird das Tischtuch nicht bleiben, und das Schlafzimmergold wird auch verblassen. Hätte es nicht Improvisation getan anstatt Verschuldung? Aber sie sind nicht ich, und ich bin nicht sie. Sie machen es SO, ich mache es anders. Wenn sie uns besuchen, wundern sie sich über die Matratze auf dem Boden und die selbstgebauten Regale voller Bücher statt Kupfergeschirr. Von der einen Welt zur andern führen nur Besuchswege. Aber auf denen gehen wir freundlich und trinken Wein miteinander. Das Paradies entdeckt eh niemand von uns. Jeder nur sein Stückchen davon.

9.3.88

Seid öfter mal erfinderisch!

Also... da gibt es einen Hobbykoch in Hamburg, der kann ohne Gerät Radio hören. Er muß nur einen Topfdeckel an eine bestimmte Stelle zwischen Herd und Spüle legen, dann empfängt er einwandfrei NDR 2. Das will ich auch! Muß ja nicht NDR 2 sein, ich wär mit SWF 3 oder WDR 2 auch zufrieden. Aber ich sehe doch gar nicht ein, daß ich mir a) ein teures Radio anschaffen soll, das mir b) auch noch in der Küche wertvollen Platz wegnimmt und mich c) gar monatliche Gebühren kostet, wenn es mit einem Topfdeckel geht! Ich habe Topfdeckel! Ab sofort will ich, daß sie mir die Nachrichten durchsagen und mich beim Bohnenschnibbeln mit der Hitparade bei Laune halten! Aber meine Topfdeckel schweigen starrsinnig, und das liegt daran, daß meine Küchenmöbel nicht, wie die des Hamburger Hobbykochs, exakt empfangsgerecht zum nahen Sendemast Moorfleet stehen. Na gut! Moorfleet ist weit! Aber in meiner Gegend gibt es auch Sendemasten, und ich will, daß meine Küche SOFORT umgeräumt und so eingerichtet wird, daß der Topfdeckel senden kann oder empfangen, oder was weiß ich, jedenfalls sehe ich es nicht ein, daß, wenn es so geht, ich daran nicht teilhaben soll. Wo seid ihr, findige Techniker, pfiffige Architekten?

Ach, wo seid ihr. Wir werden genötigt, immer mehr Zeugs anzuschaffen, das wir gar nicht brauchten, dächte da jemand mit, oder vielleicht denkt da jemand mit und denkt sich: pah, wo bliebe denn dann der Konsum? Das Wachstum? Die Arbeitsplätze? Damit kommen sie uns ja neuerdings immer, die Arbeitsplätze... die Flüsse müssen dreckig sein, sonst verlieren die Chemiker die Arbeitsplätze oder so ähnlich. Und so müssen wir in unserm Fernseher einen Empfänger haben – man sagt wohl Receiver dazu, oder? – und in unserm Videogerät auch, obwohl es gut mit einem ginge, und das Beispiel ist nicht so abstrus wie der Topfdeckel statt Radio (obwohl das mein Lieblingsbeispiel ist). Wir haben einen kleinen, tapferen Motor im Staubsauger. Wir haben einen im Rührgerät. Wir haben einen in der Kaffeemaschine. Wir haben einen im Fön. Wir haben einen im Mixer, einen in der Bohrmaschine und und und. Warum steht nicht in der Küche ein netter kleiner Universalmotor, an den ich wahlweise jedes dieser Geräte anschließen kann?

Es gab mal eine treffliche Firma, die so was vor Jahren angeboten und verkauft hat – ja, die war vielleicht schnell wieder weg vom Fenster mit dem tollen Gerät! Wo bleibt denn da der Konsum? Der Gewinn? DAS WACHSTUM? Das wäre ja, als würde man den unzerreißbaren Damenstrumpf wirklich endlich weben, unerträglicher Gedanke. Ha, jetzt habe ich mich schon wieder in Rage geschrieben und erweitere das Thema: Haben Sie schon mal versucht, nach drei, vier Jahren zu irgendeinem Gerät Ersatzteile zu kaufen? Und? Standardantwort: «Das wird ja gar nicht mehr hergestellt, die Firma hat da ein neues Modell auf den Markt gebracht.» Oder: «Ein neues Gerät arbeitet doch viel effektiver!» Und mein altes? Das nur eine kleine lästige Macke hat? Wegschmeißen! Neues kaufen! Für meinen Staubsauger gibt es seit Jahren keine Tüten mehr, die kleben wir uns aus Filterpapier selbst.

Gehört das in dieselbe Kolumne wie der Topfdeckel mit NDR 2? Aber sicher, irgendwie schon. Es wäre so vieles möglich, wenn es nur möglich wäre. Aber dann wäre ja nicht mehr möglich, daß wir so schön brav kaufen, kaufen, kaufen...

23.3.88

Nichts bleibt mehr geheim!

Also... zu schön, wie gründlich uns doch immer alles erklärt wird! Ob es die Flucht aus der DDR ist oder der Anbau von Haschisch am Bahndamm zwischen Baden-Baden und Muggensturm – die Zeitung schildert jede Einzelheit: wo die Grenze besonders schlecht bewacht ist, so daß man mit einer einfachen Drahtschere... und wie empört die Polizei geerntet hat, und zwar fachgerecht folgendermaßen, und die illegalen Pflanzer hätten jetzt nur noch die Wurzeln mit kochendem Wasser übergießen müssen, schon wären die Haschpfeifchen im Raum Muggensturm nicht mehr ausgegangen... Ja, nun weiß es jeder. Die DDR-Behörden wissen, wo eine wunde Stelle ist – da flieht keiner mehr! Und wer bisher Cannabis im Blumentopf gezogen hat und noch nicht wußte, wie man das Zeug erntet, der weiß dank umfassender Information des Badischen Tagblattes jetzt Bescheid, vielen, vielen Dank auch.

Sie wollen Ihren geschätzten Gatten unauffällig umbringen? Aber bitte schön – entweder mit der alten Agatha-Christie-Methode: Eiszapfen als Mordwaffe! Garantiert unauffindbar! Oder nach dem Artikel in der Illustrierten, wie es Frau W. aus F. getan hat: Das im Körper unnachweisbare Gift Soundso, in Österreich in jeder Apotheke rezeptfrei erhältlich, backen wir in kleinen Mengen in Reibekuchen und Kekse ein, den Rest erledigt die Zeit. Noch Fragen? Zeitung lesen! Geldprobleme? Zeitung lesen! Machen Sie es bitte wie Herr S. aus K., der Scheckkarte nebst Geheimnummer als verloren meldete, das Konto versichern ließ, alsdann flugs ans Abheben ging mit der natürlich noch vorhandenen Scheckkarte an diesen praktischen, nichts sehenden, sagenden, denkenden, fühlenden, ahnenden Automaten – bis die Karte einbehalten wurde, hatte er immerhin noch 2000 Mark ziehen können. Dieselbe Summe hat die Versicherung brav ersetzt, macht schon 4000 Mark, wer will noch mal, wer hat noch nicht, täglich kriegen unsere Leser wertvolle Tips zum Einstieg in die faszinierende Welt der Tricks. Natürlich nur zur Abschreckung! Sehen Sie hier, wie abstoßend – fünf Einbrüche gelangen Anton L. mit diesem einfachen Gerät, das Sie für nur zwölf Mark in jedem Haushaltwarenlager kaufen können. Wegen eines Zufalls kam man ihm auf die Schliche, und zwar war das ganz genau folgender Zufall... Der wäre also in Zukunft auszuschließen. Die G.-Bande richtete sich im Keller ihres Einfamilienhauses folgendermaßen eine Geldfälscher-Werkstatt ein, und endlich sitzt Holger D. hinter Gittern und erzählt, wie er diese ganzen Sicherheitsschlösser an den Vorortvillen geknackt hat.

Wir lesen und staunen. Wir kaufen uns einen physikalischen Bastelkasten und bauen die Atombombe nach, warum denn nicht, amerikanische Studenten tun es doch auch.

Ach, die gründliche Aufklärungsarbeit! Muß denn jede Scheußlichkeit zur Nachahmung freigegeben werden?

Aber warum denn warten, bis saumselige Forscher endlich ein Mittel gegen Aids gefunden haben? In einer Zeitschrift, die gern alles besser und früher weiß als die anderen, konnte man bereits ein Rezept nachlesen: Wir brauchen einen Rührquirl, eine Balkenwaage und eine Heizspirale, dann nehmen wir das Eigelb von rund 1000 Eiern und verrühren es mit Magnesiumchlorid und anderen Ingredienzien, um AL 721 herzustellen. Vielleicht hilft's, vielleicht nicht, Hauptsache, die Erklärungsmasche feiert immer neue Triumphe, und seien die auch noch so makaber.

6.4.88

Die wunderbaren Trends
aus aller Welt

Also ... laß die doch an ihrem vereinten Europa rumwurschteln – wir sind längst international, und das sogar über Europa hinaus. Schauen Sie uns doch mal an, na? Die Klamotten sind japanisch, alles in diesem tollen Mausgrau, aber darüber eine Trachtenjacke aus spanischem Leder. Die Schuhe sind natürlich argentinisch, aber die Accessoires sind so italienisch wie zu Hause die Lichtquellen. Das Bett ist allerdings wieder japanisch, man schläft auf Futon, dafür ist das Wohnzimmer im Memphis-Stil. Überhaupt trauen wir uns jetzt wieder, Amerika zu zeigen. Konnte man ja lange nicht, aber so eine gewisse Südstaatengrandezza à la Scarlett O'Hara ist wieder angesagt, und die Männer sehen ja eh schon wieder alle aus wie Rhett Butler in «Vom Winde verweht». Die kleinen teuren Seidenblusen sind italienisch, auch die Musik, die wir im Autoradio hören, muß aus Italien kommen. Zu Hause hören wir aber Afrikamusik der 50er Jahre mit diesem entzückenden Garagensound. Das Parfüm bleibt französisch, aber die Röcke dürfen ruhig aus dem Ostblock kommen, weit sein, Stufen und Rosenmuster haben. Wir essen türkisch und können längst mit dem Wirt ein paar Sätze in seiner Landessprache reden. Filme schauen wir nur im Original an, das bißchen Ausländisch werden wir ja wohl noch können, und diese fürchterlichen Synchronisationen auch immer! Wir essen Knäckebrot aus Schweden zum Frühstück und Käse aus Griechenland zum Abendessen, das Palästinensertuch und den algerischen Tafelrotwein für 1,99 DM aus der Studentenzeit haben wir abgelegt, aber wir werfen uns indische Seidenschals um die Schultern und trinken Wein aus dem Veneto. Gar nichts Deutsches? Aber doch! Seit die Palmen das Wohnzimmer verlassen haben, züchten wir echte deutsche Edelweiß im Blumenkasten, eins davon steckt immer im Revers unserer spanischen Trachtenlederjacke. Wir lesen portugiesische Romane des 19. Jahrhunderts und machen keine Jazzgymnastik mehr, sondern lernen jetzt Marimba, denn chilenische Volksmusik ist einfach zu schön.

Wo sie nur immer herkommen, die neuen wunderbaren Trends aus aller Welt! Sicher bringen wahnsinnig tolle und wahnsinnig weitgereiste Menschen das alles irgendwoher mit, und ich sitz hier und darf nur mitlaufen, nachmachen, bin nie mal Initiator... Könnte ich nicht einfach anfangen, das Küßchen rechts / Küßchen links-Ritual abzuschaffen und zu ersetzen durch das niedliche Nasenaneinanderreiben der Eskimos? Man muß sich nur trauen, und die Welt ist groß und voller seltsamer Dinge, die es zu entdecken gilt. Den Knopf in der Nase haben schon wieder zu viele, der Knochen im Haar wär doch aber noch möglich? Aber modisch gesehen sind wir ja schon wieder out of Africa, und die Passage to India ist auch gelaufen, wahrscheinlich ähneln unsere Jungens jetzt bald alle dem smarten Börsenmakler Michael Douglas, und da ahnen wir schon, wo unsere wundervolle Internationalität herkommt: zum größten Teil aus dem Kino. Wer da schön aufpaßt, der weiß immer als erster, was angesagt ist, ob man jetzt Affären mit zwei Männern und einer Frau hat oder umgekehrt und ob man korall- oder kirschrote Lippen trägt. Aber woher wissen die es? Denen muß es doch auch einer sagen, daß weiße Knitterleinenanzüge schön sind, während wir noch drei Jahre länger stärken und bügeln?

Übrigens: DER Hund ist im Moment der Huskie, nordischer Schlittenhund. Einfach so –
kam in keinem Film vor. Komisch.

20.4.88

Keine Sorge, liebe Mutter!

Also . . . liebe Mutter, ja ich esse genug. Ja, auch genügend Vitamine, warum ich trotzdem dauernd erkältet bin, mein Gott, ich weiß es nicht. Doch, ich zieh mich auch jetzt an kühlen Tagen warm an, ja, auch die Socken, die du gestrickt hast. Nein, im Winter hab ich auch nicht diese kleinen Tanga-Höschen, natürlich nicht, und ich hab's schließlich auch nicht an der Blase, sondern nur ein bißchen Schnupfen, deshalb mußt du doch nicht gleich... was? Ich klinge bedrückt? Ich bin aber nicht bedrückt. Nein, es ist alles in Ordnung, ja wir vertragen uns gut, doch, ja, bestimmt. Du kennst ihn doch nicht mal richtig, warum sagst du... Du meinst es nicht so? Dann sag es doch auch nicht so. Nein, ich bin nicht aggressiv, aber ich kann es nicht vertragen, daß du immer wieder – schon gut. Ja. Ja, natürlich weiß ich, daß du es gut meinst. Du meinst es immer gut. Alle Mütter meinen immer alles gut, das weiß ich. Nein, das mein ich jetzt überhaupt nicht ironisch, ich –. Ach, komm, das lassen wir lieber, mir geht es gut, und aus. Und du?

Wieso ist das egal? Was heißt, das interessiert mich ja doch nicht? Was soll das denn nun wieder unterschwellig heißen? Glaubst du, ich komm so selten, weil ich dich ärgern will, oder was? Wann soll ich denn kommen, verdammt noch mal, du weißt doch, wie angebunden ich hier bin? Gut, ich komm demnächst. Doch, natürlich komm ich gern, wenn ich komm. Mutter, ich kann nur nicht öfter kommen, weil ich soviel zu tun hab.

Gott sei Dank hab ich viel zu tun. Doch, es läuft gut. Nein, du mußt dir keine Sorgen machen, ich mag meinen Beruf, und ich verdien auch genug. Das weiß ich, daß ich mehr aus mir hätte machen können, aber ich bin mit dem, was ich habe, auch zufrieden. Ja, du findest das schade, aber, entschuldige, das ist mein Leben, und da hab ich eben andere Vorstellungen. Mein Gott, das geht doch nicht gegen dich! Das weiß ich doch, daß du immer nur das Beste für mich wolltest. Aber dies ist für mich das Beste, nun akzeptier das doch...

Nein, ich will auch nicht mit dir streiten. Wie geht es dir? Warst du denn beim Arzt? Wie, der sagt immer dasselbe, dann geh doch zu einem anderen. Ja, natürlich war ich bei der Vorsorgeuntersuchung. Alles in Ordnung. Doch, bestimmt, ich würde es dir doch sagen. Nimmst du denn deine Tabletten noch? Warum denn nicht? Ich hätte gesagt...? Also hör mal zu, ich hab nur gesagt, wenn sie dir nicht bekommen, dann laß sie lieber weg, aber ich mein doch nicht – ich bin doch kein Arzt! Wie soll ich denn aus der Ferne... Ja, ich komm ja. Aber zum Arzt mußt du trotzdem gehen. Was heißt das, wenn ich komme, geht es dir besser? Willst du mich erpressen? Nein, nein, hör auf, so hab ich das doch nicht gemeint, bloß weil du gesagt hast... Ja, versteh ich ja. Mir geht's ja auch schlecht, wenn ich zuviel allein bin. Nein, natürlich bin ich im Moment nicht allein, das hab ich doch vorhin gesagt.

Doch. Schön. Das Wetter ist schön bei uns. Ja, ziemlich kühl, das stimmt. Natürlich bin ich warm genug angezogen. Warum ich trotzdem erkältet bin? Ach, Mutter, ich weiß es doch auch nicht. Natürlich versteh ich, daß du dir Sorgen machst um dein einziges Kind. Aber, Mutter ich bin über vierzig und –––

Gut, Kind bleibt Kind. Für immer. Ich verstehe.

Die praktischen Ratgeber

Also... wie hätten Sie's denn gern? Lieber schön mit Liz Taylor, fit mit Jane Fonda, muskulös mit Raquel Welch oder kochen mit Bocuse? Oder wollen Sie ein Herbarium anlegen? Biologisch backen? Salzteig bunt bemalen? Natürlich gibt Ihnen unser aller geliebte BRIGITTE wertvolle Tips, aber es reicht nicht, es reicht nicht! Wie führt positives Denken zum Erfolg? Welche Reden kann ich halten, wenn Opa in den Ruhestand geht? Was ist Kontakt-Karate, und wie bastele ich Kuscheltiere? Sie und ich, wir müssen nicht verzagen. Sie und ich, wir gehen jetzt schnurstracks in unsere Bücherei und verlangen – na, irgendeinen Ratgeber für irgend etwas. «Guten Tag, ich möchte gern einen Tümpel anlegen.» «Bitte schön, hinten links, die Tümpelanlege-Abteilung.» «Haben Sie ein Buch über Hanteltraining?» «Aber natürlich, wenn Sie sich bitte in den zweiten Stock in unsere Spezial-Hanteltraining-Sachbuch-Abteilung begeben möchten...»

Gut, ja, mag vielleicht einen Hauch übertrieben sein. Aber es gibt nicht nur EINEN praktischen Ratgeber zum Geleekochen, Korrespondieren mit Behörden, Sich-selbst-Finden, zum Serviettenfalten, Monogrammsticken, Chinesisch Philosophieren und Richtig Atmen, es gibt jeweils Dutzende. Wir leben im Zeitalter der kleinen Ratgeber. Was früher Mutter an Tochter, Vater an Sohn weitergab – «Guck mal, so stickt man Monogramme», «Jetzt zeig ich dir, wie man Karten legt» – das erfüllen heute die Bastel- und Ratgeberbücher, und sie schrecken vor nichts zurück und sprießen aus dem Boden wie Pilze («Pilze – richtig gekocht!») aus dem feuchten Humus («Richtig düngen, leicht gemacht»). Ob wir mit den Kindern («Dein Kind, das unbekannte Wesen») in Urlaub («Freizeit – leicht gemacht!») fahren und nicht wissen

(«Wissen für jedermann in dreißig Stunden»), was wir bei Regen mit ihnen anfangen sollen («Spielen mit Carrell»), oder ob wir im Wald («Du und die Natur – alles über unsere Laubbäume») spazierengehen («Das große Buch vom richtigen Gehen»), immer ist schon ein Sachfachlehrbuch da, das weiß, wie man's macht. Es berät bei Scheidungen und beim Soßenkochen, es hilft Damen in der Bütt und bietet Managern Wege zur Gelassenheit. Ach, ich möchte sie am liebsten alle, alle lesen! Dann könnte ich mit meiner Familie Schattenspiele machen, am Heißluftherd garen, die Familienchronik schreiben und dabei Kuschelpuppen basteln. Ich versteh gar nicht, daß es noch Leute gibt, die sich langweilen. Kennen die denn nicht «Trockenblumen», «Videospiele», «Endlich 18» und «Herrenwitze»? Keiner muß sich mehr langweilen, auch aus Glasperlen lassen sich köstliche Dinge herstellen, und wer gar nichts findet, findet doch immerhin sich selbst. Mein Lieblingsratgeber ist zur Zeit meine Jodelschule, «Die Kunst des Jodelns», und das hat mit Loriot nichts zu tun, sondern mit Terz, Quart, Quint und dem berühmten Kehlkopfschlag. Wenn ich's kann, werde ich froh sein, denn: «Der Jodel ist der intensivste Ausdruck des Wohlbehagens.» Danach gehe ich wieder in meine Buchhandlung und sage: «Guten Tag, jetzt hätte ich gern das Sachbuch ‹Kolumnen schreiben, aber richtig›.» Und danach «Kalte Happen», «Keine Angst vor Einstellungstests» und «Wie komme ich ohne Ratgeber durchs Leben? Ein Trostbuch für jedermann».

Fahrstuhlgedanken

Also... wenn der nicht bald kommt, geh ich zu Fuß rauf. Wär wahrscheinlich sowieso besser als mit dem dicken Kerl zusammen in dem kleinen Kasten – nachher bleiben wir noch stecken, und dann? Da soll ja eine junge Schauspielerin vor einiger Zeit einen schweren Schock gekriegt haben, weil sie eine Stunde mit Marlon Brando im Fahrstuhl feststeckte – jetzt will Marlon Brando abnehmen, wenigstens schon mal zweihundert Kilo oder so. – Na endlich. Bitte sehr, nach Ihnen, danke sehr, auch vierter Stock? Ja bitte, ja danke. Immer diese Höflichkeitsrituale im Fahrstuhl. Und dann steht man nebeneinander und starrt die Wand an. Oder beobachtet fasziniert die aufleuchtenden Etagenanzeiger. Ins Gesicht gucken kann man sich schließlich nicht, auf eine so peinliche Nähe. Der Dicke muffelt. Der muß gestern in einer Kneipe gesessen haben, wo sie das Frittierfett aus einem alteingesessenen Bratfettverleih beziehen – mein Gott, Jacken kann man doch lüften! Wie lüftet man eigentlich Aufzüge? Das Fett hängt jetzt hier drin – Fett, Parfüm, Schweiß, Haarwasser, hängt alles hier drin, denn die Türen öffnen sich ja immer nur sekundenweise. Ah, er steigt aus. Und natürlich steigt jemand ein, den kenn ich – das ist doch – Mensch, na... «Hey, Morgen!» «Morgen!» «Wie geht's?» «Gut, selbst?» «Auch gut.» «Na dann.» Wer ist denn das bloß? Und jetzt grinst er mich an – ich grins zurück, mal vorsichtshalber, aber wie heißt der Kerl, war das der, mit dem ich mal in der Kantine... bei diesem Schummerlicht kann man aber auch nix erkennen. Endlich kann ich aussteigen, Licht, Luft, Platz!

Hotelaufzüge werden mit Musik berieselt – eine akustische Umweltverschmutzung und freche Zumutung, die anzuprangern ich nie müde werde – und sie bieten Informationen über das Dachgartenrestaurant und die Sauna im Tiefparterre. Man liest es dankbar, damit man während der Fahrt niemandem ins Gesicht starren muß. Kaufhausaufzüge sind immer überfüllt, zu jeder Tageszeit, und sie halten in jedem Stockwerk, ob einer aus- und einsteigt oder nicht. Die Zeiten, in denen ein versierter Herr die Fahrthebel betätigte und rief «Zweiter Stock, Damenoberbekleidung alles für das Kind Sport und Spiel Trikotagen Kurzwaren Gürtel Schals bitte sehr» sind vorbei, man macht das alles selbst, und der Mensch denkt, der Fahrstuhl lenkt und hält, wann und wo er will.

Schön und geheimnisvoll ist das Schild «Es ist verboten, Lasten in Aufzügen zu befördern, in denen das Befördern von Lasten verboten ist». Das leuchtet ein. Notruf. Ob das wirklich jemand hört, wenn man da drückt? Einmal möchte man – das lockt so wie die Notbremse, man will einfach wissen, ob es funktioniert. Wenn ein Aufzug ganz lange nicht kommt und dann steigen zwei Jugendliche mit hochroten Ohren aus, das war dann der Nothalt und ein längerer Kuß zwischen dem dritten und dem vierten Stock – oder macht man das heute nicht mehr?

Einen Fahrstuhl kenne ich, in dem es nie peinliches Schweigen oder Blicke an die Wand gibt, sondern immer nette Kurzgespräche einer gemütlich schaukelnden Notgemeinschaft: Es ist ein Paternoster, man steht pro «Korb» zu zweit und hat sich immer etwas zu erzählen, und sei es nur, daß man sich auch schon mal getraut hat, durch Dach und Keller zu fahren.

Jubelfeiern

Also... ob ich denn für die Festschrift nicht auch etwas schreiben wolle zur großen Bonn-Revue? 1989 wird Bonn doch 2000 Jahre alt, und da könne man den Berlinern mit ihren albernen 750 Jahren mal zeigen, was eine Hauptstadt ist? Nein, ich will trotzdem nicht. Aber ich kann mir schon vorstellen, wie Bonn sich feiert: Rhein in Flammen, Beethovenfestival in Beethovenhalle, Zapfenstreich vorm Rathaus, Kanonendonner vorm Bundeshaus, neues Kopfsteinpflaster für die Fußgängerzone, Laientheater, Performance, Ausstellung alter Stadtansichten im Museum, die Stadt ehrt ihre großen Söhne (und Töchter?), Kinderchor, Kunsthandwerk auf dem Marktplatz, 1000 weiße Tauben, der Bürgermeister spricht, 2000 Jahre Stadtgeschichte im Diavortrag für die Schulen. Das Bonner Münster in der Schneekugel, der Alte Zoll als Briefbeschwerer, und natürlich bin ich gemein und ungerecht und verderbe den Bonnern jetzt schon die Freude.

Warum geht mir der Sinn für Jubelfeiern ab, schlägt doch auch in meiner Brust ein patriotisch-deutsches Herz? Auch im Privatbereich bin ich pervers genug, 42. Geburtstage ähnlich enthusiastisch zu bedenken oder einfach zu vergessen wie fünfzigste. Über Ursachen und Folgen von Hitlers Machtergreifung könnte man doch auch nachdenken, ehe die Medien den imposanten Aufklärungszyklus «Wir und Hitler – 50 Jahre seit der Machtergreifung» inszenieren? (Das war 1983.) Es braucht immer einen Anlaß, einen Jahres- und Gedenktag, damit wir uns erinnern. Das Goethejahr! Das Mozartjahr! Die Franzosen tanzen am 14. Juli IN JEDEM JAHR auf der Straße und feiern den Sturm auf die Bastille, nicht erst 1989 werden sie damit anfangen, wenn es

200 Jahre her ist. Sie feiern ihre Republik. So einen Feiertag haben wir ja nicht, und den 17. Juni mag schon lange keiner mehr leiden. Also: Her mit den Stadtjubiläen, den Künstlergeburts- und -todestagen, es gibt Kalender, in denen man nachschlagen kann, wer wann 400, 500 Jahre alt wird und den Tourismus somit wieder ein bißchen ankurbeln helfen kann – Dürerjahr in Nürnberg! 100 Jahre Automobil! Da können wir gleich all der lieben Toten gedenken, die im, am, durchs Automobil starben – Isadora Duncan und Albert Camus, Italo Svevo, Margaret Mitchell, James Dean, Grace Kelly, Grete Weiser – ach nein, lieber doch nicht, wir wollen doch feiern, nicht trauern. Wir brauchen doch Feste! Erinnerungen, aber nur an Schönes! Woran soll man sich noch halten, wenn nicht an Geschichte, Tradition, Jahreszahlen, memories are made of this. Der Gedenkstättenboom geht mit dieser Sucht nach bleibenden Werten Hand in Hand einher. Überall schießen sie aus dem Boden, Gedenkstätten an irgendwas und irgendwen, vom Bürgermeister eingeweiht, von Künstlern gestaltet. Gedenkstätten für politische Opfer und Opfer von Katastrophen, für den unbekannten Soldaten, und wir legen einen Kranz nieder, schweigen einen Augenblick, und weiter geht's im Tagesgeschehen.

Gedenken wir tatsächlich? Wessen? Der Vergänglichkeit, und die macht Angst, also rasch das nächste Jubiläum, 80 Jahre Teddybär oder Wuppertaler Schwebebahn, 20 Jahre 1968, das kriegen wir jetzt gerade rein, und hoffentlich vergißt niemand das pikante Thema 1000 Jahre Christentum in Rußland, das steht auch 1988 an. «Entwirklichung durch festliche Überhöhung» nannte Horst Krüger des Deutschen Lust am Gedenken, einen Mechanismus der kollektiven Zustimmung als eine besonders feinsinnige Art, sich der Wirklichkeit – auch und vor allem der politischen – zu entziehen. In der Vergangenheit schwelgt es sich so schön.

Rüstige Rüstung für friedliche Schützen

Also... die Schweiz ist wenigstens offen und ehrlich. (Wir erinnern uns: Das ist das Land mit den vielen Autobahnbrücken über tiefe Täler, das Land, wo die eidgenössische Freiheit mittels eines Apfelschusses von einem Knabenhaupt begann oder so ähnlich, das Land, wo jeder brave Bürger sein Gewehr im Schrank hat, falls Hannibal mal wieder über die Alpen kommt, und das Land der Vollmilchschokolade, hergestellt aus lila Kühen.)

Wo eine echte Demokratie ist, da liegt (fast) alles offen auf dem Tisch, und so gab die Schweiz jüngst stolz in ihren Tageszeitungen zu Protokoll, 1987 habe man den Export von Kriegsmaterial von nur 488,5 Millionen Franken auf – Donnerwetter! – 578,3 Millionen Franken erhöhen können. Es lohnt sich eben doch, wenn tüchtig was los ist an den Krisenplätzen dieser Welt! Hauptabnehmer für Granaten und Haubitzen war – wer? Richtig! Saudi-Arabien. Die kauften gleich für 177,6 Millionen Franken, tja, Öl und Reichtum wollen geschützt sein. Warum aber steht auf Platz zwei und mit was, um Himmels willen, unsere friedliche Bundesrepublik? Für 89,8 Millionen Schweizer Franken kauften wir Kriegsmaterial ein, dabei haben wir doch hierzulande genug Firmen, die dergleichen Spielsachen fabrizieren? Auf weiteren Medaillenrängen rangieren die Türkei und die USA, das reiche Bahrein (Öl, Öl!) und, ach sieh mal an, das ebenfalls neutrale Schweden. Was kaufen die denn da bloß alle? Tells Armbrust wird es nicht sein, und Gummischleudern mit Papierkügelchen bringen nicht die Millionen Franken zusammen. Aber ach, Sie werden das verstehen, die militärische Geheimhaltung gebietet, daß nicht gepetzt wird, wer was gekauft hat und wem er damit an den Kragen will. Das wär ja auch zu gemein und würde Kriege langweilig machen, wenn man von vornherein wüßte, welches Geschütz der Feind auffährt. Nur zweierlei wird verraten: Im Vordergrund der Bestellungen rangieren Munition für die Fliegerabwehr und gepanzerte Fahrzeuge – na, die braucht man ja neuerdings auch in friedlichen Zeiten, etwa, wenn Minister Bangemann in Zukunft durch Rheinhausen fährt. Aber, und das mag uns erstaunen: Ein wichtiger Exportartikel sind die Privatwaffen für Schweizer Schützenvereine im Ausland! Ach soooo! Na dann! So grüßen wir Euch denn, Ihr Schweizer Schützenvereine in Saudi-Arabien und der Bundesrepublik, in der Türkei, den USA, in Bahrein und in Schweden! Dann schießt mal schön, damit die Statistik über günstige Exportzahlen für Kriegsmaterial im nächsten Jahr noch besser aussieht!

Übrigens, das Kriegsmaterialausfuhrgesetz von 1972 verbietet Waffenexporte in Gebiete, «in denen ein bewaffneter Konflikt herrscht, ein solcher auszubrechen droht oder sonstwie gefährliche Spannungen bestehen». Macht ja nix. Dann wird eben in Gebiete geliefert, die so still und friedlich sind wie die Türkei. Irgendwann wird's da schon krachen, und dann springen die Raketen wie weiland der Igel beim Wettlauf mit dem Hasen hinter der Wand hervor und feixen: «Ich bin schon da!»

Jaja, ich weiß. Wo viel gerüstet wird, da gibt es auch viele Arbeitsplätze. Man muß sich die Menschen, die später schießen sollen, schließlich erst mal heranziehen.

Auch wir sehen Video!

Also... vor Jahren, als das mit dem Video aufkam, habe ich natürlich wieder abgewehrt, wie bei jeder neuen Maschine: Brauchen wir nicht, man muß nicht alles haben, man kann auch lesen, wenn man mal einen Film verpaßt, na und? Die wiederholen sowieso immer alles dreimal. –

Und er beruhigte mich: Klar, ist sowieso fraglich, welches System sich da durchsetzt, vorher machen wir gar nichts, und eh nicht ein Gerät kommt, das mindestens vier Stunden aufnehmen kann, hat das gar keinen Sinn... und so verging die Zeit. Dann kam die Herbstmesse mit den Neuheiten, und dann gab es den Bildsuchlauf (?!), und dann standen zwei neue schwarze Kästen mit vielen Strippen dran im Zimmer – Betamax in zwei Teilen, und der erste Gang in den Videoladen, wo man alles leihen kann. Er kam bleich vor Wut zurück. «Die haben nur sechzehn Filme auf Beta, alles andere auf VHS, so ein Quatsch, wo jeder Fachmann weiß, daß Betamax die bessere Bildqualität hat!» Mein armer Fachmann, wie oft ist er schon am Unverstand der Welt gescheitert! Das andere System setzte sich durch, zur nächsten Herbstmesse kam ein VHS-Recorder ins Haus. Mein Vorschlag, den alten Betamax zum Niedrigpreis an einen armen Studenten zu verkaufen, wurde empört abgelehnt. Was ich denn glaubte, wofür man monatelang alle guten Filme aufgenommen habe? Solle man das vielleicht jetzt alles wegschmeißen, oder wie? Und aus Angelegenheiten, von denen ich nichts versteh und für die ich mich so glühend auch wohl nicht interessiere, soll ich mich doch bitte raushalten, ja? Wie mit einer Geisteskranken redet er mit mir, abends versucht er es noch mal. «Schau», sagt er milde, «mit Beta habe ich doch nur zwei Programme in zwei Wochen, mit VHS kann ich über ein Jahr acht Programme einstellen, wenn man zum Beispiel mal lange verreist, verstehst du?» Nein. Leute mit einem Hund und vier Katzen verreisen nicht lange, und ich versteh auch nichts, aber nun gut.

Er stellt ein, über Monate. Wir sehen kein laufendes Programm mehr, nur noch in tiefer Nacht Aufzeichnungen. Alle sind halb. Ja!!! Weil diese verdammten Showmaster immer überziehen, und dann stimmt die ganze Programmierung nicht! Jetzt braucht er einen Recorder mit VPS (Video program service), da sendet der Sender vor dem Film ein Signal, wann es wirklich losgeht, verstehst du? Nein. Denn der erste Film, den wir nach neuer Methode ansehen, ist auch nur halb und fängt an, als sie schon bei ihm im Bett liegt, ohne zu erklären, wie sie dahin gekommen ist. (Das ärgert mich, obwohl ich mir vorstellen kann, wie sie dahin gekommen ist.) Ja, in den dritten Programmen gäbe es eben diesen fabelhaften Signalton nicht, sagt er, und irgendwie wurde die Stimmung im Laufe der Zeit und der verschiedenen Systeme immer frostiger zwischen uns. Den zweiten VHS-Recorder brauchten wir, um damit auf den ersten all die Filme zu überspielen, die wir von Freunden ausliehen, denn auf Beta will er die irgendwie nicht überspielen, das ist ja out, und der zweite VHS hat auch diese Laufmeteranzeige, die ist wichtig, weil, wenn der Film 122 Minuten dauert und die Kassette faßt 180 Minuten, aber die Angaben im Recorder gehen nach Meter, und da brauch ich, um zu wissen, wieviel noch draufgeht, die Restbandangabe, verstehst du, – nein. Ich verstehe nichts mehr. Nie mehr.

tomate

Eine Auswahl

Werner Georg Backert
Heiteres Reiselexikon
Von A wie Abreise bis Z wie
Zuhausebleiben (5940)

Uschi Bagnall
Kur-iositäten
Neues von Fango und Tango (12288)

Klaus Budzinski
Treten und nicht treten lassen
Ein Rad-Geber für Freiheitssüchtige
(12272)

Eicke Wolfram
Das Pauker-Buch
Erkenne deinen Lehrer und du hilfst dir
selbst (12159)

Ludwig Fienhold
Bissiges Gourmet-Lexikon
Schlemmen und Schlürfen von A – Z
(12215)

Sigi Harreis
Meine Kinder, meine Fernsehkinder
oder: Samstag ist auch hinterm Haus
(12153)

Manfred Hausin
Mit dem Wildbrett vorm Kopf
(5607)
Betteln und Hausin verboten!
Sprüche, Aphorismen, Epigramme
(12169)

C 2174/6

tomate

Elke Heidenreich
Darf's ein bißchen mehr sein?
Else Stratmann wiegt ab (5462)
«Geschnitten oder am Stück?»
Neues von Else Stratmann (5660)
Mit oder ohne Knochen?
Das Letzte von Else Stratmann (5829)
«Datt kann donnich gesund sein»
Else Stratmann über Sport, Olympia
und Dingens... (12527)

Peter Heisch
Rundum positiv
Das Buch der guten Nachrichten
(12317)

Hape Kerkeling
Hannilein + Co.
Texte, Sketche, Parodien (12362)

Werner Koch
Bei Ihnen ist nur eine Schraube locker
Psycho-Cartoons (12409)

Eine
Auswahl

-ky
Ich glaub', mich tritt ein Schimmel!
Geschichten aus dem Amt
für Bürgersorgen
(5687)

Dich reitet wohl der Schimmel!
Neue Geschichten aus dem Amt für
Bürgersorgen (5890)

Jürgen von der Lippe
**In diesem Sinne, Ihr
Hubert Lippenblüter**
Erlebnisse eines Junggesellen (5859)

C 2174/6 a